KB181149

위기의 시대
메르켈의 시대

ANGELA MERKEL
by Stefan Kornelius

Copyright ⓒ 2013 by Hoffmann und Campe Verlag, Hamburg
Korean Translation Copyright ⓒ 2014 by Hansol-Soobook
All rights reserved.

This edition published by arrangement with Hoffmann und Campe Verlag
through Shinwon Agency Co.

이 책의 한국어판 저작권은 신원에이전시를 통해 저작권자와 독점 계약한 한솔수북이 소유
합니다. 신저작권법에 의하여 한국 내에서 보호를 받는 저작물이므로 무단전재와 무단복제,
전자출판 등을 금합니다.

앙겔라 메르켈 공인 전기

위기의 시대
메르켈의 시대

Angela Merkel

슈테판 코르넬리우스 지음 배명자 옮김

책담

차례

한국 독자들에게

슈테판 코르넬리우스

지구 반대편에 사는 어떤 인물의 평전이라면, 세계적으로 관심을 가질 만한 큰 주제를 다루어야 매력이 있을 것이다. 앙겔라 메르켈 독일 총리는 그런 주제를 충분히 제공할 뿐 아니라 현재 세 번째 총리 임기를 맞아 세계정치계의 스타로서 손색없는 자질을 증명하고 있다.

여성이 정부 수뇌부에 오르는 일은 드물다. 만약 어떤 여성 정치가가 그것에 성공한다면, 기본적으로 그녀는 남성정치가들보다 더 신랄한 평가를 받게 된다. 어쩌면 그렇기 때문에 여성들은 이미 강하게 단련이 되어 임무 수행의 어려움을 덜 느끼는지도 모르겠다. 어쨌든 앙겔라 메르켈은 두 가지 면에서 특별하다. 첫째, 그녀는 어떤 냉혹한 임무에도 끄떡없다. 둘째, 그녀에게는 유권자들의 마음을 움직이는 타고난 능력이 있다. 메르켈은 역대 가장 열려 있는 총리로 평가받아 왔고, 9년째 총리직을 맡고 있는 지금도 그 평가는 여전하다. 이스라엘 대통령은 그녀의 진지함을 칭송하며 이스라엘 건국에 큰 공을 세웠던 이스라엘 초대 총리 벤 구리온Ben Guroin을 닮았다고 평했다. 이보다 더 큰 존경의 표시는 없으리라.

한국 독자들에게 가장 큰 관심은 역시 메르켈의 인생 여정이지 싶다. 앙겔라 메르켈은 폐쇄적인 정치체제(DDR)*에서도 자유와 민주주의에 대한 갈증을 잃지 않고 자랄 수 있음을 증명했다. 더 나아가 그녀는 한 나라를 통일하고 화해시키는 능력을 발휘했다.

지금의 남한과 북한의 관계를 옛날 서독과 동독의 관계와 비교할 수는 없을 테지만, 여러 번 서울을 방문했고 평양도 한 번 다녀온 나는 남북한의 관계를 부족하나마 알고 있다고 말해도 되리라. 나는 개성공단을 방문했고 판문점의 군사분계선에 흐르는 긴장감을 느꼈다. 한 나라의 인위적인 분단이 반드시 지속될 필요도 없지만, 남한과 북한의 관계는 앙겔라 메르

● 독일민주공화국(구동독, Deutsche Demokratische Republik)의 약자.

켈이 철의 장막 너머로 기대했던 희망의 기회를 허락하지 않는 것 같다.

그럼에도 독일 총리의 인생 여정과 정치 업적은 한국 독자들에게 영감을 줄 것이다. 그녀는 의지력과 추진력, 배우는 자세와 세계에 대한 긍정적 감탄을 생산한다. 이 책은 독일의 조건에서, 특히 전체주의적인 구동독체제에서, 그러나 또한 목사관에서 보낸 유년시절이 각인된 앙겔라 메르켈의 인생 이야기다.

그녀는 물리학자다. 자연과학자로서 그녀는 우연의 힘을 믿지 않는다. 그래서 정치에 자연적인 상태가 없다는 것을 잘 안다. 어떤 체제도 영원히 안정적으로 유지되지 않는다. 그러나 모든 가능한 체제 중에서 민주주의가 단연 최고의 전제조건을 갖췄다고 그녀는 확신한다. 매력, 정의, 안정에서 민주주의체제는 다른 어떤 체제보다 한수 위다. 그녀는 이것을 몸소 체험했다. 모쪼록 한국 독자들도 이 책에서 민주주의에 대한 많은 영감을 얻길 바란다.

일러두기

1. 본문의 주석은 모두 옮긴이와 편집자의 주입니다.
2. 단행본은《 》, 잡지, 신문 등의 매체와 영화 제목은 〈 〉로 표기했습니다.

1

메르켈 마니아
총리의 새로운 권력

✦

메르켈의 주제는 위기다. 메르켈은 역사적 과업을
이어 받았고 그것이 그녀를 강하게 만들었다. 위기 덕분에
그녀는 위대한 국가 지도자의 대열에 합류할 수 있었으며,
권력의 정점에 도달할 수 있었다.

총리생활 8년째인 2013년, 앙겔라 메르켈의 권력은 다시 한 번
정점에 올랐다. 그녀는 유럽에서 가장 부유하고 경제규모가 큰
국가의 총리직을 벌써 두 번째 수행하고 있다.[*] 대적할 인물이
없을 정도로 완벽하게 당을 장악했고 만장일치에 가까운 지지
속에서 당을 이끌며, 변함없이 충직하고 성실한 장관들과 내각
을 이끌고 있다. 또한 두 번째 연정파트너를 길들임으로써 사회

● 2013년 9월 선거에서 기민당은 41.5퍼센트의 득표율로 전체 의석 630석 중 311석을
얻어 메르켈은 3선에 성공하였다. 이 책은 2013년 3월에 출간되었다.

를 흔들 정부정책을 최소한으로 통제하고, 특유의 무심함으로 야당을 괴롭힌다. 대중으로부터는 존경을 받는다. 과거의 어떤 총리도 집권 8년째 이렇게 높은 지지를 얻지 못했다. 독일 경제는 나쁘지 않다. 이웃국가들과 비교해 볼 때 그렇다. 독일 내부에는 이렇다 할 진짜 큰 문제도 없다.

같은 해, 앙겔라 메르켈은 국제무대에서도 큰 권력과 영향력을 갖게 되었다. 그녀는 긴 집권기간을 회고할 수 있는 몇 안 되는 집권자에 속한다. 2013년 현재 유럽연합에서 몰타와 룩셈부르크 총리를 제외하면 메르켈이 가장 오랫동안 집권하고 있는 총리다. 유럽연합 집행위원장이 메르켈보다 1년 빠른 2004년에 직위에 올랐지만 그것은 순전히 메르켈의 도움 덕분이었다. 메르켈은 두 명의 미국 대통령과 함께 일했고 그들의 전임자 두 명도 만난 바 있다. 메르켈은 또한 러시아 대통령과 통치기간을 경쟁한다. 누가 더 오래 통치하는지, 마치 '토끼와 고슴도치의 경주'•를 연상시키는 경쟁이다. 블라디미르 푸틴Wladimir Putin만큼 메르켈과 끈질기게 경쟁하면서 동행한 국가 지도자는 없다. 메르켈은 또한 중국의 지도자 교체를 경험한 독일 최초의 총리다. 그녀는 새로운 중국 국가주석과의

• 독일의 전래동화로, 고슴도치의 짧은 다리를 놀리던 토끼가 고슴도치와 경주를 하게 된다. 고슴도치는 꾀를 써서 아내를 결승점에 숨어 있게 하고 토끼가 도착할 무렵 구멍에서 나와 먼저 도착한 것처럼 하게 했다.

만남을 열렬히 환영했는데, 친밀했던 선임자와 새로운 지도자를 비교해 보고 싶었기 때문이다.

메르켈은 중동지역의 평화에도 공헌했다. 이스라엘과 때로는 감정적이기까지 한 강한 유대관계를 맺었는데, 그것은 독일 역사가 남긴 빚이기도 했지만 또한 국제적 관계에서 그녀가 매우 드물게 허용하는 개인적인 관계이기도 했다. 메르켈 역시 아랍세계에서 일어나는 사건의 공격을 받게 되었다. 메르켈은 긴장감을 가지고 회의적인 중동지역을 살핀다. 그곳에서, 자유를 향해 도약하길 원하면서도 결국엔 이슬람 사원을 벗어나지 못하는 불안전한 사회를 목격한다. 자유에 대해서라면 메르켈도 일가견이 있다. 그녀에게는 남들에게 들려줄 만한, 자유에 대한 고유한 이야기가 있다. 그러나 너무 비장해지는 걸 싫어하기 때문에 최대한 그 이야기를 아낀다. 사실 그녀에게 자유란 매우 개인적인 일이다. 욕구를 맘껏 펼치는 것, 자신의 한계를 시험하는 것, 새로운 영역을 발견하고 이해하고 정복하는 것. 이것이 35년간 야망과 재능을 감춰야 했던 한 여성의 극히 개인적인 자유에 대한 설명이다. 자유에 대한 그녀의 욕구는 아직 채워지지 않은 듯하다.

바로 그렇기 때문에 앙겔라 메르켈은 총리생활 8년째인 2013년, 권력의 최고점에 다다랐다. 다시 한 번 다다랐다고 말해야 옳을진데, 이런 최고점에 오른 경험이 이전에도 이미 몇 번 있었기 때문이다. 예를 들면 처음 총리직에 오른 후 몇 주, 사민당(SPD)과의 대연정 합의 후, 2008년 금융위기 이후가 그렇다. 그녀는 계속해서 다시, 이른바 커리어의 정점에 섰다. 그러나 그녀는 직선적인 상승을 믿지 않는다. 그녀에게 정치는 플러스와 마이너스의 합이 결국 0인, 성공과 실패가 연속하는 제로섬 게임이다.

그런데 문제는 여기서 시작된다. 성공과 실패는 연합정부의 안정이나 유권자들의 만족 혹은 외국 방문의 빈도수로만 측정되지 않는다. 이것은 가짜 척도일 뿐이다. 진짜 척도는 사건이다. "정부를 궤도에서 이탈시킨 것이 도대체 무엇이냐"는 기자의 질문에 영국 총리 해럴드 맥밀런Harold Macmillan은 이렇게 대답한 적이 있다. "사건! 사건이죠." 앙겔라 메르켈 역시 총리직의 성공과 실패를 결정할 역사적 사건을 만났다. 바로 위기다!

메르켈이 위기를 찾아 나선 것이 아니라 위기가 그녀를 찾아왔다. 위기는 머리가 아홉 개인 히드라나 지옥을 지키는 케르베로스 같은 신화적 괴물을 닮았다. 처음에 금융위기의 모습으로 다가와서는 세계경제위기로 돌변하더니 결국엔 유로위기로 변했다. 막대한 피해를 낳을 수 있는 여러 문제들이 그

• 사민당은 사회민주당(Sozialdemokratische Partei Deutschlands)의 약자로, 사회민주주의를 지향하는 중도좌파 정당이다.

뒤에 숨어 있었다. 부채위기, 성장 및 경쟁 문제 그리고 결국엔 유로통화재앙. 문제의 무게를 이기지 못하고 유로통화가 붕괴되면, 즉 유럽이 유로를 포기하고 옛 통화로 주저앉으면, 그때부터 통화재앙이 시작되는 것이다. 유럽의 경제가 붕괴하고 통화연합이 은행, 기업, 예금자와 함께 낭떠러지로 떨어지는 일이 충분히 일어날 수 있다. 공포로 가득한 시나리오가 돌아다닌다. 은행으로 몰려가는 예금자들, 지불 불능, 모든 경제 영역의 붕괴, 수출 급감, 높은 실업률, 사회적 긴장, 급진정당의 두각 그리고 유럽의 정치적 분열. 시나리오에서 위기의 무게가 느껴진다. 막대한 파괴를 낳을 수 있는 힘이 여기에 작용한다.

이런 파괴적인 위기가 메르켈을 압박해 왔다. 파괴를 막는 것이 그녀의 정치적 과제였다. 그녀가 통치하는 시대는 헬무트 콜Helmut Kohl이 누렸던 행복한 역사의 순간이 아니다. 헬무트 콜은 유럽의 자유운동에서 생긴 긍정적 동력과 시대의 이점을 이용하여 직관적으로 독일을 통일로 이끌었고 유럽에 새로운 호황을 가져왔다. 그러나 메르켈은 다르다. 그녀는 방어전투를 지휘하고 파멸에 맞서 싸워 왔다. 화려하게 꽃피는 전망을 약속할 수는 없다. 유럽의 황폐화를 막기 위해 노력할 수 있을 뿐이다.

그러므로 메르켈의 주제는 위기다. 콘라트 아데나워Konrad Adenauer는 서독에 연방공화국을 안착시켰고 사회적 평등과 시장경제의 정치 모델을 관철시켰다. 빌리 브란트Willy Brandt는 동독과의 긴장완화를 위한 첫발을 내디뎠다. 그리고 헬무트 콜은 통일총리로 역사에 기록되었다. 메르켈은 역사적 과업을 이어받았고 그것이 그녀를 강하게 만들었다. 그래서 위기가 오히려 그녀에게 도움이 되었다고 말해도 과언이 아니다. 위기가 없었더라면 그녀의 총리직은 큰 의미를 갖지 못했을 것이다. 위기 덕분에 그녀는 위대한 국가 지도자의 대열에 합류할 수 있었다. 그녀의 결정은 독일뿐 아니라 유럽 전체의 운명을 좌우하며, 그럼으로써 그녀는 중요한 인물이 되었고 권력을 얻었다. 바로 그렇기 때문에 메르켈이 다시 권력의 정점에 도달한 것이다.

메르켈의 강화된 권력은 베를린에서보다 유럽 정치 영역에서, 브뤼셀에서, 프랑스 대통령과의 회담에서, 그리고 아테네 방문에서 더 잘 드러난다. 그녀의 권력은 유럽에서 독보적이다. 그녀는 정치산맥의 중앙봉이 되었다. 마치 유럽이 문제를 해결하느냐 못하느냐가 오직 그녀에게 달린 것처럼 모든 시선이 그녀에게 쏠린다. 베를린을 방문하는 국빈의 수와 빈도에서, 그녀가 워싱턴이나 베이징으로부터 받는 관심에서, 그녀가 참고 견뎌야 했던 왜곡과 비방에서, 그녀의 거대한 권력을 확인할 수 있다.

위기 4년 만에 메르켈은 정치 간행물의 주인공으로 승격되었다. '불가사의 앙겔라 메르켈', '길 잃은 안내자', '미스 유럽',

'용기 잃은 어머니', '조심하라, 앙겔라가 나타났다' 등등…. 그녀의 사진에는 상투적인 포즈가 없다. 사실 포즈를 취할 필요도 없었으리라. 메르켈은 가끔 영국 잡지 〈이코노미스트Economist〉의 일러스트를 떠올리며 웃곤 한다. 그 일러스트는 바다 속으로 점점 깊이 가라앉고 있는 '경제 선박'의 함교에서 간청하듯 묻는 목소리를 말풍선에 담고 있었다. "제발요, 메르켈 총리님! 이제 배를 버려도 되지 않을까요?"

그러나 그녀는 싸늘한 유머에 웃음을 보내지 않는다. 예를 들어 히틀러 콧수염을 단 메르켈, 폴란드의 카친스키 신생아 쌍둥이에게 젖을 먹이는 메르켈, 어깨에서 피가 나는 메르켈, 채찍을 든 가학적 성애자로 표현된 메르켈과 그녀의 부츠 밑에 깔린 스페인 총리…. 무엇보다 좌파 성향의 영국 토론매거진 〈뉴 스테이츠맨New Statesman〉을 빼놓을 수 없다. 밤과 낮으로 반반씩 나뉜 얼굴에 로봇 눈을 가진 메르켈이 있고, 기사 내용은 예상 가능한 히틀러와의 비교 외에도 세계안정을 위협하는 큰 위험으로서, 메르켈을 북한의 김정은이나 이란 대통령 아마디네자드Ahmadinedschad보다 더 위험한 사람으로 묘사했고 위세를 떠는 사람 혹은 불타는 로마를 보며 바이올린을 켰던 네로와 비교했다.

보수 성향의 프랑스 일간지 〈르 피가로Le Figaro〉는 양자택일을 제시했다. 프랑스에게, 게르만이 지배하는 북유럽으로 가든지 아니면 범게르만주의자들이 'PIGS'*라고 멸시하듯 부르는 '변두리국가 중 하나'가 되든지 둘 중 하나를 선택하라는 것이었다. 범게르만주의자란 분명 독일과 그 추종국들을 뜻할 것이다. 사회주의 경제학자 다니엘 코엔Daniel Cohen은 독일을 '유럽의 중국'이라 불렀다. 스페인 작가 하비에르 세르카스Javier Cercas는 메르켈이 남유럽에서 불량배로 인식될까 우려했다. "그녀는 우리에게 충족시킬 수 없는 경제적 조건을 강요한다. 그것은 독일이 제1차 세계대전 패배 후 승리자로부터 경제 규칙을 지시받고 느꼈던 원한의 감정과 비슷한 수준의 굴욕감을 준다."

입장만 바뀐 베르사유 조약의 반복일까? 독일의 경제적 힘과 메르켈의 정치적 힘이 이웃국가를 얼마나 압박하는지 정작 독일은 무신경하다. 독일의 유로구제 논리를 비판하는 대표적인 반대자이자 미국의 금융전문가인 조지 소로스George Soros는 메르켈에게 이렇게 경고했다. "독일은 다른 유럽국가들로부터 제국적 권력으로 이해되어 사랑과 감탄을 받지 못하게 될 것이다. 대신 증오와 저항을 불러올 터인데, 독일이 억압하는 권력으로 인지될 것이기 때문이다." 그러나 이것은 별로 극적이지 않은 경고였다. 훨씬 더 위험한 옛 음모론이 부활한 것이다.

● 포르투갈, 이탈리아, 그리스, 스페인의 약자.

통화정책을 이용하여 유럽 대륙을 지배하기 위해 독일이 통일 후 유로를 강화했다느니, 군사력으로 두 번이나 실패한 야망을 이제 유로의 도움으로 냉혹하게 이루려 한다느니 등의 음모와 독일 제국주의, 기막힌 마스터플랜 등의 이야기….

이 모든 것이 이념적인 과민반응일까? 이 모든 것이 허튼소리에 불과할까? 독일 총리는 이 긴장을 최소한 인지하고는 있어야 했다. 유럽의 경제력 및 경쟁력의 불균형이 독일에게 막대한 이익을 안겨 주었기 때문이다. 독일의 수출은 거칠 것이 없었는데, 거대한 내수시장에서 이익을 얻었고, 강력한 독일산업이 단위노동비용이 높은* 남유럽 경쟁국들에게 기회를 주지 않았기 때문이다. 또한 독일은 탄탄한 경제 덕분에 금융시장의 구애를 누렸다. 대출이자가 그렇게 싼 적은 일찍이 없었다. 국가채권이 그렇게 저렴했던 적도 없었다. 독일은 위기에서 이익을 얻었고, 메르켈은 유럽이 지금까지 경험하지 못했던 공연의 지휘자가 되었다. 슈뢰더 정부의 엄격한 사회개혁과 적절한 임금정책 덕분에 독일경제는 성장했다. 아시아와 러시아에 새로운 시장이 열렸다. 반면 프랑스는 전통적인 정치·경제적 균형자의 역할을 상실했다. 유럽 27개국의 정치적 균형이 기운

● 단위노동비용이 높다는 것은 임금상승률이 생산성 증가율보다 높아 해당 제품의 경쟁력이 낮음을 뜻한다.

것이다. 베를린에는 유리하게, 프랑스에는 불리하게.

메르켈은 위기로부터 몇 배의 이익을 만들어 냈다. 첫째, 그녀의 구제정책은 독일의 관점에서 보면 불가피했다. 그래서 야당의 저항도 거의 없었다. 둘째, 그녀가 통치한 시대는 행정의 시대였다. 유럽집행위원회도, 유럽의회도 아닌, 유럽 각국 행정부 수반의 시대였다. 셋째, 어떤 길도 유럽에서 가장 강력한 경제력을 가진 국가의 총리를 그냥 지나칠 수 없었다. 유로를 구제하려면 메르켈과 함께해야 했다. 그러므로 메르켈은 위기에서 이익을 얻기도 했지만 또한 큰 짐을 져야 하기도 했다. 만에 하나 구제가 잘못되기라도 하면, 설령 실패를 막기 위해 온 힘을 다 쏟아부었더라도 막대한 책임을 질 수밖에 없다. 그러니 유럽의 모든 관심이 그녀에게 쏠린 것은 당연지사였다. 유럽이 실패하면 메르켈도 실패하는 것이다.

연방공화국 역사상 독일 총리가 이런 특별한 위치에 있던 적은 없었다. 총리가 그렇게 중요한 외교적 역할을 했던 적도 없었다. 물론 헬무트 콜 역시 역사적인 행운의 순간을 독일의 이익에 맞춰 조종했다. 그러나 그게 다였다. 반면 메르켈은 유럽의 구원과 멸망 모두를 어깨에 짊어졌다. 원하지도 않았고 목표로 삼지도 않았지만 독일은 다시 국제적 이슈의 중심에 서게 되었다.

역사가 가르쳐 주듯이, 유럽은 대륙 중앙에 있는 이 독보적 국가를 버거워한다. 옛날의 선입견이 순간적으로 되살아나면서, 독일의 특별한 위치가 유럽에서 얼마나 예민한 문제인지 드러난다. 독일은 유럽의 권력을 나누는 것에 익숙했고 탈국가적 동맹에 소속되길 원했다. 제2차 세계대전 후의 헌법과 동맹의 역사가, 거인을 통제하기 위한 다중안전장치를 증언한다. 헬무트 콜은 통일총리로서 독일의 유럽 안착을 보증했다. 또한 그렇기 때문에 1992년 마스트리히트조약*이 체결되었고 유로를 위해 독일 마르크가 포기되었다. 그런데 갑자기 유럽 전후 역사의 기본상수가 바뀌었다. 균형추가 기울기 시작한 것이다.

바로 이 순간에 앙겔라 메르켈이라는 인물이 관심의 중앙에 섰다. 오래도록 침묵을 지키다 반세대도 안 되어 독일 보수 국민정당에서 권력을 거머쥔 이 여인은 누구인가? 눈에 띄지 않게 조용히 유럽 지도자들의 정상에 오른 이 여성정치가는 누구인가? 독일 사람들은 몇 년 동안 메르켈 수수께끼에 사로잡혔고 그녀의 성격과 속내를 읽으려 애썼다. 이제 세계가 그녀를 궁금해한다. 그녀의 정치능력은 어디서 왔을까? 그녀의 세계관은 무엇일까? 그녀의 가치관은 무엇일까? 메르켈은 자

● 유럽공동체(EC) 회원국들이 1991년 12월 네덜란드 마스트리히트에서 체결한 조약으로, 유럽중앙은행 설립, 단일통화제 실시, 단일사회산업정책 수립 등을 의결하였다. 이 조약으로 인해 EC 창설 40년 만에 하나의 유럽을 만들기 위한 본격적인 걸음이 시작되었다.

신에게 쏟아지는 세상의 관심을 달가워하지 않는다. 이것이 또한 그녀가 다시 정상에 오른 이유이기도 하다. 이번에 그녀가 원하는 지위는 외교정치가로서의 행정부 수반이다. 만약 독일의 이런 객관적 권력이 유럽에 위협으로 인식된다면, 메르켈은 이를 어떻게 다루어야 할까? 메르켈은 독일의 권력을 용인될 수 있는 수준까지만 확장하겠지만 과연 그것이 계속 유지될까?

메르켈은 짐을 졌다. 그리고 자신이 지시하는 규칙과 구조의 변화가 유럽에 좋을 것이라고 스스로 확신하기 때문에 메르켈은 그것을 관철시켰다. 그러나 그녀는 비스마르크가 이미 묘사한 바 있는 "독일은 유럽의 헤게모니가 되기에는 너무 작고 균형을 유지하기에는 너무 크다"는 독일의 딜레마에서 어떻게 벗어날 수 있는지 아직 답을 내놓지 못했다. 19세기 비스마르크의 어휘를 없애고 이야기한다면, 독일은 유럽의 구조 안에 녹아들기에는 너무 강하고, 다른 나라에게 자신이 생각하는 올바른 정치관을 강요하기에는 너무 약하다. 역사가들은 이것을 절반의 헤게모니라 부른다. 이는 한 국가의 입장에서 보면 결코 편안한 상태가 아니다.

그러니까 메르켈은 거대한 책임부담을 안고, 유럽을 지배하려 한다는 의심을 방어하면서, 유럽의 수뇌부를 장악해야 하는 자리에 선 것이다. 과거의 적대감을 극복하고 유럽에 평화를 정착시키는 역사 프로젝트의 중요한 부분이 그녀의 손에 달렸다. 어쩌면 메르켈은 오슬로 시청에서 노벨평화상이 유럽 연합에 수여되는 것을 보면서 자신의 막중한 책임을 생각했을 것이다.

이미 좋은 시절을 누린 아놀드 슈워제네거는 메르켈을 세계에서 가장 강한 여자로 부른 적이 있다. '마텔'사가 메르켈을 닮은 바비인형을 생산한 것만 보아도 독일 여성총리의 새로운 권력을 확인할 수 있다. 메르켈이 바로 '무엇이든 될 수 있기를' 꿈꾸는 소녀들의 롤 모델인 것이다. 솔직히 말하면 메르켈은 롤 모델을 좋아하지 않는다. 집무실에는 액자 하나를 걸어 놓은 것이 전부다. 러시아 속의 작은 독일 공국이었던 안할트 젤브스트의 공녀이자 나중에 러시아 황후 예카테리나 2세로서 '여제'로 불렸던 유명한 소피아Sophie의 초상화가 그것이다. 예카테리나 여제는 통치자로서 계몽주의적 정책을 펼쳤지만 또한 의심의 여지 없이 제국주의를 표방했다. 그녀는 권력게임을 좋아했다. 정교회로 개종했고 러시아 이름으로 개명했고 권력 확장을 위해 남자들을 이용했다. 메르켈은 이 초상화를 어떤 기자에게서 선물로 받아 집무실 벽에 걸어 두었다. 과도한 해석을 막기 위해 스스로 밝히기를, 예카테리나는 여자로서 그리고 개혁자로서 그녀에게 감동을 준단다. 그것이 전부다. 게다가 이 여제는 34년이나 통치했다. 앙겔라 메르켈이 넘볼 수 없는 기간이다.

2

딴 세상
구동독 시절의 온실 속 삶

메르켈은 구동독에서 주입된 것들을 비밀처럼
꽁꽁 숨긴다. 같은 경험을 공유하지 못했는데
어떻게 비밀을 나눌 수 있겠는가.
그녀의 전반부 삶은 뭔가 미스터리처럼 남아 있다.

어린 앙겔라 카스너의 세계는 그리 넓지 않았다. 어머니, 아버지, 동생들, 발트호프 건물, 발트호프 안의 작업장 그리고 건물 앞 도로가 전부였다. 어린 앙겔라는 외출이 잦은 아버지를 건너편 상점에서 기다리곤 했다. "더 멀리 나갈 용기가 나지 않았죠." 앙겔라는 어린이집도 유치원도 다니지 않았다. 또한 시골길을 달리는 말을 무서워했다. 그것이 그녀의 첫 번째 유년 시절의 기억이다. 창고, 공장, 상점, 주택이 혼재한 주상복합건물 발트호프는 조용한 시골 마을 템플린에 섬처럼 자리했다. 1957년 아버지 호르스트 카스너Horst Kasner는 그곳에 교회행정학교를 설립하고 운영을 맡게 되었다. 나중에 이곳은 목회자학교라 불리게 되었다. 목사와 부목사들이 연수나 설교세미나에 참가하기 위해 발트호프로 와서 몇 주씩 머물렀다. 베를린-브란덴부르크 교구에 있는 교회들에게 발트호프는 매우 중요한 시설이었다. 당시 목사라면 적어도 한 번은 발트호프에 가서 호르스트 카스너의 강의를 들었다고 해도 과언이 아니다.

헤를린트와 호르스트는 함부르크에서 결혼을 했다. 거기서 1954년 7월 17일에 그들의 장녀 앙겔라가 태어났다. 앙겔라의 외할머니, 외할아버지도 함부르크에 살았다. 전쟁 후 단칙에서 이곳까지 떠밀려 온 것이다. 외할머니 케르트루트 옌취Gertrud Jentzsch는 실레시아 지역의 글로가우, 지금은 폴란드어로 그워구프라 불리는 곳 출신이었고, 외할아버지 빌리 옌취Willi Jentysch는 비터펠트 출신이었다. 어머니 헤를린트 카스너Herlind Kasner는 1928년에 단칙에서 태어났는데, 당시 단칙은 자유도시로 국제연맹의 감독 아래에 있었다. 단칙 근처의 엘빙이 어머니의 출생지로 종종 등장하는데, 그 까닭은 알 수 없다. 외조부모가 기껏해야 몇 년 산 것이 전부인데 말이다.

아버지 호르스트 카스너는 1926년 베를린에서 태어났다. 그의 가족사는 매우 복잡하다. 그의 조상들은 독일-폴란드의 소용돌이 같은 역사를 고스란히 겪었다. 호르스트의 아버지이자 앙겔라의 할아버지인 루드비히Ludwig는 1896년 폴란드 포즈나뉴에서 태어났다. 루드비히 카스너가 아니라 루드비히 카즈미르착으로… 포즈나뉴 주민 대다수처럼 카즈미르착 가족도 폴란드에 뿌리를 두었다. 이 지역은 1793년 두 번째 폴란드 분할 이후 여러 번의 구역 변경과 여러 통치자들의 요구에 시달렸다. 할아버지가 태어난 시기에 포즈나뉴는 독일제국에 속했고 그래서 포젠이라 불렸다. 그러니까 엄격히 말하자면 루드비히는 독일 국민이었다. 그럼에도 가족은 폴란드를 뿌리로 여겼다. 그러나 루드비히 카즈미르착은 좀 달랐던 것 같다. 그는 과감한 결정을 내렸다. 1919년 제1차 세계대전 후 베르사유 조약으로 포젠이 다시 폴란드로 귀속되었다. 그로부터 몇 년간 수많은 독일 소수자들이 이 지역을 떠났다. 그들 중에는 분명 그들의 뿌리인 폴란드로 돌아가는 게 싫었던 사람들도 있었으리라. 루드비히 카즈미르착도 가족을 고향에 남겨 두고 베를린으로 떠났다. 그곳에서 장래의 아내 마가레테Margarethe를 만났다. 1926년에 아들 호르스트가 태어났다. 1930년에 루드비히 카즈미르착은 비로소 성을 독일어로 바꾸기로 결심하고 그때부터 카스너가 되었다. 그래서 독일 총리가 될 앙겔라 카스너의 아버지 호르스트 카즈미르착은 네 살부터 호르스트 카스너가 되었다. 할아버지가 이름을 바꾸지 않았더라면, 앙겔라는 앙겔라 카즈미르착으로 세상에 태어났을 것이다. 베를린 판코브 지구 경찰관이었던 할아버지는 1959년에 사망했다. 당시

다섯 살이었던 앙겔라는 할아버지에 대한 기억이 없다. 그러나 그녀를 자주 찾아와 어린 손녀에게 음악과 미술을 소개한 할머니에 대한 기억은 많다.

앙겔라 메르켈은 1995년 함부르크에서 열린 독일교회의 날 행사에서 할아버지가 폴란드 출신이라고 말했다. 그리고 2000년에 자신이 '25퍼센트 폴란드인'이라는 이야기를 다시 한 번 했다. 이 새로운 소식에 특히 폴란드가 들썩였다. 폴란드에 앙겔라 메르켈 팬클럽이 생겼다. 앙겔라 메르켈은 자신의 폴란드 뿌리를 언급할 때면 할아버지를 루드비히 카즈미르착이라고 불렀다.

메르켈의 양가 조부모에 대해서는 알려진 바가 거의 없는 것과 달리, 부모의 생애는 잘 알려져 있다. 젊은 목사 카스너는 1954년 앙겔라가 태어난 지 몇 주 후에 가족을 데리고 함부르크를 떠나 동독으로 이주했다. 그의 첫 번째 목사관은 브란덴부르크 지역의 쿠비초브 마을에 있었다. 그들은 3년 후에 다시 템플린으로 이사를 갔다. 이곳이 앙겔라의 유년 시절의 중심이자 청소년 시절의 정박지다. 우커마르크의 보석이라 불리는 템플린은 베를린에서 차로 한 시간 반 거리에 있다. 호수, 강, 운하, 탁 트인 하늘, 전통가옥들… 템플린은 오늘날까지 그 매력을 간직하고 있다. 발트호프는 1852년 문제청소년들의 보호소로 지어졌고 그 후 많은 변화를 겪었다. 특히 카스너 목사가 세미나를 개최하기 시작하면서 획기적인 변화를 맞았다.

동독의 복지 규정에 따라 보호소는 문을 닫았다. 그 대신 교회는 넓은 시설을 이용하여 정신지체아들을 수용했는데, 그들은 밭에서, 대장간에서, 대바구니 작업장에서, 그 밖의 여러 공장에서 일을 할 수 있었다. 당시로서는 매우 현대적인 기획이었다. 그곳에서 장애인들은 자유롭게 어울려 살면서 일자리를 얻어 일할 수 있었다. 앙겔라에게 장애인들과의 생활은 일상에 속했다.

카스너 가족의 가정생활을 증언해 줄 사람은 많지 않다. 그러나 앙겔라가 정치적이고 열린 가정에서 성장한 것만은 분명한 사실이다. 카스너 목사와 그의 아내는 구동독의 편협한 체제 속에서 정신적 개방성을 잃지 않았고 딸 앙겔라도 그 혜택을 받았다. 세계에 대한 관심이 일찍부터 깨어났고 그것을 격려받았다. 목사관이 체제의 규제로부터 앙겔라를 보호하는 역할을 했다. 앙겔라 메르켈은 나중에 사진작가 헬를린데 쾰블 Herlinde Koelbl과의 인터뷰에서, 자신이 '그늘 없는' 어린 시절을 보낼 수 있었던 이유는 어린아이가 마음껏 활개를 펼 수 있는 편안한 환경을 발트호프가 제공했기 때문이라고 설명했다. 그녀는 그곳에서 일하며 '평화롭게 살아가는' 사람들에게 늘 감동을 받았다고 한다. 가령 정원사들은 일찍부터 앙겔라의 대화상대이자 친구였고 바쁜 아버지 이외에 그녀에게 자신감과 느긋함을 보여 주는 좋은 모범이었다. 어린 시절에 대한 기억은 모두 보호와 안정의 분위기와 연관되어 있다. 2011년에 사망한 아버지는 생전에 했던 몇 안 되는 인터뷰에서 이렇게 말했다. "동독만으로도 이미 압박은 충분했어요. 집에서만큼은 아이들에게 자유를 주고 싶었죠." 카스너 자신도 자유를 누렸다. 그는 1970년대에 이미 로마와 런던을 혼자 여행했다.

그럼에도 앙겔라의 과거는 베일에 싸여 있다. 서독 출신 사람들 대다수는 일종의 동독 '블러비마을'*의 생활을 쉽게 상상할 수 없기 때문이다. 발트호프는 목사관 생활, 평온한 시골마을, 빛나는 지성으로 인해 마치 그리운 옛날의 좋은 추억이나 동화처럼 들린다. 발트호프는 19세기 비더마이어 사조의 독일 정신인 재건, 보호, 안정이 있는 곳이었다. 앙겔라가 경험한 발트호프는 오늘날 많은 사람들에게 향수를 불러일으킨다. 하여 발트호프에 대한 관심은 사그러들지 않고 있다.

정치체제가 목사관의 평화를 방해할 때조차 앙겔라 카스너는 그것을 느끼지 못했다. 심지어 자신과 국가를 동일시하지 않아도 되는 사치를 누렸다. "나는 동독을 단 한 번도 나의 보금자리라고 느낀 적이 없습니다. 게다가 동독이 제공하는 운신의 폭을 늘 이용했어요." 헤를린데 쾰블과의 인터뷰에서 그녀

---

* 삐삐롱스타킹으로 유명한 스웨덴의 작가 린드그렌의 동화 《시끌벅적 불러비마을의 아이들》에서 인용한 표현.

가 설명했다. 그녀는 비록 동독 지역의 로코모티브 라이프치히 축구팀 팬이긴 하지만, 1974년 월드컵 때 서독과 동독의 경기에서 동독 선수 위르겐 슈파바서Jürgen Sparwasser의 결승골로 서독이 패한 일을 생각하면 지금도 화가 머리끝까지 치민다고 한다. 슈파바서의 유니폼은 현재 본에 있는 독일 역사박물관에 전시되어 있다.

템플린의 이국적인 세계에는 템플린 입구에 있는 마을 포겔장에 주둔한 소련군도 포함된다. 포겔장은 뷘스도르프 다음으로 가장 큰 소련 군사 주둔지로, 25기 갑사단과 여타 시설들이 있었다. 군인들이 템플린 시내로 오면 앙겔라 카스너는 기회를 놓치지 않고 자신의 러시아어 실력을 시험해 보았다. 그녀는 라틴어와 영어 교사였던 어머니로부터 언어적 재능을 물려받은 것 같다. 하지만 어머니는 개신교 목사와 결혼을 했기 때문에 동독에서 더는 수업을 할 수 없다가 베를린 장벽이 무너진 후 교회 직원들을 위한 베를린 선교사의 집에서 다시 교사로 일할 수 있게 되었다. 앙겔라는 어머니처럼 교사가 되고 싶진 않았다. 학생들에게 체제의 압박을 전달하고 싶지 않았다.

앙겔라의 러시아어 실력은 독보적이었다. 8학년 때 이미, 과학기술학교의 10학년만 참가하게 되어 있는 전국 러시아어 올림픽에 참가할 수 있었다. 어린 나이에도 불구하고 그녀는 동독에서 세 번째로 러시아어를 잘하는 학생으로 뽑혔고 부상으로 모스크바 여행을 허락받았다. 아이러니하게도 그곳에서 처음으로 비틀즈 음반을 샀고 나중에 밝혔듯이 독일 통일에 대해서도 들었다. 2년 후 10학년이 되었을 때 다시 러시아어 올림픽에 출전했고 이번에는 1등을 했다. 그때는 이미 상급학교에서 대학입학시험을 준비하는 것이 확실시되었다.

앙겔라 카스너는 탁월한 학생이었고 당연히 대학입학시험을 우수한 성적으로 합격했다. 나중에 저널리스트 에벨린 롤Evelyn Roll은 동독 비밀경찰 '슈타지'가 작성한 앙겔라 메르켈 자료에서 러시아와 소련에 관련된 다음 문장을 발견했다. "비록 앙겔라는 소련의 역할을 다른 모든 사회주의 국가를 복종시키는 악랄한 독재자로 해석했지만, 러시아어와 소련 문화는 대단히 좋아한다." 이것은 오늘날에도 여전히 유효하다.

앙겔라 카스너는 여행을 좋아했고 사람들과 어울리는 것을 즐겼다. 어렸을 때는 방학 중 일부를 베를린의 할머니 댁에서 보냈다. "어린아이가 꿈꿀 만한 모든 행복을 충족시킬 수 있었던 가장 멋진 시기였어요. 밤 10시까지 텔레비전을 볼 수 있었거든요. 아침에는 9시부터 나가 계획한 대로 모든 박물관을 훑었죠." 나중에 밝혔듯이 그녀의 가족은 동독 방송을 거의 시청하지 않았다. "스포츠 중계는 빼고." 베를린에서도 탐사여행은 계속되었다. 그녀는 외국인들과 그들의 삶에 특히 매혹되었던 것 같다. "나는 불가리아, 미국, 영국 사람들을 사귀었어요.

열다섯 살 때는 미국인 친구들과 어울리면서 동독에 대한 온 갖 이야기를 들려주었죠." 그녀는 솔직하게 덧붙였다. "지금은 그때만큼 자신 있게 행동하진 못할 거예요." 애석하게도 그녀 의 예전 대화 상대를 현재까지 한 명도 찾지 못했다. 추측컨대 장래에 총리가 될 이 소녀는 그들에게 분명 강한 인상을 남겼 을 것이다.

앙겔라가 10학년이 될 때까지, 카스너 가족은 앙겔라의 세 살 터울 남동생 마르쿠스, 열 살 터울 여동생 이레네와 함께 휴가여행을 다녔다. 그중 두 여행이 앙겔라에게 특별한 기억으 로 남아 있다. 장벽이 생긴 1961년 8월 13일 직전에 온 가족이 바이에른 주를 여행했다. 폭스바겐 안에는 함부르크에서 온 외 할머니도 같이 있었다. 딸, 사위, 손자들과 함께 한 그녀의 마 지막 여행이었다. 금요일에 집으로 돌아오는 길이었는데, 호르 스트 카스너는 숲에 커다란 철조망이 설치되었고 군인들이 많 이 보여 이상한 기분이 들었다. 불길한 기분이 엄습했다. 그리 고 일요일에 국경이 폐쇄되었고 장벽이 세워졌다. 앙겔라 메르 켈은 8월 13일을 생생하게 기억한다. 어머니는 온종일 울면서 교회에서 기도했고 소녀 앙겔라는 아무것도 도울 수 없어서 무기력한 기분이 들었다.

이제 카스너 가족도 여느 독일 사람들과 똑같이 분단의 운 명을 맞았다. 앙겔라는 1986년에 처음으로 서독에 갔다. 그럼에도 독일은 하나라는 정신이 가족 안에 계속 유지되었다. 부모님은 분단을 수용하지 않았고 어린 앙겔라는 새로운 국가를 받아들이지 않았다. 그녀는 서독 정치를 열렬히 쫓았다. 구스타프 하이네만Gustav Heinemann이 서독 대통령으로 선출되었다는 소식을 학교 화장실에서 라디오로 들었다. 그녀는 서독 관료들의 이름을 외웠고 발트호프에서는 늘 서독 방송과 뉴스를 시청했다.

그러나 이런 생활은 대가를 요구했다. 속내 감추기와 말조심은 감시국가에서 살아남기 위한 필수적인 생존조건이었다. 비록 호르스트 카스너가 교회 내에서 펼쳤던 능동적인 정치적 역할에 대해서는 전기 작가들 간에 치열한 논쟁이 있었지만, 아무튼 목사관에서는 위험을 경고하며 조심할 것을 당부했다. 앙겔라 메르켈은 자신이 구동독 체제와 얼마나 맞지 않았는지 자주 언급했다. 물리학 공부를 마친 후 비밀경찰 슈타지가 그녀를 요원으로 적극 영입하려 했을 때, 앙겔라 메르켈은 집에서 배웠던 대로 얌전하게 서서 솔직한 척하면서 세상에 비밀은 없을 거라 확신한다고 말함으로써 거부의 뜻을 표했다. 이런 전략으로 영입 제의는 바로 취소되었다. 그녀가 오늘날까지 특히 잘하는 특기 한 가지를 꼽는다면, 그것은 침묵하기다. "맞아요. 침묵할 줄 아는 능력은 구동독 시절에 얻은 아주 큰 장점이에요. 생존전략 중 하나죠."

정치적 효력을 남긴 두 번째 가족여행은 1968년 여름에 있었다. 체코슬로바키아의 슈네코페 끝자락에 있는 페츠 포드 스네츠코로 온 가족이 휴가를 갔다. 부모님은 높은 산중턱의 숙소에 잠시 아이들만 남겨 두고 프라하로 떠났고 그곳에서 민주화 운동의 기운과 토론들, 한마디로 '프라하의 봄'을 직접 목격했다. 자유를 숨 쉬는 기분을 느꼈다. 그런데 8월 21일에 소련의 붉은 군대가 프라하로 들어와 민주화 운동을 진압했다. 당시 앙겔라는 열네 살이었다. 템플린으로 돌아온 후 그녀가 집과 학교에서 이끌었던 들끓는 논쟁을 그녀는 아직도 기억한다. 당연히 학교 당국은 토론을 싫어했고 그녀는 그것을 즉시 감지하고는 두브체크Dubček에 관한 이야기를 끝냈다. 앙겔라 카스너는 침묵에 정말로 능했다.

이 여행의 진정한 정치적 효력은, 30년도 더 지나 통일된 독일이 서독의 과거를 격렬히 토론할 때 나타났다. 요슈카 피셔 Joschka Fischer가 등장한 사진이 발단이었다. 당시 외무부 장관이었던 피셔는 프랑크푸르트 대학생 시위 중에 진압경찰을 폭행하는 청년 시절의 자신을 사진에서 맞닥뜨렸다. 야당대표였던 메르켈이 그를 비난하며 폭행에 대한 사과와 반국가적 관점을 자백하는 일종의 고해성사를 요구했다. 메르켈은 이 모든 것을, 소위 잘못을 사죄하기 위해 피셔가 발표해야 할 문장으로 마무리했다. "그것은 잘못된 관점이었다. 그러므로 나는 그것을 인정하고 속죄해야 마땅하다."

메르켈은 오늘날 '속죄'라는 말을 몹시 싫어한다. '속죄'라는 단어로 피셔를 호되게 질책한 후 독일 전체가 들끓었고 언론의 맹비난을 받았기 때문이다. 그러나 그녀는 피셔의 사진 사건으로 얻은 이 모든 경험에 고마워해야 하리라. 그녀의 호된 질책 후에 독일 전체가 들끓었다. 사민당과 녹색당●의 68세대들은 서독의 내부 문제에 개입하지 않기로 했다. 그들에게는 동독에서 온 여성정치가의 역사적 가르침이 필요치 않았을 것이다. 메르켈은 갑자기 외톨이가 되었다. 그녀가 속한 기민연(CDU)●●에서조차 외톨이로 느껴졌다. 메르켈은 동독 사람으로서 1968년을 자유와 개방에 대한 모든 희망이 영원히 깨어진 애통한 해로도 볼 수 있다고 생각했다. 그리고 서독의 한 세대가 사회주의, 더 나아가 공산주의의 이름으로 저지른 일로 명성을 얻는다면 그것은 이념적으로도 미심쩍다고 생각했다.

자유에 굶주린 동독 주민들은 학생시위가 별 도움이 되지 않는다고 여겼다. 야당대표 메르켈, 단지 국가의 권위적인 전후구조戰後構造에 반항하기 위해 하필이면 서독이 사회주의를 옹호하고 민주주의를 공격했던 일이 왜 좋은 일이었는지 이해

● 녹색당은 환경과 반전을 기치로 내걸고 결성된 중도좌파 정당이다.
●● 기민연은 기독교민주연합(Christlich-Demokratische Union)의 약자로, 기독교민주주의를 지향하는 중도우파 정당이다. 메르켈이 이 정당에 소속되어 있다.

할 수 없었다. 메르켈은 자유헌법을 가진 이 서독 체제를 매우 동경했기에 더욱 그랬다.

메르켈은 자신의 관점을 관철시키게 되기는커녕 오히려 사민당-녹색당 연정의 비판과 조롱을 받아야만 했다. 그들에게 68$^\bullet$은 딱딱하게 딱지가 앉은 전후체제의 붕괴였고 더 나아가 부모 세대의 나치 과거로부터 벗어나는 해방이었다. 서독의 68세대는 그들의 상징적 숫자가 전혀 다른 역사적 사건, 즉 '프라하의 봄'과 더 강력하게 연결될 수 있다는 것을 받아들이려 하지 않았다. 비록 '프라하의 봄'에 해방의 향기가 있긴 하지만, 그들의 해방은 서독의 거리시위가 추구했던 바로 그 이념으로부터의 해방이었다.

메르켈은 68의 역사와 충돌하지 않았다. 그래서 정치적 도약을 위해 서독 역사를 끈기 있게 수용하고 소위 '능수능란하게' 서독 체제에 자신을 맞추며 동독인으로서의 자신의 과거를 버렸다는 비난을 받았다. 이 비난은 한편으로는 맞고, 68일화가 보여 주듯이 다른 한편으로는 맞지 않다. 나중에 그녀는 후회하듯 고백했다. "예전에 나는, 가령 68운동이 독일의 유일

● 68운동은. 1968년 5월 프랑스 낭테르 대학에서 남학생의 여학생 기숙사 출입 규제에 대한 불만에서 시작된 시위가 프랑스 전역의 대학생 시위와 노동자의 파업으로 확산된 반체제, 반문화 운동이다. 파리 시위는 베트남전 등의 시대적 문제와 결부되면서 미국, 독일, 체코, 스페인 등으로 확산되었고, 세계의 젊은이들을 저항과 해방의 열망으로 들끓게 했다.

한 재앙이었다고 생각했어요. 그런데 68에 맞서 기민연으로 들어온 사람들이 언젠가부터 68운동의 상징인 루디 두치케Rudi Dutschke의 기념비를 세워야 한다고 말하는 걸 확인하고는 깜짝 놀랐죠. 뒤통수를 한 대 맞은 것 같았어요. 지금은 그런 태도를 이해할 수 있지만요."

메르켈은 반핵운동이나 평화운동 같은 서독의 다른 사회운동에 대해서도 비슷한 태도였다. 여기에서도 그녀는 보충교육을 받아야만 했다. "나는 언젠가 요슈카 피셔가 '망할 플루토늄 경제'에 대해 말하는 걸 들었어요. '그게 뭐 어때서?'라고 생각했죠. 그런 다음 핵발전소와 핵무기 생산 그리고 북대서양조약기구와 서방연합이 밀접한 연관이 있다는 것을 그때 처음으로 명확히 알게 되었어요. 지금은 그 민감성을 훨씬 잘 이해할 수 있습니다."

예를 들어 메르켈은 독일의 유럽관계에서 하필이면 프랑스가 매우 특별한 의미를 갖는 까닭을 보좌진들과 집중적으로 토론했다. 메르켈은 서독 기민연의 프랑스에 대한 애정을 곧바로 이해하진 못했다. 그러나 그녀는 어렸을 때부터 이미 늘 서독의 민주주의에 관심을 가져 왔고 독일은 하나라는 정신으로 살았다. 그렇기 때문에 동독에서 자란 메르켈이 서독의 과거와 크게 충돌하지 않을 수 있었을 것이다.

앙겔라 카스너는 10학년부터 친구들과 기차(당연히 중유럽의 인터레일)를 타고 프라하, 부카레스트, 부다페스트, 소피아로 배낭여행을 다녔다. 나중에 설명하기를, 흑해의 바투미가 수영하기에 제일 좋았고 부다페스트에서는 런던에 대한 꿈을 꾸었다고 한다. 런던이 부다페스트와 아주 비슷할 거라 상상했기 때문이다. 청소년 시절 그녀는 활달하고 적극적이며 능동적이고 긍정적인 사람이었다. 동독 바깥세상의 모든 삶에 큰 호기심을 가졌고 동독과 비교하며 적응했다. 자신과 자신의 지식을 시험했고 다른 사람도 더 나을 것이 없음을 확인하면 기분이 좋았다.

그녀는 동독의 좁은 세계를 동독의 방식으로 마주했다. 체제의 수단으로 체제를 공격했다. 사실 당시 그 방식은 국민 스포츠라 할 만큼 즐겨 사용되는 것이었다. 대학입시준비 시절의 일화가 그 대표적인 사례다. 템플린의 상급학교 헤르만 마테른의 대학입시준비반은 문화축제 준비를 위해 잠시 중단되었다. 사실 입학시험을 이미 치른 상태였고 아마도 학생들의 마음에는 학교에 대한 반항심이 일었을 것이다. 학생들은 오랜 망설임 끝에 살짝 국제성을 띤 작은 공연을 기획했다. 물론 은유적으로 표현된 공연이었지만 충성심을 중시하는 학교 당국은 공연의 이중적 의미를 금세 알아챘다. 학생들은 등 떠밀려 나온 사람처럼 깡통을 들고 돈을 모았다. 미국에 맞서 싸우는 베트남 저항군을 위해서가 아니라, 사회주의에 의해 주입되긴 했지만 식민 통치로부터 해방시키기 위해 (동독에 있는 소련 주둔군과 아주 흡사한) 포르투갈 주둔군에 맞서 전투를 벌인 모잠비크 해방전선의 자유운동을 위해…. 그런 다음 인간은 자기 자신의 감시자여야 한다고, "그렇지 않으면 그저 장벽 앞에 있을 뿐"이라고 경고하는, 크리스티안 모르겐슈테른Christian Morgenstern의 시 〈대걸레의 삶Mopsleben〉을 낭송했다. 그리고 마지막으로 동독이 가장 적대시하는 영어로 세계적인 노래를 불렀다.

예상했던 바대로 학교는 큰 충격에 빠졌고, 교장과 대학입학허가를 위험에 처하게 한 당연한 결과로 발칙한 예비대학생들도 호출되었다. 호르스트 카스너가 딸을 위해 중재에 나섰다. 교회채널을 총동원하여 높은 자리에 있는 사람에게 도움을 청했다. 덕분에 앙겔라는 1973년 여름학기에 라이프치히의 카를마르크스 대학 물리학과에 등록할 수 있었다.

이 일화는 그녀가 일찍부터 풍자적인 취향과 증오를 웃음으로 표현하는 역설적 성향이 강했음을 보여 준다. 당시 친구들의 증언에 따르면 그녀는 개방적이고 긍정적인 성격이었다. 그녀는 이중적 의미와 비꼬기 취향을 잃지 않았다. 비록 이런 재능을 대중 앞에서 잘 드러내진 않지만, 지금도 여전히 비꼬는 유머로는 아무도 그녀를 당하지 못한다. 그런데도 그녀가 무섭게 진지하고 심지어 성질이 괴팍하다고 알려져 있는 것은 놀라운 일이 아닐 수 없다. 기본적으로 그녀의 표정은 매우 엄격하다. 하지만 통제력을 잃고 속마음을 그대로 드러내는 표정을 지을 때도 드물지 않다.

총리 임기 초기에 그러니까 아직은 조심성이 덜했을 때, 그녀는 종종 교황, 중국 총리, 프랑스 대통령 등 상대방의 표정을 따라했고 그것으로 그들의 약점을 노출시켰다. "그녀의 표정에도 코믹함이 있다. 특히 아무 말도 하지 않고 가만히 있을 때"라고 〈차이트 마가친Zeit Magazin〉이 보도한 적이 있다. 그녀가 제일 좋아하는 풍자는 하인리히 뵐Heinrich Böll의 《무르케스 박사의 수집된 침묵Dr. Murkes gesammeltes Schweigen》이라고 한다. 그녀는 자신이 좋아하는 물리학 법칙을 정치 일상에 적용한다. "중량이 없으면 끌어당기는 힘도 없다." 오늘날까지도 그녀는 사람을 판단할 때 유머감각이 있는지, 웃을 줄 아는지를 본다. 그녀는 냉소적인 사회주의 비판을 특히 좋아한다. 메르켈을 가까이에서 관찰한 사람이 한번은 이렇게 적었다. "그녀는 속으로 비웃는 기술에 통달했다." 그녀의 역설적 취향과 미세한 냉소를 가장 잘 보여 주었던 토크쇼가 있다. 사회자가 의미심장하게 물었다. "독일 하면 무엇이 떠오르세요?" 그러자 간략한 답이 돌아왔다. "아름다운 두꺼운 창."

라이프치히 대학 생활과 그 이후의 베를린 연구소 생활로 그녀는 템플린의 부모님과 자연스럽게 멀어졌다. 앙겔라 카스너는 대학에서도 우수한 성적을 거두었다. 공부는 쉬웠고 대도시의 삶은 즐거웠으며 친구들과 어울리는 것도 재미있었다.

이 시절에 그녀는 라이프치히에서 기괴한 경험을 했는데, 세탁소에서 러시아 유니폼을 다리는 아르바이트를 했다고 한다. ("문제 될 건 없잖아요!") 이 시기에 얻을 수 있었던 세계 탐색의 새로운 기회는 대단히 매력적이었다.

탈출의 기회를 준 것은 우선 프라하와 러시아였다. 그녀는 연구를 위해 프라하의 헤이로프스키 연구소를 여러 차례 방문했는데, 몇 달씩 지내다 간 적도 있었다. 당시 스승이었던 루돌프 차라드닉Rudolf Zahradník과는 지금까지도 친구처럼 지내고 있으며, 프라하에 가게 되면 꼭 만난다. 최근 2012년 4월에 메르켈이 프라하를 방문했을 때 두 사람은 베를린-프라하-빈을 운행했던, 연착으로 악명 높았던 전설적인 고속열차 '빈도보나'를 추억했다. 아버지처럼 자상한 차라드닉이 여유를 가지라고 조언했다. 그녀는 스승의 말을 인용했다. "잘 아시다시피, 우리는 사회주의라는 성공할 수 없는 실험에 함께 참여해 봤잖아요. 우리가 이미 알고 있는 것을 다른 사람들은 아직 모르는 거예요."

1974년에는 대학 동기들과 교환학생 자격으로 소련에 갔고 러시아의 물리학과 대학생들이 있는 레닌그라드와 모스크바를 여행했다. 이때 장래의 첫 번째 남편이 될 울리히 메르켈Ulrich Merkel이 동행했다. 두 사람은 2년 뒤 동거를 시작했다. 함께 일자리를 찾고, 무엇보다 집이 필요한 여느 동독 대학생들처럼 앙겔라 카스너와 울리히 메르켈은 대학생 때 결혼했다. 결혼을 하면 주택을 배당받을 수 있었고 일자리도 같은 지역에서 구할 수 있었다.

결혼식은 고향 템플린의 게오르겐 성당에서 올렸다. 앙겔라 카스너는 남편의 성을 따라 앙겔라 메르켈이 되었고 그 이름이 현재까지 세계정치목록에 오르게 되었다. 결혼식을 올린 때는 1977년으로, 당시 메르켈은 23세였다. 그리고 4년 뒤 두 사람은 별거를 시작했다. 앙겔라 메르켈은 당혹스러워하는 울리히 메르켈을 홀로 남겨 두고 말 그대로 하룻밤 새에 집을 나왔다. 그리고 1982년에 두 사람은 이혼을 했다.

메르켈은 이혼 후 모험적인 여행을 시작했다. 친구들과 러시아 남부를 관통하여 아르메니아, 그루지야, 아제르바이잔을 밟았다. 트빌리시에서는 역에서 노숙을 하기도 했다. 루마니아나 불가리아로 계속 가자는 주장이 나오면서 의견이 분분했다. 이때 메르켈이 친구들을 설득하여 말렸다. 러시아어 실력이 여행에 큰 도움이 되었다. 이 시기에 영어 공부 또한 소홀히 하지 않았다. 전공서적뿐 아니라 모르겐슈테른의 시들도 도움을 주었다. 영국 공산당중앙위원회가 일주일에 한 번씩 동베를린에서 벼룩시장을 열었는데, 일찍 가야 책을 살 수 있었다.

물리화학연구소의 양자화학부에서 메르켈은 실제로 학문을 연구하는 유일한 여자였다. 구동독에서 여자들은 보통 행정 업무를 보았다. 서방국가를 여행할 기회는 없었다. 동독을 떠나 서방을 여행할 수 있는 특권을 가진 사람은 연구소에 단 24명뿐이었다. 1988/89년에 할당제가 시작되었고 여타 조항들이 덧붙여졌는데, 특히 요아힘 자우어Joachim Sauer 박사가 국가를 떠나도 된다는 허락을 받았다. 메르켈의 1986년 박사학위 감사의 말에 그의 이름이 처음으로 등장했다. 그로부터 15년 뒤에 두 사람은 결혼을 했다.

앙겔라 메르켈은 여행 욕구를 다른 방법으로 채웠다. 청소년관광단체(FDJ)의 도움으로 폴란드 비자를 받았고 폴란드에서 '솔리다르노시치(독립자유노조연대)'의 선전자료들을 구했다. 한가로이 다녀올 수 있는 안전한 여행은 아니었다. 1981년부터 전운이 감돌았고 국경이 폐쇄되었기 때문이다. 연구소의 옛 동료들은 나중에 증언하기를, 당시 연구소에서도 정치 토론이 매우 활발했다고 한다. 비밀경찰 슈타지가 사방에서 귀를 기울이고 있었지만, 학자들은 자신들의 특별한 지위를 인식했고 모험을 단행했다.

메르켈의 회상에 따르면 연구소 동료들은 협동심이 강했고 서로 끈끈한 정을 나눴다. 동독은 직장 동료들 간의 가까운 관계를 기본적으로 중시했기 때문에 종종 다 같이 놀이공원에 놀러 가기도 했다. 과학연구원의 교환프로그램에 따라 메르켈은 다시 소련으로 갔다. 장거리 여행은 원칙적으로 직업적 이

유로만 가능했고 반드시 단체로 가야 했다. 그 외의 것은 그저 그리워하거나 판타지에 의존해야 했다. 10년 뒤에 저널리스트 후고 뮐러포그Hugo Muller-Vogg와의 인터뷰에서 메르켈은 서방 국가를 여행할 수 없는 것이 너무나 괴로웠다고 말했다. "지금도 가끔 속으로 생각해요. 그걸 어떻게 견뎠는지. 그것도 바로 이곳 베를린에서 말이에요."

메르켈은 이미 어렸을 때 구속을 이해하는 방법을 하나 고안했다. 바로 '비교하기'다. 젊은 메르켈과 관계를 맺었던 사람들은 하나같이 그녀의 비교와 대조 욕구에 대해 말한다. 그녀는 이 방법을 오늘날에도 여전히 사용한다. 유로위기에서 악명 높은 순위표를 제시할 때나 유럽이사회에서 동료들에게 비교곡선을 위기 징후로 제시할 때가 그런 예다. 메르켈은 체제, 정치적 절차, 그리고 해결책을 비교했다. 머릿속의 모델과 그에 반대되는 모델을 나란히 놓고 철저히 비교 분석한 후 판단을 내렸다. "나는 서방 사람들과 접촉할 때면 그들과 내가 정신적으로 함께할 수 있을지 늘 점검해 보았어요. 그리고 정신적으로 함께할 수 있었기 때문에 지중해에 갈 수 없다는 사실도 견딜 만했죠." 그녀는 자칫 자신에게 생길 수도 있는 열등감을 매우 체계적으로 직면하는 분석가였다. 이런 방식으로 그녀는 자유와 여행에 대한 갈망도 이겨 냈을까? 동독 말기에 얻어 낸 한 여행이 이에 대한 답을 준다.

이 특별한 여행은 1986년에 허가를 받았는데, 여행 목적은 함부르크에 사는 사촌의 결혼식이었다. 베를린 장벽이 생긴 이래로 메르켈은 서독에 간 적이 없었다. 그러나 그녀는 60세가 되면 미국으로 가는 큰 꿈을 이루리라는 확신을 가지고 살았다. 60세, 그것은 연금을 받기 시작하는 나이다. 동독은 60세가 넘은 여자들에게 서방국가로의 여행을 허락했다. 템플린 집에서는 이미 여러 번 앙겔라가 정식으로 외국여행신청서를 내야 할지에 대한 토론이 있었다. 나이를 먹을수록 이 생각은 더욱 강해졌지만 부모님은 화를 냈다. 부모님의 반대편에는 친구이자 동거인인 요아힘 자우어가 있었다. 그는 당연히 메르켈의 생각을 알고 있었고, 그녀의 내적 결심을 지지했다. 그는 불같은 성격이지만 메르켈에게 큰 영향을 미쳤다. 메르켈은 그의 조언을 늘 신중하게 고려했다. 그는 서방국가에 대한 메르켈의 동경에 대해 조언해 주기도 했다. "당신도 어쩔 수 없다면, 하고 싶은 대로 해."

그러나 메르켈은 신청서를 내지 않았다. 언제든 서독 여권을 얻을 수 있다는 확신만으로도 동독이 훨씬 견딜 만해진 것이다. 그런데 이제 마침내 자신이 태어난 곳 함부르크로 가는 기차에 올랐다. 결혼식에 대해서는 알려진 것이 전혀 없다. 그러나 결혼식이 끝난 후 그녀는 칼스루에로 가서 물리학 교수를 만났고 마지막으로 콘스탄츠로 가서 동료들을 만났다. 그녀는 서독 인터시티 기차의 청결함과 관련된 몇 가지 일화 외에는 이 여행에 대해 크게 강조하지 않았다. 그러나 언제든 기꺼이 반복하는 문장 하나가 있다. "결혼식에서 나는 사회주의 체제가 살아남지 못할 것임을 깨달았다." 함부르크에서 칼스루에로 가는 기차 안에서도 이런 통찰의 기회를 맞았을 것이다. 기차가 카셀 근처를 지날 때 그녀는 '죽음의 장벽' 뒤에 펼쳐진 서독의 전경을 보았다.

동독의 사회주의 체제는 3년을 더 버텼고 앙겔라 메르켈은 여유로운 연구소 생활에서 방출되어 다른 궤도에 서게 되었다. 그녀는 35년 동안 동독에서 캡슐에 갇힌 것처럼 살았다. 그러나 환경에 적응하며 정신적 자유를 누렸고 여유롭게 일하며 살 수 있었다. 목사관은 '엔클레이브'• 구실을 했고 쓸쓸한 풍경의 우커마르크가 평화로운 환경이 되어 주었다. 앙겔라 카스너는 영재로서 어려서부터 지원을 받았고 스스로 노력했다. 쾌활하고 사람 좋아하는 성격 덕에 모순된 삶을 견딜 수 있었다. 가족은 '뛰어난 체제'의 아웃사이더로서 그녀의 자존감을 키워 주었다. 그리고 서독에 사는 친척이 정기적으로 보내 주는 청바지 소포도 한몫을 했다.

비록 베를린 교회와 접촉하고 관계를 유지하고 있었지만 그

• 자국의 영내에 있는 타국의 영토.

녀는 저항적인 투사나 반항아는 아니었다. 그녀에게는 공공연하게 저항할 용기가 없었다. 그렇다고 체제를 완전히 수용하지도 않았다. 항상 명심하는 어머니의 조언대로 단지 자신을 드러내고 싶지 않았을 뿐이다. 그래서 그녀는(남동생도 마찬가지로) 많은 자유와 발전 가능성이 있는 물리학을 전공으로 선택했다. 또한 당에 잘 보이지 않아도 될 만큼 성적이 우수했고 똑똑했다. 오히려 당이 그녀를 보호했다. 목사의 딸이기도 했지만 국가에 꼭 필요한 전도유망한 젊은 인재였기 때문이다. 그녀는 기회가 있을 때마다 세계를 탐험할 수 있었다. 그리고 세계가 저절로 열리는 시간이 왔다. 그녀는 1989년 늦가을, 침몰하는 구동독에서 막 움트기 시작한 정당들을 둘러보는 탐험여행을 아주 적절한 순간에 하게 되었다.

앙겔라 메르켈은 11월 9일 베를린 장벽이 무너질 때 친구들과 사우나에 있었다. 이것은 후에 많은 조롱을 받는 일화가 되었다. 하지만 가장 메르켈다운 행동이라고 이해하는 것이 더 적합할 것이다. 메르켈은 경솔하게 달려들지 않는다. 먼저 계획을 세우고 지켜본다. 그녀는 사우나를 마치고 보른홀머 슈트라세를 따라 서독으로 갔고, 낯선 집에 들어가 마실 것을 얻고는 전화기를 빌려 썼다. 그런 다음 다시 집으로 돌아왔다. 이튿날 그녀는 여동생 이레네와 함께 서베를린의 가장 번화한 쇼핑거리인 쿠담을 거닐었다. 그리고 정치를 시작했다.

메르켈은 녹색당의 전신인 '동맹 90', 혹은 사민당에 입당할 수도 있었다. 그녀는 모든 정당에 관심이 있었다. 그러나 직관에 충실했다. 사민당에서는 오랜 친구 같은 친근함은 있었지만 획일성이 느껴졌고 이 점이 그녀와 맞지 않았다. 동맹 90은 원자력이나 평화주의 및 군 문제에 있어서 그녀의 기본신념과 맞지 않았다.

혼란스러운 이 시기에 많은 우연이 있었다. 교회를 통해 알던 라이너 에펠만Rainer Eppelmann 목사를 찾아간 것도 우연이었다. 그러니까 앙겔라 메르켈은 12월에 우연히 동독의 야당이었던 민주약진(DA)에 가입했다. 우선 명칭이 마음에 들었고 아직 많은 것이 미완성인 당이라 함께 만들어 갈 가능성이 많았다. 이 시기에 민주약진에게 필요한 것은 하나였다. 바로 전체를 조망하고 조직을 만들 수 있는 좋은 인재였다! 이 조건을 충족시켰던 앙겔라 메르켈은 2월에 학계를 떠나 프리드리히 슈트라세와 프란최제쉐 슈트라세의 모퉁이에 있는 '민주주의 회관Das Haus der Demokratie' 4층의 새 사무실로 자리를 옮겼다.

당시 동베를린에 살면서 정치에 관심이 있었던 사람이라면 문간에서 전단지나 보도자료를 타이핑하던 이 젊은 여자를 기억할 것이다. 메르켈이 민주약진의 대변인이 된 것도 우연에 가깝다. 당대표 볼프강 슈누르Wolfgang Schnur가 서독 기자와의 약속을 깜빡 잊는 바람에 그녀가 대신 간 것이 계기가 되었기 때문이다. 동독이 무너지고 첫 번째 인민의회선거가 3월로 확정되면서 독일은 정치적으로 들썩였다. 그리고 2월의 어느 날 기민연, 민주약진, 독일사회연합이 '독일동맹'을 맺었다. 로타어 드 메지에르Lothar de Maiziere가 이끄는 동독 기민연이 예상했던 대로 인민의회선거에서 압승을 거뒀을 때, 작은 시민정당인 민주약진에게는 양자택일만이 남아 있었다. 대형 유조선 기민연에 꼭 붙어 있든지 아니면 요동치는 바다 밑으로 가라앉든지.

앙겔라 메르켈은 바다 밑으로 가라앉고 싶지 않았다. 그녀는 정치에 몰두했고 세 가지 목표를 정했다. 가능한 한 빠른 통일, 시장경제 그리고 연방의회 입성이 그것이었다. 어느 날 한스 크리스티안 마스Hans-Christian Maaß가 전화를 걸어, 로타어 드 메지에르의 정부 부대변인을 맡아 줄 수 있는지 물었다. 마스는 메르켈이 이 시절에 동베를린 곳곳에서 만날 수 있었던 서독 조언자 중 한 사람이었다. 서독에 있는 자매정당들은 동독 정치가들을 위한 조언자들을 파견했는데, 특히 기민연 조언자들의 과제는 가능한 한 마찰 없이 본에 있는 서독 정부의 의도대로 결정을 이끌어 내는 일이었다. 서독에서는 속도의 중요성을 감지했다. 예측불허의 상황이었다. 내부 소요나 저항이 생길 수도 있었고, 동맹자와 지지자들이 갑자기 통일을 반대하고 나설 수도 있었다. 그러므로 어떤 정부든 빨리 조직되어서 통일을 추진해야 했다.

첫 자유선거로 선출된 총리 가까이에 민주약진 출신이 적어도 한 명은 있어야 한다는 것이 정부 구성 과정에서 명확해졌다. 메르켈은 마스로부터 부대변인 제안을 받은 후 동거 중이던 요아힘 자우어와 상의했는데, 당시 자우어는 오랜 소망이었던 캘리포니아에 있는 직장을 막 잡은 상황이었다. 메르켈은 잠깐 생각할 시간을 가진 후 제안을 받아들였고 자우어와 함께 이탈리아 사르데냐로 여행을 떠났다. 여행에서 돌아오니 정부는 이미 일을 시작하고 있었다. 1990년 고난주간 성 목요일에 연합정부 합의가 이루어졌고 총리와 장관 23명이 선서를 마쳤으며 4월 18일 첫 번째 내각회의가 열렸다. 메르켈은 뒤늦게 임명장을 받았다. 그녀는 선서식에 참가하지 않았는데, 정부 부대변인에 불과하니 안 가도 상관없지 않을까 생각했던 것이다.

정부 부대변인으로서 메르켈은 로타어 드 메지에르의 정부 대변인인 마티아스 겔러Matthias Gehler가 없을 때 그 자리를 대신했다. 그러므로 내부 핵심 세력에는 속하지 않았지만 소위 하루가 멀다하고 역사적 결정이 내려지던 동독의 마지막 반년을 지켜본 시대적 증인이 되었다. 메르켈은 임무에 맞게 기자들과 접촉하면서, 또한 믿어 의심치 않았던 기민연과 민주약진의 통합에 대비해 정치적 안전을 도모했다. 대변인이나 부대변인이 아침마다 총리와 총리 보좌진에게 언론 상황을 보고했다. 나중에 메지에르는 메르켈의 이른바 '진열장' 같은 깔끔한 보고, 빠른 요약, 효율성, 정치적 의미 파악 능력을 극찬했다.

메르켈은 직접 정치를 하지는 않았지만 동독의 마지막 정부가 집중적으로 진행했던 방향 설정 토론에는 참여했다. 특히 드 메지에르의 잦은 외국여행(헬무트 콜은 이것을 싫어했다) 동안 메르켈은 총리와 가까워졌다. 드 메지에르의 외국여행은 주목을 받았고 당연히 정치적 무게가 실렸다. 그 당시 국제조직과 서방연합에서 독일 통일의 조건에 대한 논쟁이 있었기 때문에 드 메지에르에게 뜻밖의 운신의 폭이 생긴 것이다. 또한 동베를린의 신진정치가들은 자신들의 역할과 외국에서 감지되는 의미 상승을 흐뭇하게 누렸다. 파리에서 권위를 잃은 데다 동독과 프랑스 간의 친밀함이 야기할 불필요한 문제들을 걱정했던 헬무트 콜은 프랑스 대통령 프랑수와 미테랑François Mitterrand과 드 메지에르의 만남을 특히 싫어했다.

영국과 마찬가지로 프랑스도 중유럽에 등장한 거인을 미심쩍게 관찰했다. 프랑스 대통령은 1989년 12월에 동베를린을 방문하여 통일사회당(SED) 정권의 서기장 에곤 크렌츠Egon Krenz의 환심을 사려고 했는데, 이것이 서독 정치가는 물론, 독일을 주의 깊게 관찰하고 있는 주변국가의 모든 정치가들을 격분시켰다. 미테랑은 크렌츠보다 앞서 총리를 지낸 에리히 호네커Erich Honecker에게서 초대를 받았고 그것에 응했을 뿐이라고 주장했지만, 당연히 그것은 핑계에 불과했다.

비록 메르켈이 엘리제궁을 방문했던 다른 모든 사람들처럼 미테랑의 광채와 낮고 신중한 어투에 깊은 인상을 받긴 했지만, 그녀 역시 이런 불필요한 깜짝 방문에는 분노를 감출 수 없었다. 미테랑과 마가렛 대처Margaret Thatcher는 독일 권력을 통제하고 제한할 것을 지지했다. 반면 헬무트 콜은 유럽에서, 서방연합에서, 북대서양조약기구에서 새로운 독일이 확실히 안착하기를 원했다. 콜의 이런 기본신념을 메르켈은 열렬히 지지했다. 그가 그것을 알았거나 타당하다고 여겼는지는 모르지만 말이다. 아무튼 드 메지에르의 회고에 따르면 메르켈은 드 메지에르에게 자신의 신념을 숨김없이 이야기했다.

동독의 마지막 정부는 그다지 전문적이지 않았다. 그들은 정치적 경험이 적었을 뿐만 아니라 정치적 운신의 폭도 넓지 않았다. 사람들은 통일과 통화의 통합을 원했다. 그러나 시민운동가, 옛 수뇌부, 신진 정치가, 교회 관계자들로 구성된 혼합 대연정의 드 메지에르 내각은 갑자기 새로운 개념의 권력과 정치 구성에 흥미를 가지기 시작했다. 연정파트너 사민당은 서독이 고안한 통일독일의 외교정치 모델을 대신할 대안을 논의했다. 통일독일이 정말로 북대서양조약기구에서 제자리를 찾을 수 있을까, 바르샤바조약이 종결되면 유럽에 새로운 안보체제를 마련해야 되는 건 아닐까, 그들은 계속 토론했다.

그러나 유럽안보협력기구(OSZE)가 있었다. 이 기구는 동독에서 북대서양조약기구보다 좋은 이미지를 가졌던 터라 이 기구와의 새로운 동맹 구성을 시도해 볼 만했다. 또한 동맹 문제는 통일의 실질적인 방식을 결정하는 데도 중요한 구실을 했다. 동독이 서독의 협상 조건과 헌법에 반대했더라면, 막대한 비용과 복잡한 과정을 감수하며 통일독일의 국제법상의 위상을 새로 정하고 모든 국제조약을 새로 합의했어야 하리라.

메르켈은 모든 토론을 매우 결연한 자세로 대했다. 드 메지에르가 나중에 감탄하며 인정했듯이 그녀의 신념은 확고했다. 메르켈은 또한 직접 토론에 기여할 기회도 있었는데, 유럽의회를 위한 스트라스부르 방문, 파리, 런던, 그리고 2+4 외무부 장관회담을 위한 모스코바 방문 때 총리와 동행했다. 이때 그녀는 국제토론회의, 대표단, 의정서, 주권국가 간의 까다로운 문제들과 관련된 경험을 처음 쌓게 되었다. 언성을 높이는 말다툼은 없었다. 외교는 배려와 섬세함이 요구되었다. 드 메지에르는 8월에 사민당이 연정에서 빠진 후 외무부 장관직을 겸임했다. 그렇기 때문에 그는 마지막 2+4 외무부 장관회의에서 동독을 대표했다. 제2차 세계대전의 네 승전국과 두 독일이 통일의 외교적 조건, 주권, 동맹, 주둔군, 국경에 대해 논의했다.

앙겔라 메르켈은 1990년 9월 12일 드 메지에르와 함께 모스크바에 갔다. 메르켈의 러시아어 실력을 알고 있던 드 메지에르는 그녀를 길거리로 파견하여 대중의 진짜 의견을 알아 오게 했다. 그녀는 길거리 여론조사를 해야 했다. 메르켈은 지하철에서, 러시아가 본색을 드러냈다느니, 고르바초프Gorbatschow가 위대한 조국의 승리를 희생시켰다는 등 몇몇 의견을 수집하여 대표단에 보고했다. 그러나 부대변인은 주로 동베를린에서 같이 온 소규모 기자단을 돌봤다. 한스 디트리히 겐셔Hans-Dietrich Genscher는 본에서 훨씬 더 큰 무리를 달고 왔다. 메르켈은 나중에 헤비급 겐셔가 그의 전형적인 웅얼거림과 애매모호함으로 어떻게 기자들을 매료시켰는지 감탄하며 회상했다. 반면, 그루지야 식당에서 저녁식사 자리를 마련하고 훨씬 상세한 정보와 협상 내용을 제공한 메르켈은 언론에서 훨씬 덜 중요하게 다뤄졌고 사실 거의 인식되지도 않았다. 메르켈은 정치에도 체급이 있음을 배웠다.

그러나 기자들은 메르켈의 옷이나 신발을 기억했다. 드 메지에르가 나중에 설명하기를, 그래서 메르켈은 여행 전에 항상 옷에 신경을 써야 했다고 한다. 그 후로도 오랫동안 메르켈은 그래야 했다. 외모, 헤어스타일, 신발, 의상 등 젊은 여성정치가는 날카로운 분석과 뛰어난 지식 외에 무엇이 대중을 움직일 수 있는지 빨리 배워야만 했다. 정치활동에서 대중과 관련된 이런 문제가 메르켈에게는 특히 힘들었는데, 그 어떤 여성정치가보다 괴롭힘을 많이 당했기 때문이다. 그녀는 본능적으로 생각했을 것이다. '의상과 외모는 부차적인 것임을 꼭 증명해 보

이겠어. 일에만 집중하라고!'

그러나 공공연한 스타일 비판은 그녀를 끈질기게 따라다녔다. 10년 후에야 그녀는 비로소 이 문제에서 벗어날 수 있었고 지금은 적어도 스타일링에 대한 악평을 받진 않는다. 메르켈이 신문, 기자회견 원고 혹은 자료들을 읽는 동안 스타일리스트 페트라 켈러Petra Keller가 아침마다 와서 임무를 수행했다. 바지 정장에 양손을 배 앞에 포갠 모습은 메르켈의 아이콘이 되어 유명세를 떨쳤다. 메르켈이 2011년 미국 공식방문 때 바지 정장 차림의 또 다른 유명한 여자에게 〈프랑크푸르터 알게마이네 차이퉁FAZ〉의 표지를 액자에 넣어 건넸을 때, 박수갈채와 웃음이 터져 나왔다. 사진에는 바지 정장을 입고 양손을 포개고 있는 여자가 얼굴 없이 배 부분만 드러나 있었다. 사진을 건네받은 힐러리 클린턴Hillary Clinton은 유쾌하게 웃었다.

메르켈은 정치 입문 첫해에 무대 위에 올라야 하는 것 때문에 대단히 힘들어했다. 대변인일 때부터 이미 무대에는 그녀의 상사인 마티아스 켈러만 올랐다. 나중에 본에서 정치생활을 할 때 메르켈은 무대를 두려워하고 고집이 센 사람으로 통했다. 그녀에게 선거 연설은 악몽 같았다. 오늘날에도 메르켈은 전당대회에서 박수갈채를 받으며 입장할 때면 불편함을 느낀다고 한다. 그러나 그녀는 무대 위에 서야 하고 참아야 한다는 걸 잘 안다. 늘 그렇듯 사람들은 연설 시간을 잴 것이고 기록적인 박수갈채가 쏟아질 것이기 때문이다. 하지만 할 수만 있다면 그 자리를 빨리 떠나고 싶으리라. 여러 사람 앞에 서는 것은 그녀와 맞지 않는다.

그래서 메르켈이 어렸을 때부터 가졌던 의심하고 침묵하는 성격을 계속 유지해 온 것 역시 전혀 놀랍지 않다. 메르켈은 살면서 무대울렁증이 심화되게 한 경험들을 많이 했다. 그래서 그녀는 서독 언론과 당내 반대파들이 대학 시절 자유독일청년단(FDJ) 활동을 지적하며 그녀의 과거에 흠집을 내려고 하면 몹시 화가 난다고 한다. 메르켈의 설명에 따르면, 그녀는 청년단에서 극장표를 구하거나 여행을 조직하는 등 문화 활동을 맡았다. 반대파들은 그녀가 시위선전 집행위원으로서 사회주의 체제를 위한 시위와 선전을 담당했다고 주장한다. 그러나 그 시절을 같이 보낸 사람들은 그녀의 반대파들을 논박하며 매우 상세하고 사실적인 반대 의견을 낸다. 그들에 따르면 메르켈은 자립적인 대학공부라는 특별한 상황을 더 중시했고 내적으로는 체제와 큰 거리를 두었다고 한다.

여성청소년부 장관이었던 정치 이력 초기에도 이와 비슷한 논쟁을 겪어야 했다. 슈베린에서 열린 한 행사에서 메르켈은 우스갯소리로 박사학위를 받기 위해 제출했던 ML논문에 대해 이야기했다. ML은 마르크스주의와 레닌주의를 뜻하는데, 물리학 전공지식 이외에 반드시 이수해야 하는 이념적 필수과목이었다. 메르켈의 ML논문은 노동자와 농부의 국가에서 노동자와 농부가 어떤 관계에 있는지를 다루었다. 그녀는 재미있어하면서 설명하기를, 자신이 농부에게 너무 많은 의미를 부여했기 때문에 나쁜 점수를 받았단다. 그러나 기자들은 여기서 전혀 다른 메시지를 포착했고 특종을 위해 그녀의 대학자료실을 뒤졌다. 그러나 메르켈의 ML논문은 없었고 오늘날까지 결코 나타나지 않았다. 등사복사본도 없었다.

옛 이념의 짐은 메르켈의 등에 붙어 떨어지지 않고 그녀를 괴롭혔다. 중상모략의 숙덕공론이 대단했다. 당시 모든 대학생들은 의무적으로 ML논문을 제출해야 했고 그때 등 뒤에서 몰래 손가락을 꼬았는지는* 아무도 관심을 갖지 않는 듯했다. 메르켈이 모스크바에서 공부한 적이 있다는 소문도 비슷한 양상을 보였다. 비록 틀린 소문이었지만 소문은 널리 퍼져 나갔다. 이 모든 사건이 메르켈의 의심과 폐쇄성을 더욱 강화했다. 메르켈은 철저히 방어했다. 비판가들을 센세이션 중독자라고 비난했다. 구동독의 실제 생활조건을 전혀 이해하지 못한다고, 상황과 관련성을 잘못 짚었다고 반박했다.

이런 소통 문제는 오늘날에도 여전히 존재하는 것 같다. 메

---

* 서구문화에서는 손가락을 꼬고 거짓말을 하면 그것이 거짓말임을 인정하는 것이므로 죄가 되지 않는다는 풍속이 있다.

르켈이 보육보조금 논쟁에서, 구동독 여성들은 모두 일을 했다며 그들을 인정하듯 말했다. 서독 기민연의 여성정치가들이 앞다퉈 목소리를 높였다. 메르켈 총리가 서독의 생활방식을 비판하고 구동독의 옛날을 이상화한 것일까? 아니다. 메르켈은 그럴 의도가 전혀 없었다. 어차피 그녀의 어머니도 직장생활을 하지 않았다. 노동권을 허락받지 못했기 때문이다. 이 일화는 구동독과 구서독의 현실에 대해 상호 논쟁할 준비가 얼마나 미흡했는지 다시 한 번 보여 준 예다. 어쨌든 앙겔라 메르켈은 이런 논쟁에 일조하지 않기로 일찌감치 결심했다. 갈등이 지겨웠다. 그래서 침묵했다. 두 번째 총리 임기가 끝나 가는 시점에서 이런 태도는 약간 바뀌었다. 추측컨대 8년간의 총리임기 동안 어느 정도 태도가 누그러졌을 테고, 속으로 이미 체념한 부분도 있을 것이다.

통일전환기 직후 메르켈은 스스로 갈등기피증이 있다고 말했는데, 적어도 그녀는 정치계에서 드물지 않게 일어나는 인신공격과 적대감을 혐오했다. "나는 의도적으로 꾸며 낸 부당한 주장에만 겁을 냈고 적대적인 인신공격을 혐오했어요." 그녀는 헤를린데 쾰블과의 인터뷰에서 털어놓았다. 논쟁, 그것은 그녀의 전공이었다. 그러나 "나는 정치에서 논쟁보다 협력을 우위에 둡니다"라고 말하고는 더 정확한 자기평가를 덧붙였다. "몇몇 남성정치가들의 밀어붙이는 태도가 불편하기까지 합니다. 많은 사람들이 뭔가를 관철시키고자 할 때 속으로 우쭐하여 상대보다 목소리를 더 크게 내려고 하죠. 그럴 땐 거의 신체적 압박을 받는 기분이고 그 자리를 피하고 싶은 맘이 간절합니다." 그러나 메르켈은 시간이 지나면서 은둔수행자의 태도를 버리고 정적政敵을 아주 정확히 연구했다. 한번은 이렇게 말하기도 했다. "그것은 더 이상 논쟁이 아니었어요. 오로지 누가 상대방을 공중으로 걷어찰 수 있느냐만 따졌죠. 그건 내 방식이 아니에요."

22년 뒤의 메르켈 방식을 연구하고 싶으면, 먼저 통일전환기의 메르켈을 살펴야 한다. 당시 그녀는 매우 소신 있게 행동했다. 민주약진의 공동설립자에 속했고 메르켈의 면면을 모두 알았던 에르하르트 노이베르트Erhart Neubert 목사는 메르켈에 대해 '정직과 선함의 미학'으로 언급한 바 있다. 이것은 약간 비장하게 들리기는 하지만, 통일전환기의 여성정치가 이미지가 많이 희석되었을 때조차 메르켈은 적어도 대중에게 성실한 목사의 딸이었고 악한 꿍꿍이 없이 기본에 충실한 엄격한 공직자였다. 물론 정치적 현실에서 어떤 이미지로 남았는가는 별개의 문제다. 당내에, 반대당에, 유럽연합에, 연정파트너에 있는 반대자들은 총리의 기질과 방식을 다르게 묘사할 수도 있을 것이다.

질서, 구조, 계획성. 메르켈은 구동독 생활 35년에서 얻은 이러한 옛 기질을 그대로 새로운 생활에 가져왔다. 그녀는 발달 장애 때문에 뛰거나 계단 오르기가 힘들어 어렸을 때부터 움직이기 전에 미리 예상해서 생각해야만 했단다. 가능한 한 적게 움직이도록 모든 절차를 계획한 후라야 행동할 수 있는 '행동바보'였다고 한다. 그녀는 크리스마스 두 달 전에 벌써 어떤 선물을 받을지 생각했다. "즉흥성이 없는 아쉬움은 있지만 나는 늘 내게 무슨 일이 벌어질지 미리 알고 싶었어요. 깜짝 기쁨보다는 삶을 구성하고 대혼란을 피하는 것이 내게는 더 중요했어요."

메르켈은 또한 프로이센의 책임감과 프로테스탄티즘의 노동윤리를 간직했다. 성실하고 정확하기, 남들보다 조금 더 노력하기가 어렸을 때부터 몸에 배었다. 더 잘하기, 더 잘 알기, 남들보다 앞서기 같은 지속적인 자기개선을 위한 루터교적 열정을, 메르켈은 결코 소홀히 하지 않았다. 그녀가 특정 부류로 확정되기를 강력히 거부했던 까닭이 여기에 있다. 당연히 롤모델을 정하고 그 사람처럼 되고자 했던 때도 있었다. 배우, 무용수, 피겨스케이팅 선수 등이 그녀의 과거 롤 모델이었다. 그러나 이것은 앙겔라 카스너가 이룰 수 없는 꿈이었다. 더 정확히 말하면 판타지였다. 나중에는, 19세기 러시아령에 속했던 폴란드에서 자랐고 파리에서 공부했으며 여자로서 대단한 끈기를 보여 주었던 여성물리학자 마리 퀴리Marie Curie를 롤 모델로 삼았고 이를 오래도록 간직했다.

반면 오늘날 정치적 롤 모델에 대해 물으면 항상 없다고 대답한다. 마가렛 대처와 비교되기를 몹시 싫어하기 때문에, 지금은 아무도 그런 비교를 하지 않는다. (철의 여인이 조금 더 오래 기억되는 영국에서는 여전히 가끔씩 그런 비교가 등장한다.) 로널드 레이건Ronald Reagan은 그녀의 청소년 시절 영웅이었지만 메르켈은 레이건과 비교되는 것을 거부한다. 고인이 된 미국 대통령이 서독에서 전혀 좋은 이미지가 아니라는 것을 알게 되었을 뿐 아니라, 분명 다른 사람의 그림자 안에 서는 것과 자신의 이미지가 남들과 비교되는 것이 기본적으로 맘에 들지 않았을 것이다.

35년간의 구동독은 앙겔라 메르켈 안에 들어 있다. 그것은 메르켈 안에 흔적을 남기기에 충분히 긴 시간이었다. 메르켈의 뿌리는 멸망한 구동독에 있다. 특히 두 번째 총리 임기 동안에 그리고 외국에서 확인되었던 그녀의 모든 매력의 원천은 여기에 있다. 메르켈이 많은 사람들에게 자신을 열어 보이지 않는 까닭은 그들이 그녀의 전반부 삶을, 즉 딴 세상을 이해하지 못하기 때문이다. 메르켈은 구동독에서 주입된 것들을 비밀처럼 꽁꽁 숨긴다. 같은 경험을 공유하지 못했는데 어떻게 비밀을 나눌 수 있겠는가. 그녀의 전반부 삶은 뭔가 미스터리처럼 남아 있다. 바로 그렇기 때문에 메르켈은 비교 가능한 다른 정치가들보다 약간은 더 오래 대중의 관심을 끌 수 있는 것이다. 오랜 시간이 지났는데도 메르켈에게는 아직 다 쓰지 않은 부분이 남아 있다. 그녀는 그것을 알고 있고 그래서 자신의 비밀을 더욱 조심스럽게 다룬다.

3

새로운 한계를 찾아서
정치 입문

❀

더욱 자세히 볼 줄 아는 사람은,
헬무트 콜이 멈춰 선 그곳에서 메르켈이
시작했음을 알았다.

구동독의 마지막 몇 달 동안 헬무트 콜은 로타어 드 메지에르의 변함없는 동반자였다. 그러나 메르켈은 서독 총리를 1990년 여름에 멀리서 잠깐 봤을 뿐, 직접 만난 적은 없었다. 그녀는 서독 총리를 직접 만나기로 결심했다. 첫 번째 만남은 1990년 공식통일기념일 며칠 전 기민연 통일전당대회 때 있었다. 콜은 기민연이 함부르크 시청사 지하에 마련한 기자간담회장에 앉아 있었다. 이런 행사에서는 으레 당대표가 선별된 기자들을 곁으로 불러 함부르크 대표음식인 '랍스카우스'를 권하기 마련이었다. 이때 드레스덴 출신 기자가 메르켈을 콜에게 소개했다.

분명 메르켈이 먼저 부탁했을 것이다.

콜은 옆방으로 자리를 옮겨 메르켈과 대화를 나눴고, 나중에 메르켈은 이날 얼마나 흥분했는지 회상했다. "나는 속으로 생각했죠. '이제 너는 독일연방공화국의 총리를 만날 것이다. 그가 너에게 아주 어려운 질문을 할 것이다.' 그런데 아주 단순한 질문만 받았어요." 메르켈은 콜의 수다스러움을 아마 예상하지 못했을 것이다. 큰 무대의 정치는 뭔가 더 심오하고 어려울 것으로 상상했으리라. 그러나 서독 총리는 메르켈에게서 강한 인상을 받았던 것 같다. 그는 메르켈에게 11월에 본에서 다시 만나 대화를 나누자고 청했다. 그때 이미 콜은 메르켈을 통일독일의 첫 장관으로 점찍어 두었던 것 같다.

연방의회선거 후 12월에 메르켈은 여성청소년부 장관으로 임명되었다. 비록 여성이나 청소년에 대해 아는 것이 별로 없다는 것을 임명 며칠 전에 깨달았지만, 당연히 그녀는 임명을 받아들였다. 메르켈은 여성인 데다 동독 출신에 개신교 신자였다. 그리고 콜이 그녀를 선택했다. 그녀는 1991년 1월 18일에 연방의회에서 선서를 했다. 독일 정치에서의 이런 급작스런 도약으로 메르켈의 당내 서열 상승도 기정사실이 되었다. 메르켈의 후원자이자 오랜 동반자였던 로타어 드 메지에르가 비밀경찰 연루설에 휘말려 1991년 9월에 모든 당 업무에서 물러난 후 12월에 메르켈이 부대표 자리에 올랐다. 그녀는 이제 기민연 수뇌부에서 귄터 크라우제Gunther Krause 다음으로 지위가 높은 동독 대표였다.

여성청소년부는 옛날 서독 내각의 여성가족청소년보건부에서 탄생했다. 콜은 이 부서를 세 부분으로 나누었고 메르켈이 그 몸통의 일부를 맡아 충직한 직원들과 한 팀이 되어 지도력을 발휘했다. 그녀는 여성청소년부의 첫 번째 차관이었던 페터 힌체Peter Hintze와 지금도 가깝게 지낸다. 그리고 내무부에서 일하다 메르켈에게 차관으로 뽑혀 간 빌리 하우스만Willi Hausmann도 특별한 버팀목이 되어 주었다. 하우스만은 그 후로도 늘 메르켈과 행보를 같이했고 최측근 자문위원으로 활동했다.

그러나 어느 누구도 1992년 2월에 메르켈의 삶에 등장한 젊은 여자를 능가하지 못한다. 메르켈은 이때 말 그대로 산산조각이 난 다리를 치료하기 위해 베를린 병원에 있었다. 당시 메르켈은 당 업무를 곁에서 도와줄 사람을 찾고 있었다. 사무총장 폴커 뤼에Volker Ruhe가 임시 부대표를 뽑아, 병원에 있는 메르켈에게 서둘러 인사를 시켰다. 그는 니더작센 출신 기민연 정치가 크리스티안 불프Christian Wulff•였다. 오스나부르크 시의원직을 막 마치고 주의회 진출을 준비하고 있던 불프는 니

• 이렇게 둘은 인연을 맺었고 나중에 불프는 메르켈의 지지로 연방대통령이 된다.

더작센의 기민연에 좋은 관계망을 갖고 있었다. 그는 병원 침상에서 메르켈에게 오스나부르크 청년연합에서 알게 된, 뛰어난 능력을 타고난 젊은 여자를 소개했다. 바로 베아테 바우만 Beate Baumann이다.

독특한 공생관계로 나중에 연방공화국의 정치계를 지배하게 될 두 여자가 그렇게 만나게 되었다. 바우만은 곧 수행비서로 뽑혔고 1995년에는 비서실장이 되었다. 지금도 그녀는 비서실장이다. 대체 그녀는 비서실장으로서 무엇을 할까? 바우만은 총리실의 모든 업무를 총괄한다. 그녀는 순종하면서 동시에 주도할 줄 안다. 두 여자의 삶은 평행선처럼 나란하다. 저널리스트 크리스토프 슈베니케Christoph Schwennicke는 이렇게 썼다. "그런 관계는 단단한 통나무처럼 자란다. 아주 느리게, 일 년에 하나씩 나이테가 생기듯." 바우만은 메르켈이 사무총장 사무실에서 당대표 사무실로 옮길 때 함께 옮겼고 마침내 총리실까지 동행했다.

남편 요아힘 자우어를 제외하면, 바우만만큼 메르켈을 잘 아는 사람은 없을 것이다. 총리의 정치적 행적과 현재를 그렇게 완전히 이해하고 있는 사람은 없을 것이다. 바우만은 메르켈의 가장 중요한 자문위원이고 메르켈과 마찬가지로 대단한 기억력을 가졌다. 바우만 비서실장은 베를린 정치계에서 두 번째로 강력한 인물로 통하고 그에 합당한 공경을 받는다.

바우만은 자기 개인에 대한 묘사와 평가를 몹시 싫어한다. 그녀는 가능한 한 넓고 평탄하게 메르켈의 길을 닦고 제때에 위험을 알아채고 제거하는 것이 자신의 과제라고 생각한다. 그녀는 약속, 요청, 부탁, 요구, 그리고 수많은 지뢰가 깔린 바다의 수로 안내자이기도 하다. "그렇기 때문에 또한 바우만은 메르켈에게 직언을 하는 사람"이라고 슈베니케는 말한다. 바우만은 메르켈이 어쩔 수 없이 포기해야 했던 사생활 보호와 익명성을 좋아한다. 그녀는 권력을 유지하면서, 섬기는 사람으로서 그리고 능력 있는 일꾼으로서 비서실장 역할을 완벽하게 해냈다. 초기에는 메르켈에게 미치는 바우만의 영향이 너무나 강해서 심지어 메르켈이 꼭두각시라는 이야기가 사람들 사이에 회자되기도 했다.

바우만은 총리와 직접 대면하여 자유롭게 대화하고 명확한 의견을 낼 수 있었다. 메르켈이 그녀를 무조건 신뢰했기 때문에 다른 팀원들은 바우만을 제치고 총리에게 자신의 의견을 직접 전달하기가 점점 더 힘들어졌다. 메르켈의 첫 번째 정부 대변인이자 총리실에서 4년 반을 함께한 울리히 빌헬름Ulrich Wilhelm만이 바우만과 비슷한 지위를 누리며 균형을 맞추는 기능을 수행했다.

바우만은 1963년에, 그러니까 메르켈보다 9년 늦게 오스나부르크에서 태어났고 독문학과 영문학을 공부했으며 메르켈과 마찬가지로 우연에 가깝게 기민연에 들어왔다. 1980년대 중반 미국의 중거리미사일 설치와 군비 확장에 대한 토론이 한창일 때 바우만은 정치에 입문했다. 메르켈이 동베를린에서 정당을 선택할 때 느꼈던 것과 똑같이 바우만도 녹색당과 사민당에서 신념에 대한 압박을 느꼈다. 바우만과 메르켈은 똑같이 외교정치에 관심이 많다. 바우만은 총리실 비서실장이라 자주 여행을 갈 수가 없지만, 총리가 캐나다나 중동지역으로 날아갈 때, 그리고 베를린 사정이 조용할 때 가끔씩 메르켈과 함께 정부전용기에 오른다. 그녀는 푸틴이 소치에서 개줄을 풀었을 때도 메르켈과 함께 있었고, 메르켈이 이스라엘 의회에서 역사적 연설을 했을 때 역시 예루살렘에 함께 있었다. 두 여자는 독일을 방문하는 외국 손님들의 성격을 분석하면서 즐거움을 나누곤 했다. 바우만은 메르켈 못지않게 두뇌가 명석하다. 보고자가 갈피를 못 잡고 뻔한 내용을 횡설수설하면 특히나 답답해한다.

영국을 편애하는 성향만 빼면, 외교적 성향, 특히 이스라엘과 홀로코스트를 대하는 진지함에서 두 사람은 닮은꼴이다. 바우만도 이스라엘을 언제나 우선순위에 둔다. 방금 임명을 받은 여성청소년부 장관이 이스라엘을 두 번째 공식 방문국으로 선정한 것은 우연이 아니었다. 첫 번째 방문국은 프랑스였다. 그 정도로 메르켈은 콜을 관찰했고, 특히 프랑스 대통령을 유념하고 그와 관계를 잘 맺어 두어야 한다는 것도 알았다. 하지만 두 번째 방문국은 이스라엘이었다. 정부전용기를 타고, 연구기술부 장관 하인츠 리젠후버Heinz Riesenhuber와 루츠 슈타펜하겐Lutz Stavenhagen과 함께 메르켈은 이스라엘을 방문했다. 루츠 슈타펜하겐은 총리실에서 첩보 업무를 담당했고, 9개월 후에 동독국가인민군의 탱크를 이스라엘 첩보기관으로 몰래 보낸 책임으로 물러나야 했다.

메르켈의 외교정치는 여성청소년부 장관 첫해인 1991년 9월 11일부터 17일까지 헬무트 콜을 수행한 대규모 미국 방문에서 절정에 이르렀다. 비록 콜 총리의 지시로 간 것이긴 하지만…. 콜 총리는 캘리포니아를 먼저 방문한 다음 나중에 워싱턴으로 갔다. 그는 앞에 내보일 수 있는 이른바 통일시대의 트로피로서 여성청소년부 장관을 데려갔던 것이다. 하지만 메르켈은 관찰자로 머물기를 더 좋아했다. 자신을 드러내거나 눈에 띄는 것을 원치 않았다. 비록 청소년 시절의 우상이었던 로널드 레이건과 악수를 하고 백악관에서 시니어 조지 부시와도 인사를 나누긴 했지만.

그러나 나중에 메르켈은 버스에서 있었던 일, 그러니까 그녀가 동승자들 앞에서 헬무트 콜에 대한 평판을 말해야 했던 일을 더 자주 이야기했다. 콜 총리가 젊은 여성청소년부 장관에게, 동독에서 그의 평판이 어땠는지 물었다. 메르켈은 당혹스러웠다. 모두가 속으로 생각했다. '동독에서도 돌배*가 풍자와 조롱의 대상이라고 자백해야겠군.' 하지만 메르켈은 다른 이유로 머뭇거렸다. 그녀는 아첨하고 싶지 않았다. 왜냐하면 1987년 에리히 호네커가 본을 방문했을 때 콜이 보여 준 격정적인 발언을 기억하고 있기 때문이었다. 본에서 열린 호네커와 콜의 양자회담은 사전 약속대로 동독 텔레비전으로도 중계가 되어야 했다. 이 회담은 동독 사람들에게 많은 희망을 주었다. 콜 총리가 독일의 통일을 여러 번 강력히 주장하고 맹세했기 때문이다.

장관 임기 초기에 메르켈에게 외교정치는 부차적인 일이었다. 여성청소년부의 포트폴리오가 외교정치 뒤로 밀리는 일은 결코 없었다. 반면 환경부에서는 유럽정책과 관련 장관의 자문이 큰 의미를 가졌다. 메르켈은 사적으로도 기회가 있을 때마다 남편 요아힘 자우어와 함께 여행을 했다. 헤를린데 쾰블에게 설명하기를, 캘리포니아에서 지내는 걸 특히 좋아했단다. 그들은 1993년 여름에 서부해안에서 '환상적인' 여행을 즐겼다. "집에서 멀리 떨어져 있으니 업무를 잊는 데도 도움이 되었어요. 캘리포니아에서 지내는 4주 동안 업무에서 완전히 차단되는 데 성공했죠." 4주짜리 휴가는 장관이 누리기 힘든 사치

• 헬무트 콜을 풍자하는 별명.

였다. 이때만 해도 메르켈은 아직 그녀가 중요하게 여기는 무심함을 간직하고 있었다. 1년 뒤 1994년에는 프로방스에서 휴가를 보냈다. "아무것도 못하는 아기가 된 기분이었어요." 프랑스어를 잘 못했기 때문이다. 그래서 크리스마스 휴가 때는 다시 캘리포니아로 갔다. "거기선 불편한 게 하나도 없어요."

특별히 길었던 쾰블과의 인터뷰에서 설명했듯이, 메르켈은 이 시기에 양가감정 상태에 있었다. 메르켈은 정치가로서의 삶과 줄곧 씨름해야 했는데, 처음에는 아주 심하게 부딪쳤고 시간이 지나면서 점차 덜해졌다. 1993년 그녀는 한숨을 내쉬며 고백했다. "나의 여생이 지금과 똑같으리라고는 예나 지금이나 상상하기도 싫어요." 그녀는 일 때문에 생기는 왜곡과 훼손을 곰곰이 생각했다. 그리고 갑자기 발견하게 된 자신의 고집, 맘에 들지 않는 조급증, 경청할 여유도 없고 책 한 권에 몰두하지 못하는 상황에 대해 생각했다. 1997년에도 비슷한 고백을 했다. "이 스트레스를 언젠가는 끝내게 되기를 정말로 고대해왔어요. 내가 꿈꾸는 생활은 집에서 요리하고 다른 사람의 일정에 나를 맞출 수 있는 거예요." 메르켈은 정치계를 떠날 좋은 시기를 늘 생각하고 있다고 공공연히 밝혔고, 스스로에게 용기를 주기 위해서라도 완전히 새로운 일을 다시 시작할 수 있으리라 자기암시를 했다. "정치계를 떠날 무렵에, 난파선이나 반송장 신세이고 싶진 않아요." 그녀는 상상했다. "한동안 푹

쉰 다음 뭔가 다른 일을 시작할 수 있으면 좋겠어요."

메르켈은 지금도 여전히 은퇴 후를 상상한다. 특히 완전히 새로운 뭔가를 다시 시작할 수 있다는 상상에 매혹된 것 같다. 물론 오늘날보다는 예전에 더 많았겠지만. 1990년대 말에 한 인터뷰에서 밝히기를, 그녀는 심지어 요아힘 자우어와 함께 남아프리카 같은 곳에서 연구를 하며 여생을 보낼 생각도 했다고 한다. 가끔씩 주변 사람들에게 마음을 털어놓기도 했다. 전속력으로 달리던 정치 주행이 끝나면 프랑스어를 배우고 싶다, 얼마 동안 미국에서 살고 싶다, 그냥 꼼짝 않고 집에 있다가 한참 후 다시 나와 내가 할 수 있는 일이 뭐가 있나 찾아보고 싶다 등등….

이런 소망이 어느 날 갑자기 생겨난 것은 아니다. 앙겔라 메르켈은 1990년대 정치 풍경을 빠른 속도로 통과했다. 1994년 11월에 여성청소년부에서 환경부로 옮겼고, 정권교체와 함께 1998년 11월에 기민연의 사무총장직을 맡았으며, 2000년에는 비자금 스캔들과 볼프강 쇼이블레Wolfgang Schauble의 퇴임 이후 당대표를 맡았다. 이 기간에 외교정치는 관심 목록에 올라 있지도 않았다. 외교정치에 눈을 돌릴 때가 아니었다. 우선 권력의 안정이 필요했다. 당내 반대파와 겨루고 나중에는 정부와 국내정책을 두고 다퉈야 했으며 무엇보다 기민연 역사상 최대의 위기에서 살아남아야 했다.

메르켈이 오늘날에도 여전히 빛나는 눈으로 전달하는 사건이 생겼다. 그것은 틀림없이 국제외교에 대한 그녀의 견해를 강하게 드러내는 사건으로 통할 것이다. 1995년 베를린에서 열린 기후변화총회가 그것이다. 기후변화정책이 국가정상회담에 등장한 것은 비교적 얼마 되지 않는다. 1992년에 처음으로 지구상의 거의 모든 국가 지도자들이 기후변화문제를 이야기하기 위해 리우데자네이루에 모였다. 이것은 대단한 진전이었다. 비록 기후변화가 모두에게 해당되는 문제라는 것을 잘 알았지만, 그것이 정말로 불리하게 작용할지 그리고 무엇이 최선책일지는 아직 알 수 없었기 때문이다.

리우데자네이루 총회(이하 '리우'로 표기)와 함께 기후정책이 국제회담의 한 요소로 확정되었지만 그에 따른 갈등이 해결되려면 아직 멀었다. 해결은커녕 입장 정리와 배분 다툼이 시작되었다. 기후변화가 정말 있는가? 학술적으로 증명 가능한가? 얼마나 시급한 문제인가? 이미 성장을 끝낸 산업선진국과 이제 막 성장을 애쓰는 개발도상국들에게 서로 다른 원칙을 적용해야 하는 게 아닐까? 배출량을 어떻게 통제해야 할까? 이 모든 비용을 누가 댈 것인가?

독일 국민은 유엔의 결정을 믿고 따른다. 그들에게는 세계를 이끄는 선한 권위에 보내는 신뢰가 강하게 주입되어 있다. 전 세계적으로 독일 국민의 환경의식은 매우 높다. 그들은 긴장감(다른 나라에서는 '두려움'이라고 말할 테지만)을 가지고 지구와 훼손지역을 살핀다. 이것이 독일을 기후정책의 선구자로 만들었고 선구자의 일은 수고롭기 그지없었다. 국제회의는 제각각이고 걸핏하면 더 큰 주제가 앞으로 밀고 나와 국가 지도자의 관심을 다른 곳으로 돌렸다. 그럼에도 리우를 통해 눈여겨볼 만한 기본 토대가 놓였다. 국가들이 처음으로 기후정책이 모두의 문제라는 것, 지구가 훼손될 정도로 기후에 영향을 주어서는 안 된다는 것, 그리고 유해물질 배출량을 당장 줄일 수 있는 규정을 만들어야 한다는 것에 합의했다. 이제 처음으로 기후온난화대책에 서명한 국가들이 맺은 국제법상의 조약이 생겨났다.

그러나 리우환경협약 발효 후 1년이 되었을 때 독일연방정부는 메르켈을 환경부 장관으로 임명했고, 당시 리우에 대한 저항이 거셌다. 논쟁의 주제는 단순했다. 리우 내용을 어떻게 충족시킬 것인가? 기후조약 반대파는 게으르지 않았다. 석유석탄 로비가 세계 곳곳에서 정부를 공격했고 개발도상국들은 배출량 제한 의무화가 경제성장을 방해할까 걱정했으며 학자들은 서로 싸웠다. 베를린총회가 중요한 고비였다. 리우가 살아남으려면 계속 발전시켜 나가야 했다. 만약 기후온난화대책을 여기서 중단하면 대형 국제프로젝트는 통째로 실패하고 말 것이었다. 총회 주최국 독일은 우선 이산화탄소 배출량 축소를 위한 구체적인 규정과 조약체결이라는 의욕적인 목표를 세웠다. 하지만 이것은 의욕만 앞선 야망이었다. 리우가 발효된 지 이제 겨우 1년이었고 구체적인 수치를 제시하기에는 시간이 불충분했다. 그리하여 베를린총회는 실패의 위협을 받고 있었다.

총회 책임주체는 독일연방정부였다. 리우 때 헬무트 콜이 호기롭게 국가 지도자들을 독일로 초대했고 이제 '조만간 독일에서 열리게 될 가장 중요한 국제총회'에 장관들의 참여를 독려했다. 외무부 장관이자 부총리인 클라우스 킨켈Klaus Kinkel이 각국 대표단을 위해 만찬을 마련했다. 하필이면 베를린 자연사박물관의 공룡 해골 틈에서. 총회 의장으로는 환경부 장관인 앙겔라 메르켈이 선정되었다. 그녀는 국제회의센터 대강당의, 흰 파도 위에 표류하는 거대한 푸른 지구 모형 아래에서 총회를 이끌었다.

약 160개국이 초대에 응했고 수많은 NGO단체들이 참여했다. 총회 이외에 무수히 많은 정치프로그램과 환경전시회가 열렸다. 국제회의는 언제나 시끌벅적 혼란스럽다. 온갖 이해관계와 부차적인 일들이 얽히고설키는 난리법석의 장이다. 그리고 총회의 실패가 정치적 혼란으로 이어질 위험도 컸다. 총회가 위험했다. 절차가 무시되고, 협력회의가 갑자기 통제력을 잃고 뒤집힐 위기였다.

메르켈은 이런 긴장감을 즐겼다. 난생 처음으로 국제총회의 의장을 맡았다. 수천 명의 대표단, 수백 명의 관계자들, 세계 언어들, 복잡한 협상채널…. "160개국이 모이면 당연히 그럴 거라 늘 예상해 왔어요. 나는 정말로 에너지가 넘쳤죠." 나중에 그녀가 이때를 회상했다. "난생 처음으로 세계의 다양한 문화와 접근 방식을 만나게 되는 기회였어요." 총회는 11일 동안 지속되었고 늘 그렇듯이 제대로 된 결과를 내야 한다는 마지막 순간의 압박이 있었다.

메르켈은 의장으로서 대표단의 숙소까지 오가며 중재를 해야 했다. 마지막 순간에 그녀는 경험 많은 인도 동료 카말 나스Kamal Nath의 조언을 들었다. 환경부 장관직을 수행한 지 벌써 몇 년이 된 나스는 총회의 안개 속 상황을 감지했고 메르켈의 편에 섰다. "잘 들어요. 마지막 날 밤이 되면 각국 대표단을 선진국과 개발도상국으로 나누어 다른 회의실에 모이게 한 후 문을 잠가 버리세요." 메르켈은 나스의 조언대로 회의장을 둘로 나누었다. 그리고 총회의 실패를 막고 적어도 기후정책의 다음 단계를 위한 구체적인 약속을 결정하겠다는 목표를 가지고 두 회의장을 밤새 오갔다.

아침 6시, 미국 대표 팀 워스Tim Wirth가 '베를린 강제사항 Berlin Mandate'이라 이름 붙인 결과가 밤샘 협상 끝에 나왔다. 도쿄에서 열릴 1997년 총회 때까지 산업선진국에 적용될 감소량과 시간 계획을 가결하기로 확정했다. 그러니까 반항적이던 산업선진국, 특히 미국은 시간을 약간 번 동시에 의무도 갖게 되었다. 메르켈은 특히 개발도상국 편에 섰는데, 오늘날 제3세계 국가에서 누리는 그녀의 명성은 1995년 기후변화총회에 기초한다. 총회가 끝난 후 중국대표단 단장이 밝은 표정으로 그녀에게 와서 아직 협상의 여지가 많이 남았노라고 그녀를 안심시켰다. "우리는 아직 핵심에 이르지 않았습니다." 메르켈은 자신감에 찬 그의 미소를 결코 잊지 않았다.

그러나 조급한 독일 대중으로부터 메르켈은 많은 비판을 받아야만 했다. 총회 전부터 이미 베를린총회에서 구체적인 배출량 기준이 정해질 거란 기대가 있었다. 그러나 세계는 다시 2년을 더 기다려야 했다. 메르켈은 총회 기간 동안 세계 문화를 연구하고 많은 것을 배웠다. 또한 독일에 대해서도. "많은 부분에서 (개발도상국들이) 정신적으로 훨씬 유연하고 명랑했어요. 또한 산업선진국들보다 덜 경직되었어요. 우리 독일은 자신들의 요구를 모든 것의 척도로 생각하는 경향이 있었어요. (⋯) 우리는 섣부른 말실수로 국제적으로 따돌림을 당하지 않도록 조심해야 합니다." 어쨌든 메르켈은 베를린총회를 '최대 업적'으로 확신했다. 그녀는 자부심을 느꼈고 그것을 숨기지 않았다.

베를린총회에서 메르켈의 흥미로운 성격, 그러니까 지금도 여전히 확정된 것이 없을 때 그녀가 취하는 태도의 대표적인 특징이 드러났다. 합의를 목표로 할 때 그녀는 대단히 실용주의적이다. 그녀는 교조주의와 거리가 멀다. 합의된 결과를 원한다. 불필요한 확증에 힘을 빼지 않는다. 베를린총회 후에 그녀가 말했다. "당연히 한 가지 주제가 몇 년 동안 뜨거운 감자로 남고 합의가 이루어지지 않을 수도 있습니다. 모두의 박수를 받지 못할 것임을 알더라도, 나는 적어도 한 걸음 내딛는 쪽으로 결정하는 편입니다. (…) 결국 모든 관계자들이 불쾌해하면서 합의하더라도 타협은 좋은 것입니다. 어쩌면 나 혼자만 기쁠지 모르지만요." 메르켈은 정치를 직선상의 과정으로 본다. 협상이 일종의 눈금자 위에서 진행되는 것이다. 상대와 반대 입장을 겨룰 때 메르켈은 두 입장 사이의 중간이 어딘지 점검한다. 중간에서 겨우 눈금 하나 정도 그녀에게 유리한 쪽으로 결정이 나더라도 그녀는 이것을 성공적인 협상으로 본다. 그녀가 제일 좋아하는 목표는 중재를 통해 큰 갈등 없이 결과를 내는 것이다.

1995년 베를린총회는 메르켈의 신중함과 중재자 역할에 대한 편애를 보여 주는 좋은 사례인 동시에, 정치 초보자로서 드러낸 순진한 감탄의 좋은 사례이기도 하다. 메르켈은 이런 순진성을 매년 조금씩 덜어 냈다. 그리고 지금까지 스스로 깨닫지 못하고 있었던 새로운 특징들이 점점 강하게 그 자리를 채웠다. 바로 승부욕이다. 메르켈이 통일전환기의 정치가로서 구체적인 일에 초점을 맞추고 사실에 기초한 토론을 사랑했다면, 장관 시절에는 정치적 성공을 거둔 뒤에 얻는 짜릿함에 감탄했다. 그리고 용기를 약간 투자하면 짜릿함이 더욱 커진다는 것을 확인했다.

1997년 2월, 임기 중 세 번째 방사성폐기물 운송이 있기 직전에 연락도 없이 방사성폐기물저장회사 고르레벤을 방문했을 때, 메르켈은 전보다 큰 짜릿함을 느꼈다. 메르켈의 당시 폐기물저장정책은 오늘날까지 크게 회자되고 있는데, 그녀가 깜짝쇼처럼 시민운동단체나 소금광산을 찾아갔을 때, 그것이 올바른 직관이었음이 증명되었다. 당시 총리실 정무장관이었던 프리츠 볼Fritz Bohl은 미리 전화를 걸어 조심하라고 조언했고, 혹시 문제가 생기면 즉시 전화를 하라고, 그러면 즉시 모시러 가겠다고 일러 주었다. 결국엔 메르켈의 전술이 통했고 고르레벤 방문을 계기로 그녀는 인정을 받게 되었다.

메르켈은 점차 공직생활에 익숙해졌다. 그녀는 치고받는 정치싸움이 재미있었고 상대의 묘책을 눈치챘을 때 기분이 좋았다고 한다. 니더작센 주지사 게르하르트 슈뢰더Gerhard Schroder가 고르레벤 사건을 놓고 공공연히 메르켈을 바보 취급했을 때, 그녀는 먼저 불같은 분노로 반응했다. 슈뢰더는 그것을 이용했고, 그러면 그녀는 속은 기분이 들었다. 환경부 장관으로서 그녀는 반대당의 과녁이 되었다. 슈뢰더는 메르켈을 '주체적인 장관'이 아니라 그저 '가련한 여자'로 보았다. 메르켈은 헤를린데 쾰블과의 인터뷰에서 과감히 밝혔다. "그때 나는 슈뢰더를 찾아가, 언젠가 똑같이 당할 날이 있을 거라고 경고했죠. 그런 날이 오려면 아직 시간이 필요할 테지만 결국 그날이 올 거라고요. 그날을 생각하니 벌써부터 기분이 좋다고요." 슈뢰더는 그녀의 경고를 좀 더 진지하게 새겨들었어야 했다.

메르켈은 먹느냐 먹히느냐의 경쟁을 즐겼다. 상대방의 이익을 가로채면 짜릿하기까지 했다. 1998년 연방의회선거에서 기민연이 패하고 사민당의 슈뢰더가 총리로 취임하기 몇 달 전부터 메르켈은 무장된 모습을 보였다. "더는 나를 이용하도록 내버려 두지 않기로 결심했습니다." 그녀는 헤르린데 쾰블과의 인터뷰에서 위협하듯 말했다. "그리고 그건 즐거운 일이었어요. 적의 전함을 침몰시키는 것처럼요. 명중시켰을 때의 짜릿함이란…" 그녀의 명중률은 점점 더 높아졌다. 권력의 매력이 무엇이냐는 물음에 그녀가 대답했다. "예전 같으면 정치를 통해 뭔가를 이루는 묘미라고 대답했을 거예요. 이제는 상대로부터 뭔가를 빼앗는 맛이라고 말하고 싶네요." 당시 그녀는 적절한 타이밍을 직관적으로 아는 사냥꾼이었다. 그리고 미심쩍을 땐 약간의 용기도 낼 줄 알았다. 고르레벤에서처럼, 헬무트 콜에게 공식적으로 결별을 고하고 기민연 지도부에 올랐을 때처럼, 2002년 볼프라츠하우젠에서 에드문트 슈토이버Edmund Stoiber

를 총리 후보로 추천하고 그것으로 권력을 확보하고는 후에 프리드리히 메르츠Friedrich Merz와 겨뤄 원내대표에 올랐을 때처럼.

메르켈의 권력학습 기간은 곧 국내정치 기간이었다. 그래서 메르켈의 정치적 성숙기에는 외교정치 이정표가 아주 드물게만 놓였다. 사무총장으로서 그녀의 임무는 늘 공격이었다. 이 시기에 기민연은 자신과 자신의 과거, 그리고 정당후원금과 불법계좌 문제와 싸워야 했기 때문이다. 메르켈은 헬무트 콜에게 당대표에서 물러날 것을 권함으로써 그에게 최후의 공격을 가했다. 그러나 메르켈은 헬무트 콜의 외교정치 유산만큼은 버리고 싶지 않았고 버릴 수도 없었다. 이 기간은 물론이고 나중에도 역시⋯. 메르켈은 외교정책 분야의 자기 프로필을 만들 필요성을 느끼지 않았다. 1990년 후반기와 그녀가 당대표가 된 2000년에 여러 외교안보정책전문가들이 당에서 활발히 활동했다. 그들은 동독 출신의 당대표가 외교정책 분야에서도 문제제기를 하지 않을까 경계했다.

기민연 외교정책 분야에서는 당연히 콜의 외교정책을 직접 만들고 수행했던 볼프강 쇼이블레와 폴커 뤼에가 맨 앞줄에 있었다. 그리고 외교정책에 관심이 많은 젊은 의원들이 그 뒤에서 협력했다. 쇼이블레와 전 총리실 정무장관 루돌프 자이터스Rudolf Seiters가 한 저서에 이런 젊은 의원들의 이름을 나열했다. 에카르트 폰 클래덴Eckart von Klaeden, 안드레아스 크라 우트샤이트Andreas Krautscheid, 아르민 라쉐트Armin Laschet, 프리드베르트 플뤼거Friedbert Pfluger, 루프레히트 폴렌츠Ruprecht Polenz, 안드레아스 쇼켄호프Andreas Schockenhoff. 모두 폴커 뤼에의 팬이자 현실주의 정치가이며 국제파들이었다. 그들은 맑은 정신과 대단한 러시아 지식 그리고 프랑스에 대한 동경으로 최고의 국제관계망을 형성했다. 앙겔라 메르켈이 비집고 들어갈 틈이 없었다. 헬무트 콜은 외교정치세력만큼은 잘 결성해둔 것 같았다.

그래서 메르켈은 국내정책과 당정책을 강화하는 상징적인 몇몇 결정에 집중했다. 전술 게임에 대한 그녀의 의견을 묻는 사람은 아무도 없었다. 당대표는 중동지역의 갈등에 대해 아무 말도 해선 안 되었다. 그녀는 기민연을 위한 현대적 세금 및 사회복지모델, 연금과 건강보건을 다뤄야 했고 특히 각 주를 대표하는 거물 정치가들과의 권력다툼에서 살아남기 위해 애써야 했다. 2002년부터 비로소 그녀는 원내대표 자격으로 더욱 강하게 외교정책에 관여할 수 있게 되었다.

이때 소중한 깨달음이 있었다. 메르켈은 아직 대중에게 외교정치가로 잘 알려지지 않았기 때문에, 사람들은 그녀가 국제관계에 대해 아는 게 별로 없을 거라 간주한다는 사실이었다. 메르켈이 2003년 이라크전쟁 때 슈뢰더 총리의 인기 있는 전쟁 거부를 반대하고 미국 편에 서고, 2004년 터키를 유럽연합에 받아주는 문제에서 유럽과 터키의 특별한 파트너십은 인정하되 유럽연합 가입은 반대하는 당 노선을 따르는 등, 다양한 시도를 한 까닭도 아마 국내정치를 염두에 두었기 때문일 것이다. 독일의 거대보수정당대표는 야당 입장에서 여러 해 동안 외교정책의 기본을 다졌다. 그리고 이 과정을 아무도 주의 깊게 살피지 않았다.

그렇기 때문에 메르켈이 처음으로 정치적 배후실력자로 국제무대 위에 당당히 섰을 때 그리고 그녀의 유럽 정치를 살짝 맛보여 주었을 때 그 충격은 두 배로 컸다. 정치계에서는 중요한 자리를 차지할 때 특히 성취감이 높다. 그래서 2004년 유럽연합집행위원장 선출이 권력정치의 전투장으로 변했다. 2004년 6월 10일에서 13일 사이에 여섯 번째 유럽의원이 선출되었고 의원 과반수가 유럽 보수정당이 연합한 국민정당에 소속되었다. 그런 다음 집행위원회를 구성하고 위원회를 이끌 위원장을 뽑아야 했다. 집행위원장은 보수주의자가 과반인 의회의 동의를 받아야만 했다.

과반수가 보수주의 정당 소속인 의회에서 슈뢰더 총리를 포함한 유럽의 사회주의 정당이 자체 후보로 동의를 얻어 내기는 어려웠다. 그러나 그들은 구미에 맞는 후보를 찾아냈다. 바로 자유주의 정당 출신의 벨기에 국무총리 히 버르호프스타트Guy Verhofstadt였다. 그에게는 또 다른 큰 장점이 있었는데, 바로 보수주의 정당 소속인 프랑스 대통령 자크 시라크Jacques Chirac의 동의를 받을 수 있다는 점이었다. 왜냐하면 버르호프스타트가 얼마 전에 '프랄리넨 정상회담'을 주최했기 때문이다. 프랄리넨 정상회담은 벨기에, 독일, 프랑스, 룩셈부르크, 네 국가의 정상들이 유럽의 안전 동맹을 위해 모인, 북대서양조약기구에 반대하는 모임으로서, 특히 이라크전쟁을 빌미로 미국을 조롱하는 모임으로 이해되었다.

메르켈은 이 모임이 달갑지 않았다. 독일의 옛 동맹구조는 토론조차 안 되었고, 이미 그것 때문에라도 버르호프스타트를 막고 싶었다. 게다가 보수당은 새로운 힘을 과시할 필요가 있었다. 그러므로 그들은 벨기에 총리를 막고 자기 후보를 당선시켜야 했다. 메르켈이 유럽이사회 전날 밤에 유럽 자매당의 당대표들과 각국 정상들이 모인 자리에 깜짝 등장했다. 그녀는 영국 보수당 대표 마이클 하워드Michael Howard를 미리 만나 모두에게 존중받는 유럽집행위원 크리스 패튼Chris patten을 위원장 후보로 추천하도록 설득해 두었다. 그렇게 탄생한 강력한 라이벌 후보자가 버르호프스타트의 앞길을 막을 것이 틀림없었다. 영국 노동당 출신 총리이자 전쟁을 찬성하는 토니 블레어Toni Blair가 버르호프스타트를 반대하고 영국 후보자를 지지할 것이기 때문이었다. 늘 그렇듯이 그런 식의 팽팽한 라이벌 대결에서는 두 후보가 모두 희생된다. 결국 보수당 출신의 포르투갈 총리 조제 마누엘 바호주José Manuel Barroso가 위원장으로 선출되었다. 비록 메르켈이 가장 원했던 후보는 아니었지만 적어도 그는 보수주의 정당 출신이었고 또한 슈뢰더에게 뼈아픈 실패를 안겨 준 것은 틀림없었다. 브뤼셀에 모인 모두가 놀라움에 눈을 비볐다. 지금까지 유럽이 몰라보았던 메르켈이 당당히 서 있었다.

자세히 볼 줄 아는 사람은 다른 그림을 보았다. 메르켈이 한 일을 정확히 알고 있었던 것이다. 메르켈은 야당대표로서 매우 활동적으로 유럽을 여행하며 이웃국가의 정부들과 관계를 맺었다. 프랑스 대통령 시라크도 그녀의 방문 목록에 올라 있었는데, 메르켈은 헬무트 콜과는 반대로 프랑스 대통령의 정책에 대한 자신의 불만을 감추지 않았다. 더욱 자세히 볼 줄 아는 사람은, 헬무트 콜이 멈춰 선 그곳에서 메르켈이 시작했음을 알았다. 메르켈은 세계와 우방국, 그리고 동맹국 가운데서 독일이 해야 할 역할에 대해 확고한 신념을 갖고 있었다.

4

신념
앙겔라 메르켈을 지탱하는 것

그 중심에 자유가 있었다.
더 명확히 말하자면, 자유, 연대, 정의가
만들어 내는 화음이 있었다.

앙겔라 메르켈은 오페라를 사랑한다. 특히 리하르트 바그너
Richard Wagner가 쓴 비극적이고도 운명적인 작품 모두를 좋아
한다. 그중에서도 하이너 뮐러Heiner Muller가 연출한 〈트리스탄
과 이졸데Tristan und Isolde〉를 가장 좋아하는데, 메르켈은 통일
전에 이미 그의 작품을 특별히 기억해 두어 동베를린에서 관
람한 바 있다. 뮐러가 연출한 바그너의 비극적 사랑은 바이로
이트 음악제●에서 여섯 번이나 상연되었다. 메르켈은 뮐러의

● 매년 독일 바이로이트에서 열리는 음악 축제로, 19세기 독일의 작곡가 리하르트 바그너
의 작품이 상연된다.

해석을 기발하다고 생각했다. 어쩌면 메르켈은 구원의 희망을 한 번도 품을 수 없었던 트리스탄 왕자를 좋아했을 것이다. 그의 파괴된 사랑을 구원해 줄 것은 죽음뿐이었다.

〈니벨룽의 반지Der Ring des Nibelungen〉에서도 메르켈은 같은 것을 느꼈다. 그녀의 해석은 짧고 명료하다. "처음에 잘못되면, 그럭저럭 진행은 되겠지만 다시 좋아지지는 않을 것이다." 진정한 운명론자는 아니지만 그녀는 바그너를 향해 비장한 말을 던진다. "출발점에서 잘못된 일을 다시 고칠 수 없다는 것이 나를 고통스럽게 한다. 그러므로 바르게 하려면 처음부터 바르게 해야 한다."

메르켈 총리는 이보다 더 좋은 삶의 모토를 찾지 못한 것 같다. 처음부터 바르게 하기, 한 걸음씩 체계적으로 침착하게. 이것이 그녀의 목표다. 아니면 적어도 그녀의 요구다. 일을 시작할 때 결과를 생각한다는 점에서 메르켈은 재정부 장관 볼프강 쇼이블레와 닮은꼴이다. 메르켈은 피할 수 없는 사건, 불가피한 결과를 혐오한다. 쫓기듯 서두르는 걸 싫어한다. 진행 과정을 통제하고 지휘할 수 있기를 바란다. 그런 면에서 바그너의 웅장함, 강한 톤 그리고 낭만주의의 무거운 소재는 그녀와 전혀 어울리지 않는다. 메르켈은 바그너의 오페라와는 정반대로 조용한 성격을 지녔기 때문이다. 하지만 어쩌면 그렇기때문에 그녀가 바그너의 열렬한 팬인지도 모른다. 그녀가 어린 시절에 자신과 거리가 먼 피겨스케이팅 선수나 무용수, 팝스타 같은 사람들을 롤 모델로 삼았던 것처럼.

메르켈을 잠시만 관찰하면, 그녀가 어떤 부류에 속하는 사람인지 금세 알아챌 수 있다. 메르켈 총리는 자신의 감수성과 기질을 비교적 솔직하게 내보이는 편이다. 그녀는 연기하지 않는다. 트집을 잡거나 변덕을 부리지 않는다. 들뜨거나 낙담하지 않는다. 호통이나 장난을 치지 않는다. 이렇듯 메르켈의 특징이 아닌 것들은 어렵지 않게 나열할 수 있다. 그런데 이 모든 특징들이 그녀와 맞지 않는 것들이라면, 도대체 그녀와 맞는 특징은 무엇일까? 그녀의 성격은 어떻다고 말할 수 있을까?

독일 국민 대다수는 메르켈을 '안정적'이고 '평범하다'고 인식한다. 그녀의 성격에 대한 관심이 계속해서 높아지는 까닭은 바로 여기에 있을 것이다. 사람들은 대중적으로 인식되는 인격 이면에 또 다른 인격이 있을 거라고 추측한다. 그렇게 되면 결국 메르켈은 속을 알 수 없는 총리가 되는 셈이다. 그리고 그렇기 때문에 계속해서 같은 질문이 제기된다. 그녀는 도대체 어떤 사람인가? 그녀는 실제로 어떻게 행동하는가?

답은 사실 시시하다. 눈에 보이는 것이 전부일 뿐이다. 대중적으로 인식되는 이미지 뒤에 어떤 대단한 비밀도 감춰져 있지 않다. 인물분석가와 그녀의 오랜 동행자들에 의하면 메르켈의 인격과 연결시킬 수 있는 긍정적인 특징들이 무수히 많다.

그녀는 호기심이 많다. 더 정확히 말하면 지식과 배움을 갈망한다. 어떤 문제를 다룰 때는 먼저 그것을 온전히 이해하고자한다. 연금이든 부동산 거품이든 혹은 남중국해든, 먼저 사실을 확인하고 그녀와 다른 주장을 하더라도 상대를 이해하려애쓴다. 2012년 7월 8일 랭스에서 열린 독일·프랑스 전후 화해 50주년 기념식에서 프랑스 새 대통령 프랑수아 올랑드François Hollande를 만났을 때, 메르켈은 랭스와 관련된 역사를 미리 공부해 갔다. 대화 상대의 약력을 꼼꼼하게 연구하고 배울 만한것이 무엇인지 연구해 가는 것이다.

메르켈은 인도 총리 만모한 싱Manmohan Singh을 특별히 마음에 담아 두었다. 그녀는 만모한의 정치 이력에 깊은 인상을받았고 그의 조용하지만 명확한 태도와 연륜이 느껴지는 여유에 큰 감명을 받았다. 한 측근이 말하기를, 메르켈에게는 호기심을 잃는 순간이 바로 그녀의 '마지막 순간'이라고 한다. 보좌진은 일정을 짤 때 이미 총리의 호기심을 고려하여 어떻게하면 그녀를 만족시킬지 염두에 둔다. 모든 외국여행 일정에는 학술기관 방문이 거의 예외 없이 포함된다. 예를 들어 인도에서는 쓰나미 예고센터를, 캐나다에서는 해양연구소를 방문했다.

또한 메르켈은 자신의 세계관을 정확히 분석한다. 주장을분석하고 성실하게 자료를 수집한다. 이런 독특한 재능이 야기하는 문제가 있긴 하다. 자신의 의견을 주장하기보다 중재하기를 더 좋아한다는 점이다. 그녀는 선동적인 정치가와 이념주의자의 대척점에 서 있다. 그래서 종종 직관으로 결정을 내리는 슈뢰더와 대조된다. 아마도 메르켈은 자신에게 없는 이런 능력에 감탄을 표하고 슈뢰더에 대해 큰 존경심을 담아 '끝을 알 수 없는 큰 사람'이라 말할 것이다. 하지만 마음속에는 늘, 슈뢰더를 이겼다는 조용한 환호가 담겨 있다. 슈뢰더는 순발력의 대가이며 최고로 손꼽히는 직관의 정치가다. 메르켈은 이런 선임자의 능력을 인정하면서 그와 활기찬 경쟁을 벌인다.

메르켈은 자신이 지니지 않은 능력을 가진 사람들에게 감탄한다. 슈뢰더의 직감, 올바른 순간에 올바른 말을 찾아내는 감각 같은 것들은 그녀에게 부족한 능력이다. 그녀는 미리 성실하게 준비하는 사람이다. 그런데 이 점이 종종 문제를 일으키곤 한다. 상대가 그녀와 달리 비합리적인 주장을 펼치면 그녀의 논리적 무장은 기능을 잃어 서로의 주장을 비교 분석할 수 없게 되고, 급기야 합의는 무산되고 만다. 그 예로, 그리스가 120억을 절약하고 몇 가지 개혁을 약속해야 하는 협의 과정 가운데 메르켈은 절망에 빠졌다. 그녀는 수많은 회의에서 개혁과 긴축을 주장했고, 그것을 그리스 정부에도 명확히 전달했다. 반대 주장은 점차 줄어들었지만 정치는 바자회가 되어 버렸다. 그녀는 이것이 싫었다. 그녀는 당연한 말을 반복할 수밖에 없었다. "약속을 했으면 지켜야 한다."

　메르켈은 침묵을 좋아한다. 그래서 스스로 침묵한다. "우리 사회는 침묵이 좀 부족합니다. 실은 너무 시끄러워졌어요." 아나운서 안네 빌Anne Will과의 인터뷰에서 메르켈은 이렇게 말했다. 그녀는 대개 침묵을 선호한다. 정치적으로 침묵은 강한 압박을 준다. 2005년 독일연방의회선거 하루 전, 슈뢰더가 텔레비전 토론에서 그 커다란 덩치에 큰 소리로, 사민당이 있는 한 메르켈이 근소한 표차라도 결코 총리가 될 수 없을 거라고 예언했을 때, 그녀는 침묵했다. 만약 이때 메르켈이 반대 주장을 폈더라면, 아마 경기는 두 사람 모두 사망하는 결투로 마무리되었을 것이다. 이날 밤 메르켈은 기꺼이 슈뢰더의 희생자가 되었고, 실패한 토론이라는 나쁜 평가에도 불구하고 기민연은 똘똘 뭉쳐 그녀 뒤에 집합했다. 그리고 결국 그녀는 총리가 되었다. "내가 생각하기에 침묵, 그러니까 고요는 아주 멋진 것입니다."

　이렇게 메르켈은 침묵을 좋아하지만, 다른 한편으로는 매우 수다스럽다. 그녀는 여럿이 모여 웃고 떠드는 걸 좋아하고, 즐거운 대화를 소중히 여긴다. 대변인이나 보좌관처럼 그녀와 늘 함께 여행을 해야 하는 사람은 전문지식 이외에도 다양한 분야에 대해 전반적으로 알고 있어야 한다. 축구, 음악, 오페라, 미술, 역사…. 메르켈은 지적 호기심을 자극하는 박학다식한 사람을 높이 산다.

메르켈은 이야기하는 대상에 따라 달라진다. 특히 솔직함의 정도가 다르다. 신뢰할 만한 측근들과 대화할 때는 제3자에 대한 평가를 매우 직설적으로 한다. 신뢰. 총리실에서 신뢰라는 단어와 연결된 사람이나 직무는 사실 몇 되지 않는다. 집무실, 보좌관, 대변인, 아침회의. 그 외에 원내대표 폴커 카우더 Volker Kauder나 쇼이블레 장관과 드 메지에르 장관 같은 몇몇 정치적 동반자들이 이에 속한다. 신뢰할 만한 사람들에게는 공통점이 있다. 바로 침묵할 수 있다는 것이다. 침묵이 곧 충직이다.

총리 임기 초기에 메르켈은 자주 외부인사들을 저녁식사에 초대하여 다양한 자문을 받았다. 시간이 지나면서 점차 이런 자리가 드물어졌다. 초대되었던 사람들이 밖에 나가서 너무 많은 이야기를 했던 것이다. 메르켈은 최근에 초대한 한 교수와 유럽에 대한 이야기를 나누었다. 그런데 다음날 아침 베를린 절반이 두 사람이 어제 만났다는 것을 알게 되었다. 단언컨대 이 교수는 당분간 초대받지 못할 것이다.

만약 누군가가 그녀의 기대를 채우지 못하면, 메르켈은 냉소적으로 차갑게 외면한다. 총리실 직원들의 말을 빌리면, 그녀의 침묵은 위험 신호다. 그녀가 조용할수록 폭발이 가깝다는 뜻이다. 메르켈은 고함치지 않는다. 냉소적으로 있다가 결정한 것을 집행한다. 어떤 문제를 충분히 오래 곰삭혔으면, 또는 맘에 안 드는 사람이 너무 오래도록 짜증나게 하면, 그녀는 동굴에 들어간 곰처럼 가만히 참고 있다가 적당한 타이밍에 폭발한다. 총리실 직원, 그녀와 입장을 같이하는 정치적 동지들 그리고 무자비하게 들리겠지만 그녀에게 더는 쓸모가 없는 사람들이 이런 냉혹하고도 완고한 태도를 경험해 왔다. 이런 태도의 가장 최근의 희생자가 바로 그녀에게 촉망받던 환경부 장관 노르베르트 뢰트겐Norbert Rottgen이었다. 노르트베스트팔렌 주의회선거에 패하고도 물러나지 않고 버티는 그를, 메르켈은 냉정하게 내쳤다. 뢰트겐은 주의회선거의 패배가 내각과 환경정책에도 부담이 될 것임을 인정하지 않으려 했다.

메르켈은 연정파트너인 다른 당대표나 다른 나라의 국가지도자들처럼, 어쩔 수 없이 관계를 맺어야 하고 그녀 맘대로 정치 이력을 좌우할 수 없는 사람들에게는 태도를 달리한다. 이들에게는 냉혹함을 보이지도, 편애를 하지도 않는다. 그녀는 결코 자민당(FDP)•의 당대표 뢰슬러Rosler보다 원내대표 브뤼데를레Bruderle와 더 잘 통한다고 외부에 말하지 않을 것이다. 버락 오바마Barack Obama보다 조지 부시George Bush에게 더 호감이 간다고도 결코 말하지 않을 것이다. 그녀가 바꿀 수 없는,

• 자민당은 독일자유민주당(Freie Demokratische Partei)의 약자로, 친기업적 시장경제체제와 의회 민주주의를 표방하는 중도 성향의 정당이다.

어쩔 수 없는 일이다. 그러니 받아들일 수밖에 없다.

메르켈은 정치적 동지와 상대를 두 범주로 나눈다. 침묵할 수 있는 쪽과 침묵할 수 없는 쪽. 메르켈 총리는 유로위기 때 여야 원내대표와 당대표들을 총리실로 불러 자주 의견을 나누었다. 전문가들이 추론만 하던 위기 상황에 대해 메르켈은 매우 솔직하게 이야기했다. 이런 만남에서 가장 중요한 계명은 침묵이다. 이미 깨달았듯, 작은 소문 하나에도 시장이 즉시 반응하기 때문이다. 2013년 독일연방의회선거에서 경쟁한 페어 슈타인브뤽Peer Steinbruck과 메르켈은 침묵으로 손을 잡은 적이 있었다. 2008년 금융위기 당시 재정부 장관이었던 슈타인브뤽은, 정부가 소위 하룻밤 새에 이상하리만치 강력하게 모든 예금을 보장했을 때, 메르켈과 함께 똑같이 침묵했다. 그러나 서로 불신했던 기간도 있었다.

메르켈은 사민당 원내대표 프랑크발터 슈타인마이어Frank-Walter Steinmeier나 녹색당 원내대표 위르겐 트리틴Jurgen Trittin과는 훨씬 전문적으로 업무를 처리했다. 사민당과 녹색당 출신의 다른 정치가들은 총리실에서 거의 신뢰할 수 없는 사람으로 통했다. 그들 입장에서도 정부에 신뢰할 만한 사람으로 통하는 것이 오히려 위험하다. 그렇게 되면 메르켈을 이해해야 하는 의무만 생기고, 정치적 책임과 수확은 나누어 가질 수 없기 때문이다. 기민연-자민당 연정에서 그녀와 외무부 장관

귀도 베스터벨레Guido Westerwelle는 서로 신뢰가 두터웠다. 기민연 내에서조차도 완전한 개방이 늘 가능한 건 아니었다. 메르켈이 아직 외교정책을 국방부 장관 카를 테오도르 추 구텐베르크Karl-Theodor zu Guttenberg와 논의할 무렵에는, 많은 세부 내용들이 대중에게 공개되었다. 그러나 구텐베르크가 퇴임한 후부터는 조용해졌다.

메르켈은 확실히 제한된 소수의 친구들에게만 온전히 솔직해졌다. 어떤 사람들이 그런 친구에 속하는지는 알려지지 않았다. 아마도 함부르크 출신의 사민당 정치가 클라우스 폰 돈아니Klaus von Dohnanyi가 그 안에 속할 것이고, 그 외 '오페라 친구들'도 거론되고 있다. 그녀의 친구들은 아무 말도 하지 않을 것이다. 메르켈은 총리실 팀원들과는 늘 거리를 유지한다. 비서실장 바우만에게도 정중히 존대하고 존칭을 쓴다. 반면 귀도 베스터벨레, 에드문트 슈토이버 혹은 호르스트 제호퍼 같은 몇몇 정치 동료들과는 존칭 없이 편하게 호칭한다.

기민연 내에 존칭 없이 편하게 이름을 부르는 동료들도 많지만 메르켈이 고집스럽게 존대와 존칭을 유지하는 동료들도 있다. 이를테면 볼프강 쇼이블레. 그녀보다 앞서 당대표를 지냈던 쇼이블레는 결코 깐깐한 사람이 아니었지만 두 사람은 존대와 존칭을 유지했고 어느 정도 거리를 두었다. 한번은 두 사람이 유럽 선거를 위해 포스터 촬영을 함께한 적이 있었다. 당시 당대표였던 쇼이블레가 포스터 문구를 정했다. "때로 의견이 달라도 가는 길은 항상 같다!" 솔직한 말이었다. 어쩌면 쇼이블레는, 메르켈이 헬무트 콜에게 보내는 '결별서'를 독자적으로 〈프랑크푸르터 알게마이네 차이퉁〉에 공개했던 일을 기억하고 있었을 것이다. 1년 전인 1998년에 메르켈이 요아힘 자우어와의 재혼을 세상에 알렸던 작은 광고 역시도. 사실 쇼이블레는 이 결혼식에 대해 사전에 전혀 눈치채지 못했다(신랑신부의 부모나 형제들에 대해서도 아는 것이 없었다). 쇼이블레는 이 일로 살짝 충격을 받았다. 메르켈은 사적인 일에서는 가끔씩 정말 괴상한 면이 있다.

그러나 2012년 봄. 그들은 조용하지만 공공연한 만남으로 관계를 돈독히 할 기회를 가졌다. 메르켈이 쇼이블레에게 〈언터처블: 1%의 우정Les Intouchables〉을 함께 보러 가자고 제안한 것이다. 하필이면 〈언터처블: 1%의 우정〉을! 이 영화는 불의의 사고로 휠체어에 의지하게 된 전신불구의 상위 1% 백만장자 필립•과 흑인이자 거침없이 자유로운 성격의 무일푼 백수 드리스의 우정을 다룬 감동 실화로 많은 호평을 받았다. 쇼이블레는 아내 말고 다른 여자와 영화를 보러 가도 괜찮을지 진지하게 고민했다. 결국 둘은 아무도 모르게 포츠담 광장에 있는 한

• 쇼이블레도 사고로 장애인이 되어 휠체어를 탄다.

영화관의 관객 속으로 스며들었다. 총리와 재정부 장관. 1%의 우정, 그러나 아주 진한 우정…. 그들은 영화 관람 후 함께 술을 마시며 축구 중계를 보았다.

메르켈은 한동안 자신의 생각을 비교적 솔직하게 표현했다. 그녀는 겸손이라는 단어뿐 아니라 그 의미도 매우 높이 평가했다. 하여, 만약 누군가가 너무 과감하게 행동하면 이렇게 지적하곤 한다. "겸손의 미덕을 좀 더 익히세요." 또한 그녀는 봉사하는 사람, 의무를 이행하는 사람임을 온몸으로 표현한다. 그녀에게는 원칙이 직무의 핵심 열쇠이며, 시간 엄수가 매우 중요하다. 필요하다면 자신을 혹사시키고 괴롭히기까지 한다. 유로위기 때는 끝없는 회의와 부족한 잠을 견뎠다. 맑은 정신을 유지하고 이념에 사로잡히지 않으며 철저히 전술가로 임하고자 애쓴다. 그리하여 주장을 견지하고 논쟁하는 데 최고의 능력을 발휘한다.

메르켈은 사실을 기반으로 한다. 사실을 근거로 주장을 겨룬다. 그녀는 늘 새롭게 자신의 권력을 견고히 해야 한다는 것과 대적할 상대가 없다고 자만해선 안 된다는 것을 잘 알고 있다. 한 인터뷰에서 그녀는 권력에 대한 자신의 생각을 대단히 솔직하게 밝혔다. "나는 쉽게 패배주의에 빠지지 않습니다. 언제라도 고개를 당당하게 들지요. 인간은 자기 자신을 버릴 필요가 없거든요. 나는 누군가의 조종을 받는 사람이 아니에요."

기꺼이 권력을 행사하느냐는 물음에는 이렇게 답했다. "충분히 타당한 범위 내에서요. 하지만 그것을 군이 떠벌리고 다닐 필요는 없다고 생각합니다."

적어도 정치 입문 초기에는 사람들의 과소평가가 그녀에게 도움이 되었다. 사람들은 그녀를 본래 모습보다 더 낮추어 보았다. 슈뢰더나 콜은 자신의 업적을 결코 과소평가하지 않았을 테지만 메르켈은 그렇게 했다. "너무 많은 성공을 거두고 나면 어떤 두려움이 생기지요. 행운 뒤에는 불행이 따르기 마련이에요. 그래서 많은 행운이 다가오고 좋은 시절을 누릴 때면 그 후에 나쁜 일이 생길까 봐 두려워요." 분열 반응에 대한 박사논문을 쓰고, 정치라는 우주 역시 팽창과 폭발의 법칙에서 예외가 아님을 잘 아는 물리학자의 관점으로서 기억해 둘 만한 점이다.

두 번째 총리 임기 말에는 훨씬 여유로워지긴 했지만, 메르켈은 여전히 큰 압박을 받았고 유로위기는 근원적인 근심으로 남아 있었다. 그럼에도 그녀는 안정적인 물결을 탔다. 두 번이나 총리로 선출되었고 그 임기를 잘 마쳤다. 사민당과의 대연정에서 가까스로 다수를 점유한 채 힘겹게 출발했기 때문에 그렇게 잘해 내리라고는 아무도 기대하지 못했다. 그리고 두 번째 기회에서 만난, 소위 이상적인 연정파트너인 자민당이 최악의 파트너로 자리매김하리라고는 더더욱 예상하지 못했다.

그럼에도 메르켈은 그 오랜 시간을 잘 이겨 냈다.

메르켈은 이제 평화로워 보인다. 이런 힘든 정치적 조합에서 일어나는 일상적인 변덕을 잘 이겨 냈기 때문이다. 이제 정부와 외교정치를 지휘하는 그녀를 대적할 사람은 어디에도 없다. 2005년, 다른 때와 달리 연방의회선거가 1년 빨리 열리면서 물리적 부담으로 발전했던 반면, 두 번째 재선에 도전하는 2013년에는 환희에 찬 여유로 선거전을 준비했다. 그녀는 뭔가를 증명할 필요가 없었다. 그녀는 일렁이는 바다의 조용하고 안전한 항구로 보이고자 했다. 이미지 전략가와 스핀닥터*들은 행복했다. 마침내 후보자의 성격을 장점으로 이용할 수 있게 되었기 때문이다.

메르켈은 직무유기를 넘어 거의 지루해 보이기까지 한다. 그러나 적어도 그것이 8년 이상 그녀가 장수하는 성공 비결이었다. 어쩌면 대중의 욕망이 다시 바뀌어 과반수가 강력하고 힘이 넘치는 총리를 원하게 될지도 모른다. 그렇게 된다면 메르켈은 더 이상 총리에 적합한 인물이 아니다. 메르켈이 선임자처럼 담배 피는 모습이나 바람에 날리는 외투로 강력함을 연출하고 승리자의 포즈를 취한 사진을 찍을 일은 없을 것이다.

---

* 정치적 목적을 위해 사건을 왜곡하거나 조작하는 사람이자, 국민의 생각이나 여론을 정책으로 구체화하고 정부 수반의 생각을 국민에게 납득시키는 역할을 수행하는 사람.

그녀에게는 통제, 원칙, 자기절제가 전부다. 돈은 별로 중요하지 않다. 선임자나 특히 프랑스 전 대통령 니콜라스 사르코지 Nicolas Sarkozy가 보였던 화려한 과시는 그녀가 혐오하는 것이다. 절대적인 사적 공간으로서 유지되는 한, 주말 별장과 세를 얻은 베를린 집으로 충분했다.

메르켈이 지키고자 하는 사적 공간의 중심에는 남편이자 세계적으로 인정받는 독일 최고의 양자화학자인 요아힘 자우어가 있다. 메르켈의 그 모든 노출에도 불구하고 여전히 많은 사람들에게 베일에 싸여 있는 것처럼 보인다면, 그것은 자우어가 실로 전혀 다른 세상에서 살고 있기 때문이다. 대중에게 노출되기 싫어하는 그의 성격을 가장 잘 드러내는 발언이 있다. "대학교수이자 연구자인 나의 업무가 아니라 아내의 정치적 업무 때문에 나를 찾아오는 기자라면, 그 누구와도 인터뷰를 하지 않기로 결심했다."

자우어가 일관되게 모든 공개석상에서 물러나 있기 때문에 그의 이런 결심을 존중해 주는 것 외에는 달리 선택의 여지가 없다. 그가 어떤 정치관을 가졌는지, 메르켈의 행보에 실제로 어떤 영향을 미치는지에 대해서는 전혀 알려진 바가 없다. 반면 그의 학문적 이력은 대단히 인상적이다. 황금 표면에서 벌어지는 금원자와 티오아릴 분자들 사이의 협력에 관한 대화라면 아마도 그는 기꺼이 응할 준비가 되어 있을 것이다. 설령 물리학과 이론화학의 바깥세상에서 이런 대화를 이해할 수 있는 사람이 거의 없다 하더라도, 자우어 교수는 분명 그에 관해 무언가를 이야기하고자 할 것이다.

앙겔라 메르켈은 남편이 그녀의 정치생활에서 어떤 역할을 하는지 아주 가끔 힌트를 주곤 한다. 메르켈이 조용하고 분석적이며 거리를 두는 인도 총리 싱 같은 사람과 대화하기를 선호하는 점으로 볼 때, 자우어가 조언자 역할을 하지 않나 싶다. 메르켈은 남편과의 대화를 "거의 목숨만큼이나 중요하다"고 표현하기도 했고 남편을 "정말 좋은 조언자"로 묘사한 적도 있다.

메르켈과 자우어는 정치적인 일에 부부로서 등장하는 것을 가급적 삼가기로 했고, 게다가 국제적인 국가 업무에서도 외교 의전이 낡은 먼지를 털어 내고 새로워지기 시작했다. 정치가가 아내와 함께 외국을 방문하던 시대는 오래전에 종식되었다. 또한 정치가가 꼭 남자일 필요도 없고 배우자가 반드시 다른 성이어야 하는 것도 아니다. 메르켈의 총리 임기 동안 확실히 '영부인 프로그램'(지금은 '파트너 프로그램'으로 명칭이 바뀌었고 여전히 외교 의전에 포함되어 있는지 모르겠지만)의 부담은 가벼워졌다.

요아힘 자우어가 의전에 따라 메르켈과 동행한 것은 2007년 하일리겐담에서 열린 G8정상회담이 처음이자 마지막이었다. 그사이 자우어와 뜻을 같이하는 사람들이 전 세계적으로 많아졌다. 대통령이 부인과 동행하는 것은 이제 더 이상 당연한 일이 아니다. 이것은 힐러리 클린턴이 이미 확실히 보여 준 바다. 메르켈은 외국 방문을 가급적 자제한다. 그녀는 부부 동반의 최고 의전은 주로 독일연방대통령에게 맡기고 자신은 총리로서 빡빡한 일정 속에서 몇 시간 안에 모든 것을 해 내야 하는 업무상의 방문을 담당한다.

자우어는 몇 번 되지 않은 동행에도 얼마간의 정치적 메시지를 담았다. 그는 두 번 메르켈과 동행한 적이 있다. 2006년에는 아마도 음악 때문에 아내와 빈을 여행했고 그다음에는 자유메달훈장 수여식을 위해 함께 미국에 갔다. 그는 메르켈과 마찬가지로 미국에 친근감이 있다. 직업 때문에 자주 대서양을 건넜기 때문이리라. 그는 백악관 만찬장에서 주체할 수 없는 기쁨으로 208명의 손님과 악수를 했다. 이때 그는 약간 늦게 도착했는데, 시카고에서 열린 심포지엄을 마친 후였다. 그 외에는 모두 이 한마디로 정리된다. "나는 대중 앞에 서는 것에 관심이 없다."

메르켈의 자유

어쩌면 요아힘 자우어가 메르켈의 성격과 가치관을 알 수 있는 열쇠일 수는 있겠지만 그녀의 내면세계를 알려면 외부인의 도움을 받을 수밖에 없다. 가령 빈센테 델 보스케Vincente del

Bosque나 위르겐 클린스만Jurgen Klinsmann이 그런 이들이다. 메르켈은 이 두 축구선수를 매우 좋아한다. 무엇보다 그녀가 축구를 좋아하고 두 사람의 업적을 높이 보기 때문이다. 둘째, 그녀가 자세와 신념 면에서 모범적이라 여기는 사람들이기 때문이다. 메르켈의 신념을 이해하기 쉽게 설명하기에는 이 두 축구감독이 가장 안성맞춤일 것이다.

메르켈은 2006년 독일 월드컵이라는 여름 동화 같은 사건이 있기 전부터 이미 위르겐 클린스만을 좋아했다. 2006년 독일 월드컵은 전 국가적 환희와 흥분으로 사람들을 들뜨게 했고, 그래서 정치에도 도움을 주었다. 그녀는 클린스만이 그의 인생관을 실현하는 것에 감탄했고, 캘리포니아 망명자에서 독일 국가대표 감독으로의 귀환에 성공한 데 깊은 인상을 받았으며, 현대식 훈련법과 전술로 독일 축구를 완전히 개조하여 마침내 실력과 여유를 갖춘 단결된 팀을 구성한 것에 경탄했다.

메르켈과 개인적으로 알지는 못하지만 그녀의 말대로 언제 저녁식사라도 한번 했으면 바랄 게 없다는 스페인 국가대표팀 감독 비센테 델 보스케의 경우도 비슷하다. 델 보스케는 스페인 국가대표팀을 이른바 '무적함대'로 만들었을 뿐 아니라, 전통적으로 지역주의에 사로잡힌 선수들을 국가의식과 공동체 의식으로 응집시켰다. 메르켈은 그에게서 자유와 존중을 바탕으로 하는 삶의 심리학을 배웠다고 한다.

자유, 거기에 열쇠가 있다. 메르켈이 보기에 두 남자에게는 자유의 이상이 배어 있다. 그들은 메르켈과 동일한 신념으로 자신들의 능력을 발휘했다. 둘은 신뢰를 저버리지 않았다. 클린스만은 독일과 거리를 둠으로써 현실적인 시각을 유지했고, 무엇이 중요하고 무엇이 중요하지 않은 일인지 명확히 구별할 줄 알았다. 게다가 캘리포니아에서 이렇게 했다는 것이 메르켈에게 더욱 깊은 인상을 남겼다. 델 보스케는 세계 각국의 성에서 왕처럼 지내거나 스페인에서 파티를 즐기고 쏟아지는 찬사를 마음껏 누릴 수도 있었겠지만, 조용하고 진중한 사람으로서 비교적 검소하게 살면서 선수들에게 존경받는 롤 모델이 되기를 원하는 그런 사람이다. 한마디로 정의한다면, 클린스만과 델 보스케는 매우 자유로운 사람이다.

메르켈의 동력과 가치관을 연구하다 보면 얼마 지나지 않아 자유를 이야기하게 된다. 가치관이라고 하면 언뜻, 온통 '정치적 올바름'으로 도배된 공약집이나 지방의원들이 연설 때마다 외치는 인간의 존엄성과 관용 혹은 무역회사들이 홈페이지에 게재한 기업철학처럼 막연하게 들린다. 정치가들이 멋진 양복을 입고 과시하듯 서서 가치관에 대해 연설하면 대개 유권자들은 아무 반응도 하지 않는다. 지금은 탈이념 시대이기 때문에, 과반수의 지지를 얻으려면 유연한 신념을 가져야 한다는 걸 정치가들은 경험으로 알고 있다. 만약 메르켈이 이념적으로 굳어 있어 좌우로 탄력적이지 않았다면, 그녀 역시 총리가 되지 못했을 것이다.

그러나 널리 유용할 것 같은 개념과 진짜 가치 사이에는 중요한 차이가 있다. 어쩌면 신념은 퇴적물처럼 바닥에 가라앉았을 때 비로소 그 진가가 확인될 것이다. 신념이 굳어 가치관이 되는 것이리라. 국가 지도자들은 외교정책 연설에서 기꺼이 가치관을 다룬다. 그러나 가치관은 현실에서 실현될 때에만, 매일의 선택이라는 전투에서 살아남을 때에만 그 의미가 크게 도약한다. 바로 그렇기 때문에 메르켈은 정치 경력 초기에 그토록 자주 가치관에 대해 이야기할 수 있었다. 그리고 두 번의 총리 임기를 마친 후에 비로소 어떤 패턴이 형성되었다.

메르켈의 가치에서 가장 우선되는 것은 자유다. 35년 동안 자유가 없는 체제에서 살면서 그것이 얼마나 중요한지 몸소 체험했기 때문에 당연히 자유가 가장 높은 자리를 차지한다. 다만 놀라운 것은, 그녀의 가치 범주 안에 자유가 공공연하게 포함되기까지 거의 10년이 걸렸다는 점이다. 당대표로 선출된 데다, 아마도 조금은 더 근본적인 이야기를 할 무렵인 2000년, 에센에서 열린 역사적인 기민연 전당대회에서 메르켈은 처음으로 은근하게 자유를 언급했다. 그녀는 가치관에 대해 연설했다. 그녀의 개인적인 가치관이 아니라 기민연의 가치관을, 그녀가 의원들을 모을 때 기준으로 삼을 가치관을 연설했다. 자유, 책임, 안정. 이것은 전후시대에 서독 기민연이 즐겨 연주했던 멜로디다.

3년 후에 자유는 메르켈의 연설 중 특히나 계획적이었던 연설에서 강력한 힘을 가지고 등장했다. "독일이여, 어디로 가는가Quo vadis, Deutschland?" 약간 고루하게 들리는 이 물음으로, 2003년 10월 1일 메르켈은 야당 지도자로서 사민당-녹색당 연정의 재집권 1년 후, 보수진영에 무장을 호소했다. 그녀는 굳은 딱지나 고여 있는 물 같은 국가를 채찍질하며 앞으로 해야 할 일들을 제시했다. 그 중심에 자유가 있었다. 더 명확히 말하면, 자유, 연대, 정의가 만들어 내는 화음이 있었다. 당시 기민연 신념 십계명에서 뽑은 것처럼 들렸던 이 화음을 그녀는 나중에도 계속해서 반복했다.

메르켈에게는 생애 전체를 걸쳐 자유의 동기가 축적되었다. 기민연 당대표로서 그녀는 독일역사박물관에서 청중에게 강하게 호소했다. "자유 없이는 모든 것이 무의미하기 때문입니다. 자유는 봉사의 기쁨, 자아실현, 획일성 거부, 다양성 인정, 자기 책임을 상징합니다." 그러니까 국내정치가 메르켈은 현대적인 가치관의 코르셋을 기민연에게 입히자고 연설했다. 그녀는 자유가 민주주의와 사회적 시장경제를 낳는다고 보았기 때문에 이렇게 덧붙였다. "연대와 정의를 다시 살리기 위해 우리는 가치관의 순위에서 자유를 가장 으뜸에 두어야 합니다."

메르켈은 2005년 총리 선서를 마친 후 연방의회 연단에서 첫 번째 정부정책보고를 할 때, 다시 한 번 자유를 헤드라인에 올리는 데 성공했다. "더 많은 자유를 단행합시다." 이것은 빌리 브란트Willy Brandt에 대한 경의의 표시이자 연정파트너인 사민당과의 협력을 위한 전술적 발언이었다. '쿼바디스 연설'에서처럼 그녀는 특히 국내정치용으로, 공동체 안에서 개인의 역할, 즉 삶에 대한 자기 책임을 강조하는 데 자유 개념을 이용했다.

메르켈에게 가치관은 매우 개인적인 것이다. 그래서 그녀가 자신의 생애를 공공연히 드러내지 않은 것, 구동독 시절의 과거를 자본으로 삼으려 하지 않았던 것은 그리 놀라운 일이 아니다. 특이하게도 메르켈을 자유의 상징으로 만든 건 외국의 작품이다. 구동독 출신의 신데렐라 이야기를 최초로 듣고 감탄한 미국 대통령 조지 부시의 발명이었다. 그녀의 인생 드라마가 매우 독특하기 때문에 헐리웃 대서사시의 본고장에서 그녀와 그녀 개인의 정치사를 더 쉽게 이해할 수 있었던 것이다.

오바마가 독일 총리에게 미국의 자유메달훈장을 수여한 것은 원자력에너지를 포기한 그녀의 업적 때문이 아니라 그녀의 인생사 때문이었다. 미국인들이 메르켈의 인생사에서 깊은 감명을 받았던 것이다. 그러나 메르켈의 자유에는 명확한 한계가 있다. 그녀는 결코 자유의 아이콘이 되고 싶지 않았다. 아마도 시간이 저절로 그런 이미지를 만들어 냈을 것이다. 메르켈은 이런 자유의 깃발이 자신에게 꽂히지 않도록 신경을 곤두세운다. 그러나 주의 깊은 관찰자만이 이것을 감지할 수 있다. 우크라이나 출신 율리야 티모셴코Yulia Tymoshenko의 딸이 어머니를 돕기 위해 메르켈을 만나고자 한 적이 있다. 메르켈을 자유의 상징으로 이용하고자 했던 것이다. 메르켈은 그것을 알아차리고 만남을 거절했다. 게다가 율리야 티모셴코의 운명과 메르켈의 과거는 별개의 문제였다. 메르켈은 여전히 자유의 수호자이기보다는 총리였다.

특히 외국에서 메르켈은 놀라울 만큼 자유와 연관된 인물이었다. 더욱이 메르켈은 외국에서 어색한 분위기를 부드럽게 할 목적으로 과감하게 자신의 생애를 이용한다. 국가 지도자가 새로이 선출된 어떤 나라에서 그와 개인적으로 관계를 맺고 싶으면 메르켈은 기꺼이 구동독 시절에 대해 이야기하고 그 반응으로 상대의 속내도 듣는다. 그러면서 관계가 돈독해진다.

7년 후 자유라는 주제는 점차 외교정치의 기본적인 주제가 되었다. 그녀는 자유에 대해 언급하기 시작한 초반에, 자유는 인간이 자신의 한계를 스스로 발견할 수 있는 기회가 될 것이라고 말한 적이 있었다. 해석하자면, 젊은 물리학자 앙겔라 메르켈은 자유가 없는 동독체제에서 잠재력을 마음껏 발휘할 기회를 얻지 못했다. 베를린 장벽이 무너지고 나서야 비로소 그녀는 자유롭게 잠재력을 펼칠 수 있게 되었고 결국 독일연방 총리까지 되었다. 이 경험은 오늘날까지 메르켈에게 만족감을 주고, 더 나아가 때로 환희를 안겨 주기도 한다. "자유는 내 평생 가장 행복한 경험이다. 자유만큼 나를 감탄시키고 격려하는 것은 아직 없다. 자유보다 더 강하게 나를 만족시키는 좋은 감정은 없다."

이 경험 안에 세계에 전하는 중요한 메시지가 들어 있다. 자유로운 자아실현이 방해받는 체제는 자유롭지 않을 뿐만 아니라 정의롭지도 못하다. 정의로운 국가 질서에서 개별성은 민주주의의 가장 중요한 원동력이다. 자아를 실현한 사람만이 자유로운 사람이다. 당연히 이 메시지는 기민연의 가치관과도 잘 맞는다. 그러나 지난 총리 임기 동안 기민연은 유로위기에 직면한 유럽세계와 반대 방향으로 후퇴했다. 자유에 대한 그녀의 메시지는 중국, 라틴아메리카, 러시아에도 적용되고, 공동체의 광기 속에서 유럽의 모든 다양성을 죽이는 유럽집행위원회뿐 아니라 규제로 인해 자유와 창의성을 방해받는 부채국가들에게도 적용된다.

메르켈에게 자유는 정치적 도그마가 아니라 개인의 일이다. 그럼에도 그녀는 자유에서 가장 강력하게 세계를 추동하는 힘을 발견한다. 2005년 연방의회선거 직전에 그녀는 자유를 모든 개혁과 국제적 갈등에서 정치적 결정의 중심에 두어야 할 것이라고 말했다. 그리고 나중에는 이렇게 밝혔다. "소련의 도전을 이겨 내고 냉전을 종식시킨 것은 민주주의의 놀라운 승리였습니다. 나는 전 세계의 자유와 인권을 위해 기꺼이 나의 힘을 보탤 것입니다. 우리는 그것을 이룰 수 있는 모든 장비를 가지고 있습니다."

여기서 '우리'는 자유의 가치관을 가진 서방국가이고, '장비'는 계몽주의가 낳은 민주주의, 자유, 자아실현, 개방성이다. 왜냐하면 8년간의 총리직 수행, 여섯 번의 중국여행, 전쟁과 평화를 둘러싼 수많은 갈등, 러시아 대통령과의 격렬한 다툼, 관용에 대한 터키 동료와의 이념 전쟁, 그 외에도 혁명, 압박, 부당함의 모든 결과 이후에 총리에게 확고히 남은 것 하나를 꼽는다면, 그것은 바로 '서방국가를 걱정하는 마음'이기 때문이다.

그녀는 자유주의 체제가 무너질까, 민주주의와 시장경제가 약해질까 걱정한다. 기꺼이 체제를 비교하고 연구했던 메르켈은 이미 명확한 메시지를 갖고 있다. 서방국가는 자유의 내구성 시험을 눈앞에 두고 있다. 서방국가의 가치관이 우위에 있음은 보장되지 않는다. 서방국가는 가치의 전투에서 패할 수도 있다. 한번은 "냉전 종식 이후, 세상의 열린 사회들이 우리가 이해하고 있는 것보다 훨씬 더 위험해졌을까 봐 걱정이 된다"라는 메르켈의 언급이 있기도 했다.

메르켈은 아주 간혹 체제에 대한 염려를 드러낸다. 염려를 정말로 상세하게 언급한 적은 단 한 번도 없다. 통일협정 서명 20주년 연설에서처럼 늘 암시적으로 언급한다. "나는 가끔씩, 이제 우리가 어느 정도 도약에 성공했기 때문에, 우리가 살고 자 하는 삶의 방식에 마비가 오지 않을까, 걱정이 됩니다. 그것 이 마비되는 순간 당연한 결과로 우리의 부와 성공도 마비될 수밖에 없습니다."

또 다른 연설에서는 '붕괴하는 체제를 신속히 감지하는 능력'을 설명했다. 후에 한 인터뷰에서 다음과 같이 밝히기도 했 다. "서로를 속이지 않는 것이 가장 중요합니다. 오늘날의 독일 과 유럽은 저절로 생겨난 것이 아닙니다." 부정어를 빼고 해석 하면 이런 뜻이다. "우리는 양극화되어 서로를 위협하던 세계 에서, 나와 다극多極의 세계로 이동한다. 같은 가치관을 바탕으 로 서로 존중한다면, 세계는 안정될 것이다."

이 문장을 뒤집어 보면, 세계가 현재 거대한 가치관의 갈등 을 맞았고, 우위에 있는 정치체제와 삶의 질서를 둘러싼 논쟁 이 한창이라는 뜻이다. 정치적으로 표현하면 이런 갈등이 매 우 불편해지거나 불안정을 초래할 수 있다. 그 갈등은 물과 원 료의 문제일 수 있고, 영향권일 수 있으며, 무역규칙과 사유재 산일 수도 있다. 결국에는 전쟁일 수도 있다. 가치관의 갈등은 자유로운 체제와 자유롭지 않은 체제 사이의 갈등이 될 것이다. 메르켈에 따르면, "민주주의와 장기적인 부를 보장하는 법적 청구권은 없다." 그렇기 때문에 그것은 언제든 위협받을 수 있다. 역사는 과정이다.

메르켈 총리는 외국 방문 때 종종 공군 에어버스 기내 회의실로 기자들을 부른다. 갈 때 한 번, 올 때 한 번. 늘 자리가 부족하기 때문에 모두들 고정된 테이블 주변에 다리를 굽히고 비좁게 앉는다. 총리도 그 틈에 비집고 앉는다. 자연히 신체 접촉은 피할 수 없다. 후미에 부착한 카메라가 전송하는 영상이 모니터에 뜬다. 발사된 어뢰처럼 구름바다를 뚫고 돌진하는 비행기가 보인다. 저 멀리 아래에 세계가 있다. 매우 철저하게 전략적으로 사고해야 할 시간이다. 메르켈의 팀원들은 이 순간을 잘 안다. 메르켈이 10년 혹은 20년 후의 미래를 미리 내다보는 이 순간을. 그런 다음 그녀가 하는 말들은 대중의 뇌리에 강하게 남는다. 가령 이런 말들이다. "과거와 하나로 연결된 독재 정권 아래서 나는 35년을 살았다. 그래서 그런 일이 다시는 일어나지 않을 거라는 말에 나는 회의적이다."

메르켈은 동유럽의 여러 국가 지도자들과 이런 경험을 공유해 왔으며, 유로위기 때 역시 지치지 않고 유럽연합 정상회담 자리에서 이런 이야기를 반복했다. "나는 체제붕괴가 어떤 것인지 직접 경험했습니다. 그것을 다시 겪고 싶지 않습니다." 메르켈은 자신이 늘 역설했던 서방국가의 모델을 가끔씩 구동독의 시선으로 바라볼 때가 있다. 한번은 이렇게 말한 적이 있다. "시장경제는 스스로 경제와의 전쟁을 선택했다. 그러나 그렇다고 경쟁이 최종적으로 체제를 이기는 것은 아니다."

메르켈은 아시아 국가들의 빠른 성장을 살피고 인구통계를 비교하며 독일과 유럽의 노화곡선을 머릿속에 그려본다. 그녀는 유럽의 부를 최소한 현상유지시키기 위해 달성해야 할 성장 목표를 알고 있다. 그리고 묻는다. "우리는 지구화된 세계에서 버틸 수 있을까? 아니면 부족한 경제성장과 취약한 인구증가에서 드러난 우리의 약점을 감내해야만 할까?" 또한 메르켈은 유럽의 결정 과정을 비판한다. 지구 반대편에서는 성장에 굶주린 독재괴물이 세계를 먹어치울 기세로 달려들고 있는데 유럽은 무책임하게 오랜 시간 자문을 구하고 결정하고 비난하고 다시 처음부터 자문을 구하기만을 반복하고 있다고.

과장일까? 어쩌면 약간은 그럴 수도 있다. 하지만 지정학적 국가 전략가들은 같은 의견이다. 자본주의와 공산주의의 결투 뒤에 올 첫 번째 이념 대결은 개방과 폐쇄, 자유와 독재의 싸움일 것이라고 한다. 메르켈은 이런 말도 했다. "우리는 긴 과도기에 있다고 이해한다. 그러나 20년은 긴 시간이 아니다. 아직 충분한 힘이 길러지지 않았고 이제 막 국가들의 협력 방안이 생겨났다." 어쩌면 이런 말도 했으리라. "나는 민주주의가 승리하기를 바란다."

최근 국가 간의 새로운 갈등이 생기기 시작했다. 예를 들어 국제통화기금(IMF)이 금융 및 통화위기에 있는 회원국에게 안정성을 개선한다는 명목으로 분담금 인상을 요구한다. 에티오피아를 비롯한 여러 국가들은 이 분담금을 내지만 미국은 내지 않는다. 메르켈은 이를 안타까워한다. 서로 부담을 미루고 있다는 것을 알고 있기 때문이다. 언젠가 분담금에 대한 입장이 표결로 드러날 것이고 언젠가는 국제통화기금의 정책에 대해 미국과 다른 결정을 내리게 될 것이다. 중국의 공산당정치국위원회에서 막강한 중국 지도자 여덟 명이 어떤 결정을 내리면, 때때로 메르켈은 기꺼이 귀담아들을 것이다. 또는 아랍의 자문에도 기꺼이 참여할 것이다. 그녀는 이런 사회들이 기능하는 방식에 감탄한다. 확언컨대 그녀는 또한 구동독의 통일사회당정치국으로 돌아가는 시간여행도 마다하지 않을 것이다.

메르켈은 중국이나 다른 개발도상국, 즉 민주주의의 요소가 아직 부족하거나 없는 나라를 방문할 때마다 경고를 남긴다. "잘하고 있습니다. 하지만 사람들은 자유를 원합니다." 그녀의 경험으로 보건대, 자유는 부와 성장에 대한 상이다. 그녀가 생각하듯 좋은 상인 것이다.

2010년 메르켈은 무함마드의 캐리커처를 그린 만화가, 쿠르트 베스터고리Kurt Westergaard에게 언론상을 수여했다. 그녀는 수여식에서 "자유의 비결은 용기"라는 주제로 연설을 했다. 당시 아직은 독일연방대통령이 아니었던, 그러나 자유에 대해 완전히 이해하고 있었던 요아힘 가욱Joachim Gauck이 상장을 전달했다. 메르켈은 연설에서 자유를 정의하는 시도를 했다. 이런 개념은 갑자기 머릿속에 떠올릴 수 있는 것이 아니므로 메르켈은 분명 자유에 대한 확고한 정의를 이미 갖고 있었으리라. 메르켈에 의하면 자유란 우선적으로 책임과 관련이 있다. "한편에 자유의 대상이 있다면 다른 한편에는 자유의 목적이 있습니다. 그러므로 자유에 대해 말할 때는 항상 다른 사람의 자유에 대해서도 말하게 됩니다." 이를 위해 관용이 필요하다. 관용은 메르켈의 가치 순위에서 자유 다음으로 책임과 함께 공동 2위를 차지한다.

메르켈의 가치 원칙에서 볼 때 책임은 특히 정치와 경제 분야에 필수적이다. 정치와 경제는 자유를 경솔하게 다뤄서는 안 된다. 메르켈은 금융위기 때 은행이 자유를 경솔하게 다뤘다고 본다. 은행은 책임감이 없었다. 메르켈은, 국가에 읍소하며 위기 직전까지 막대한 보수를 챙겼던 금융관리자에게 무섭게 화를 냈다. 그녀는 자신의 가치관이 크게 손상되었고 권력이 도전을 받았다고 느꼈다. 그래서 모두에게 서면으로 알렸다. "국가는 사회적 시장경제 질서의 보호자입니다." 메르켈은 국가의 권위가 도전을 받은 기분이었고, 그래서 가치와 질서에 대한 자신의 생각을 재정립하기로 결심했다.

자유와 연결된 세 번째 가치는 용기다. "자유의 비결은 용기입니다." 그녀는 아테네의 전략가이자 정치가의 조상인 페리클레스Perikles의 말을 인용했다. 또는 그녀가 좋아하는 시인 볼프 비어만Wolf Biermann을 인용했다. "용기는 자신의 낙담을 극복하는 데서 시작됩니다. 동독에 살지 않았다 하더라도 우리 모두는 분명히 용기를 갖고 태어났습니다." 솔직발언 동호회가 있다면 메르켈은 분명 그 동호회의 우수회원일 것이다. 모든 결과를 예측하고 모든 대안을 고려한 후 상황이 무르익으면 메르켈은 잔혹한 말로 직구를 던진다.

무함마드 캐리커처 사건은 그녀의 가치관과 보편성을 보여준다. 최후의 승자가 누구인지를 다룬다. 자유로운 사람인가, 아니면 자유롭지 못한 사람인가. 그러므로 그녀는 쿠르트 베스터고리의 언론상 수여식에 참가한 사람들에게 마지막으로 기본적인 메시지 하나를 더 전했다. '이래도 되는 건가?' 하고 속으로 찜찜해할 모두를 위해. "이것은 결코 불경스럽지 않습니다. 자유를 위해 싸우는 사람은 남의 눈치를 보지 않을 것입니다. 어떤 문화적 차이도 자유에 대한 침해를 정당화할 수 없습니다." 메르켈은 염세주의자가 아니다. 비록 가끔은 버겁더라도 그녀는 서방국가와 자신의 가치관을 믿는다. 그녀는 마지막 희망을 이렇게 전했다. "나는 자유로운 사회가 더 창의적이고 장기적으로 지속가능한 해결책을 찾아낼 것을 믿습니다."

유로위기 때 독일연방총리실에 있던 불가리아 총리 보이코 보리소프Bojko Borissow가 통상적으로 하듯 메르켈과 함께 기자회견장에 나타난 적이 있다. 그는 아직 독일연방총리의 의미를 완전히 이해하지 못했던 것 같다. 그는 독일 총리가 방금 전 유로위기의 성격에 대해 강렬하게 말했던 것을 전 세계에 알렸다. "메르켈 총리는 마야문명과 그 외 여러 문명들이 사라졌다는 것을 아주 잘 알고 있었습니다." 그렇다면 유럽이 멸망의 위협을 받는 문명 중 하나란 말인가? 보리소프 총리의 표정은 사뭇 진지했고 메르켈은 살짝 낭패스러워 보였다. 추측컨대 상황의 심각성을 이해시키려다 너무 명확하게 표현했던 것 같다. 그러나 여느 때와 마찬가지로 회견장에는 독일 기자들이 별로 많지 않았고, 그래서 이 역사적인 발표는 더 이상 의미를 갖지 않게 되었다.

5

시간제 협력자
총리와 대연정

위기의 시대는 곧 메르켈 총리의 시대였다.
다방면의 존재론적 위기가 유럽과 독일 정치를 강타하지
않았더라면, 앙겔라 메르켈과 독일은 그렇게 막대한 권력을
누리지 못했을 것이고, 메르켈은 유럽에서 논란의 여지가 없는
지도자로 등장하지 못했을 것이다.

앙겔라 메르켈은 국내정치보다 외교정치를 더 좋아한다. "외교
정치는 내 적성과 잘 맞는다." 메르켈은 독일연방총리로 처음
선출되기 직전에 이런 말을 했고, 오늘날에도 똑같이 말할 것
이다. 그녀는 이 말을 듣고 싶어 하는 모두에게 솔직하게 털어
놓았다. 혹은 살짝 바꿔서 말하기도 했다. "외교정치는 쉽다."

메르켈이 이렇듯 기꺼이 세계를 품은 까닭은 간단하다. 대
부분의 국가 지도자들이 외교정치를 편애한다. 외교정치가 그
들의 가치를 높여 주기 때문이다. 총리가 국가 간의 일을 처리
할 때보다 더 많은 재량권과 자유를 누리고 대중에게 더 깊

이 각인되는 때는 없다. 메르켈은 국내정치에서 걸핏하면 어깃장을 놓는 연정파트너, 제멋대로인 기사연* 그리고 연방의회의 수백 가지 요구를 다뤄야 한다. 내각의 장관들을 고려해야 하고 각 연방 주의 요구를 잊어서는 안 된다. 또한 연방참의원들과 잠시 대화를 해야 할 수도 있다. 게다가 정치적 운신의 폭이 점점 좁아진다. 모든 것이 법으로 정해졌고, 법마저 명확하지 않으면 헌법재판소가 나서서 결정하는 과도하게 규정된 체제 속에서 이 모든 일이 벌어지기 때문이다.

반면 외교정치는 매우 자유롭다. 국가 간의 일이 성황을 이루고, 세계는 반응하고 협력하고자 하며, 혁명과 재난들로 인해 국가 지도자에게 이목이 쏠린다. 그리고 그들은 기꺼이 이 과제를 받아들인다. 지난 10년간 외교정치는 그 가치가 상승했으며, 정치 분야에서 서열 1위를 차지했다. 이제 국가 지도자들이 직접 외교정치를 요리한다. 세계가 한 덩어리로 뭉치고 인터넷이 직접적인 소통을 가능케 한다. 한마디로 지구화되었다. 갑자기 서방국가들이 그루지야에 관심을 갖는다. 파이프라인, 무역로, 러시아와의 관계 등 중요한 것들이 걸려 있고 불안정한 중앙아시아로 가는 전략적 교두보가 달려 있기 때

* 기사연은 기독교사회연합(Christlich-Soziale Union)의 약자로, 기민연과 유사한 정강과 이념을 추구한다.

문이다. 이런 문제들을 더는 외무부 장관 한 사람에게만 맡겨 두지 않는다.

프랑스나 미국의 대통령은 언제나 외교정치의 선장이다. 그들은 국가선박의 조타륜을 직접 잡는다. 독일에는 그들과 견줄 만한 힘을 갖춘 지도자가 지금까지 없었다. 그러나 이제 마침내 등장했다. 독일에서도 모든 카메라가 메르켈 총리를 따라다닌다. 이 정상회담에서 저 정상회담으로 바쁘게 다니고 점점 더 많은 양자회담을 끝내며 점점 더 자주 국가 간 협의에서 앞자리에 앉는 총리에게 관심이 집중되고 있다. 게다가 수많은 유럽연합 정상들이 그녀를 찾아온다. 메르켈 총리는 "유럽 정치는 국내정치다"라고 늘 말하지만, 유럽 정치를 고전적인 외교정치처럼 대하고 수장으로서의 특권으로 여긴다. 정치가 국가 지도자 중심으로, 계급조직처럼, 중앙집권적으로 변하고 있다.

하여 외무부 장관은 그 의미를 잃었다. 세계가 한 덩어리로 뭉치면서 장관들도 분야별로 뭉치게 되었다. 기후문제는 환경부 장관들이 맡고 군사적 개입은 국방부 장관들이, 경제관계는 경제부 장관들이, 세금협정은 재정부 장관들이 맡는다. 외무부 장관들은 더 이상 국제적인 일에 독점적 대리권을 갖지 못한다. 유럽연합에는 각 부 장관회의가 있고 그들은 사소한 일들을 서열에 따라 재빠르게 챙겨 간다. 그리고 그것은 최종적으로 국가 지도자의 책상에 놓인다.

외교정치에 관한 특별한 규정이 없고 연정협의 때도 외교정치에 관해서는 전통적으로 자세히 논의하지 않는다. 그렇기 때문에 식이섬유 부족으로 변비 현상이 있다. 총리의 임무, 총리의 세계관, 독일의 지향점 등 기본적인 것들이 명확히 밝혀지지 않는다. 요슈카 피셔는 외무부 장관이 되기 전에 340쪽에 달하는 책을 통해 자신의 세계관, 독일 외교정치의 지향점 그리고 약간의 아이디어를 소개했다. 프랑스, 영국 혹은 미국에서는 국가 지도자가 명확하게 외교정치의 목표를 밝히는 것이 당연하다. 전략과 전망이 합쳐진다. 미국에서는 정기적으로 국가안전강령으로 이것을 다룬다.

메르켈은 이것을 한 번도 밝힌 적이 없다. 막대한 요구에도 불구하고 그녀는 외교정치의 원칙조차 밝히지 않았다. 비록 메르켈이 자신의 확신과 계획에 대해 많은 연설을 했고 부지런한 사람이라면 이쪽에서 미국과의 외교 조각을 가져오고 저쪽에서 유럽 정치의 조각을 가져와 퍼즐을 맞출 수 있지만, 전체적인 청사진은 없다. 전술적인 이유에서 없을 뿐 아니라 실질적인 이유에서도 없다. 메르켈의 외교정책보좌관인 크리스토프 호이스겐Christoph Heusgen은 미국처럼 국가안전강령을 머릿속에 지니고 있었다. 국방부가 이따금 연방정부와 연방군을 위한 짧은 안전 편람을 백서 형식으로 만들었지만, 그것은 어차피 총리가 아니라 관계부처에서 나온 것이다.

만약 총리가 이런 일들을 스스로 했다면, 그것은 전혀 다른 무게를 가졌을 터다. 그러나 그런 일은 전술적으로 그리고 실질적인 이유에서 일어나지 않았다. 이런 정부 문서들은 연정 파트너는 물론이고 모든 관계부처장관들 그리고 최종적으로는 의회의 승인을 받아야 한다. 이 과정은 수고스러울 뿐 아니라 만족스럽지도 않다. 메르켈은 너무 많은 타협을 해야만 할 것이다. 자연히 메르켈의 강력한 외교정치 작업실은 국내정치, 연정원칙, 연방의회의 공구들 때문에 비좁아질 것이다.

그렇다고 메르켈이 아무 계획도 없이 8층 총리실로 들어왔을 거라는 의미는 아니다. 오히려 정반대다. 메르켈은 늘 독일의 외교적 입장에 몰두했고, 연설할 때마다 외교정치를 언급했으며, 유럽과 세계 어디에서나 '참 잘했어요!' 도장을 모았고, 야당 대표로서 외국을 방문하여 관계를 돈독히 했다. 그리고 마침내 총리가 되었을 때, 처음엔 아무 일도 일어나지 않았다. 2005년 18쪽짜리 첫 번째 정부정책보고에서 외교정책은 15쪽부터 등장했다. 외교정책을 여러 국내정책 말미에 무심하게 붙여 놓았다. 이때 유럽, 미국, 그리고 국제안보기관들에게 전하는 약속을 슬쩍 빼 버린 것에 주목할 필요가 있다. 슈뢰더였다면 더욱 큰 외침으로 귓가에 울렸을 것이다. 메르켈은 짧게 끝냈다. "나는 과거의 전투에 더는 임하지 않는다. 전투는 끝났다."

통속적인 문장이다. 그러나 몇몇 상징적 행동을 더하면 독일 외교정치의 중요한 의미를 되살리기에 충분할 것이다. 슈뢰더는 이라크전쟁과 미국 대통령 조지 부시에 대한 단호하고 확고한 반대로 화를 자처했다. 유럽은 전쟁으로 생긴 상호배척의 그림자에서 아직 완전히 벗어나지 못했다. 그리고 동쪽에는 독일 총리와 스케이트를 함께 탔고 파이프라인 프로젝트에 합의했던 러시아 대통령 블라디미르 푸틴이 있었고, 폴란드는 독일-러시아가 손잡고 새롭게 '컨트롤 알트 딜리트'(Ctrl-Alt-Del)를 누르지 않을까 두려워했다.

메르켈이 몇 주 안에 자신의 생각대로 관계를 정비하기에는 광역 기상상황이 좋지 않았다. 조지 부시가 아슬아슬하게 다시 대통령에 선출되었더라도 의회가 그에게 적대적이었고, 게다가 그의 힘 빠진 외교정책은 대중의 지지를 잃었다. 미국 역사상 그렇게 낮은 지지율로 대통령이 된 사람은 없었다. 부시는 친구들이 급하게 필요했다. 유럽에서 메르켈은 또한 힘이 약해진 두 국가 지도자, 토니 블레어와 자크 시라크를 만났다. 그들의 힘은 한때 메르켈이 넘볼 수 없는 수준이었지만, 토니 블레어는 부시와의 친분 때문에 피해를 입었고 시라크는 대통령 임기 말이었다. 선거 일정뿐 아니라 정치적 사건도 메르켈을 도왔다. 총리 임기 2년째 되는 해에 독일이 중요한 국가정상회의 두 개를 동시에 이끌게 되었다. 산업선진국 8개국이 모이는 G8과 유럽연합이 그것이다. 그녀는 두 회의를 준비해야 했다. 그리고 무엇보다 총리로서 독일의 입장을 오해 없이 명확히 밝혀야 했다.

위치 선점에 있어서는 첫 번째 기회가 언제나 최고의 기회다. 그래서 메르켈은 브뤼셀, 파리, 워싱턴, 모스크바의 취임공식방문을 일종의 작은 시위로 활용했다. 프랑스 사람들은 메르켈이 그녀를 키워 준 헬무트 콜과 달리 삼색기 앞에서 두 번 허리를 굽히지 않은 것과 자신들의 대통령에게 이라크 위기 동안 유럽 정치에 틈이 생긴 것 같다고 정중히 전달하는 것을 보고 놀랐다. 워싱턴에서 메르켈은 미국과의 맹목적인 친분에 대한 모든 선입견들을 몇 마디로 깨 버림으로써 진정한 걸작을 완성했다. 부시를 방문하기 직전에 그녀는 〈슈피겔Spiegel〉과의 인터뷰에서 관타나모•의 폐쇄와 법치국가로의 귀환을 경고했다. 지금까지 어떤 총리도 임기 첫 주에 감히 그런 용기를 내지 못했다. 그리고 그녀가 이런 비판에 대해 힘 빠진 부시에게 미리 알려 두었기 때문에, 더 큰 불쾌감은 생기지 않았다.

그러나 메르켈은 모스크바에서 가장 명확한 신호를 보냈다. 정치적 이유에서 발생한 것이 확실한, 여기자 안나 폴리트콥스

• 관타나모는 쿠바 동부에 있는 도시로, 미국-에스파냐 전쟁 이후 미국의 해군기지가 되었다(1903년). 따라서 쿠바령이지만 현재까지 미국이 주권을 행사하고 있다.

카야Anna Politkowskaja 살인사건*에 대한 신속한 해명을 푸틴에게 요구했고, 같은 날 저녁에 야당 인사들과 정부 비판자들을 만나 보드카와 포도주를 마셨다. 메르켈은 푸틴과 슈뢰더가 과시했던 사나이끼리의 우정을 늘 혐오했다. 그러므로 푸틴이 메르켈의 명확한 톤을 못 듣고 지나칠 수는 없었으리라. 독일 언론은 침이 마르게 칭찬했다. 〈차이트Zeit〉가 '선봉에 선 비판 물결'에 대해 썼고 새로운 운신의 폭을 측량했다. '새로운 자의식을 향한 작은 한걸음'을 이야기했다. 눈여겨볼 만한 진단도 있었다. "그녀의 첫 번째 성공 비결은 슈뢰더다. 그는 지난 2년 동안 독일 외교정치를 죽음의 영역에 가져다 놓았다. 미국과의 관계는 영구적으로 파괴되었고 러시아는 너무 가까워진 나머지 비판이 불가능했다."

〈프랑크푸르터 알게마이네 차이퉁〉은, 메르켈이 백악관에서 스스로를 '헬무트 콜 제자'라고 명확히 밝혔다고 간략하게 보도했다. 저마다 다르게 해석할 여지가 있었지만 기본적으로 신뢰와 전통이 느껴지는 메시지를 전달했다고 보도했다. 〈이코노미스트〉는 취임기념일에 비교적 객관적인 태도로 보도했다.

• 안나 폴리트콥스카야는 러시아의 기자이자 인권운동가였다. 기자 시절, 체첸에서 러시아군에 의한 주민 학살 실태를 고발하는 기사와 당시 대통령이었던 푸틴을 비판하는 썼고, 이 때문에 러시아의 군과 정부로부터 정치적인 협박을 받았다. 그리고 2006년 10월 7일, 폴리트콥스카야는 집을 나서던 중 엘리베이터에서 괴한의 총격을 받아 사망했다.

"월드스타 메르켈. 독일 총리가 세계 무대에서 큰 역할을 맡으려 한다." 그리고 조심스럽게 물었다. "독일이 벌써 그럴 입장이 되었나?"

이때까지 메르켈의 임무는 단지 옛 관계들을 재정립하는 것이었다. 슈뢰더는 혼란에 빠진 세계를 남겨 놓고 물러났다. 그것은 여전히 유럽의 단결을 의무화하고 북대서양조약기구에 단단히 닻을 내린 전후질서의 독일이었을까? 아니면 새 생명을 얻어 깨어난 유럽의 거인이었을까? 어느 쪽이든 메르켈은, 슈뢰더가 강한 사람에게 너무 강한 매력을 느낀다고 여겼다. 메르켈은 예전부터 눈에 잘 띄지 않는 지도자들을 편애했다. 그러므로 그녀는 푸틴과 거리를 두었고, 끝까지 사르코지를 모른 척했으며, 실비오 베를루스코니Silvio Berlusconi●에게 거부감을 느꼈다.

눈여겨볼 것은, 동맹국들과의 다툼을 우려하여 모든 주체성과 비판의 씨앗을 말려 버린 헬무트 콜의 엄격한 전후질서로 메르켈이 국가를 후퇴시키지 않았다는 점이다. 메르켈은 대담함을 보여 주었다. 그녀는 대담하게 외교정치에서 지니는 자신의 고유한 의미를 요구했다. 먼저 그녀는 독일을 대하는 방법

● 이탈리아 최대의 미디어그룹 미디어셋과 프로축구단 AC밀란 등을 거느린 거부로, 이탈리아의 73대, 78대, 80대 총리를 지냈다. 홀로코스트 추모일에 독재자 베니토 무솔리니를 칭송하는 등 파장을 일으켰다.

에서 대담했다. 독일이 국가 간의 게임에 안착하기를 바랐고, 이때 독일의 문제를 독일의 정체성으로 해결하고자 했다. 기민연 당대표를 수락한 직후에 그녀는 말했다. "독일이 정체성을 찾는다면, 그럴 수만 있다면, 그것은 민주주의에 아주 좋은 일일 것입니다. 밖으로 드러나지 않고 속에 감춰진 채 많은 위험한 것들이 자라나고 있습니다. 우리는 역사에 대한 자연스러운 감정을 발전시키고 말해야 할 것입니다. 우리도 독일 국민인 것이 기쁘다고 말할 수 있어야 합니다. 나는 그렇게 말하고 싶어 벌써부터 입이 간지럽습니다."

"우리도 기쁘다"라는 말은 메르켈의 탁월한 어휘선택이었다. 자신을 객관화하는 고백인 것이다. 여기서 메르켈은 '자랑스러움'이라는 단어를 쓰지 않았다.

기민연이 다시 정체성이라는 주제로 괴로워하고 독일이 '주도문화 논쟁'•에 몰두할 때, 메르켈은 〈슈피겔〉과의 인터뷰에서 우아하게 족쇄를 벗었다. 기민연의 보수적 가치에는 아주 불쾌한 일이겠지만 말이다. 그녀는 비난에 응대할 때 애국주의로 반응하지 않았다. "그들은 단지 서독의 관점에서만 생각합

• '주도문화' 개념은 주로 유럽과 비유럽 지역과의 관계에서 유럽의 주도권을 강조하는 맥락에서 사용되었다. 특히 아랍의 이슬람사회를 염두에 두고 유럽의 자유, 인권 등의 사상이 주도해야 한다는 것을 강조하였다. 극우 애국주의적 성향을 갖는 이 개념은 비유럽과 독일 이외의 유럽은 물론, 독일 내에서도 논쟁이 치열했다.

니다. 나는 독일 전체의 관점에서 생각합니다. 구동독 시절 '조국'이라는 발언을 금지당했기 때문에 나는 특별히 그 개념을 깊이 연구했습니다. 그러므로 내가 조국이라는 말을 쓴다면, 그것은 과도하게 높여진 위상의 조국이 아닙니다. 나는 독일이 형편없이 나쁘다거나 군계일학처럼 훌륭하다고 여기지 않습니다. 나는 케밥과 피자를 아주 좋아하고, 거리에서 만나는 이탈리아 사람들이 훨씬 아름답다고 여기며, 스위스의 태양이 더 오래 빛을 비춘다고 생각합니다."

그런 다음 그녀는 과거를 회상하듯 그녀의 고전적인 레퍼토리를 덧붙였다. 19세기에 위그노*들이 누에를 가져왔기 때문에 프로이센이 비로소 거친 천에서 벗어날 수 있었다고. 그러고는 마지막에 진지하게 덧붙였다. "내가 말하는 조국은 세계의 중심에 있는 나라가 아닙니다. 내가 말하는 독일은 독일어를 쓰고 나의 나무가 자라고 나의 호수가 있고 내가 자란 곳을 뜻합니다. 나는 이곳에 사는 게 좋습니다. 나는 독일을 신뢰합니다. 나는 이 나라와 역사를 공유했습니다. 좋은 일도 나쁜 일도 같이." 무장해제한 토착민의 한마디였다.

메르켈의 독일 이해는 그녀가 세계에서 독일의 위치를 어디에 두고자 하는지를 반영한다. 그녀는 독일을 현대적이고 개

● 프랑스 개신교 신자들을 일컫는 말.

방적이며 성숙한 동맹구조에 있는 나라, 자의식을 가지고 고유한 가치와 이익을 추구하는 나라에 두고자 했다. 이것은 한편으로 맘대로 늘어나고 휘는 고전적인 고무줄 원칙처럼 들린다. 그러나 다른 한편으로 세계의 예민한 관찰자들을 안심시켰다. 메르켈은 통일총리 헬무트 콜의 뒤를 이은 겨우 두 번째 총리였다. 콜의 뒤를 바로 이었던 슈뢰더는 독특하게 형성된 외교적 순간에, 세계에서 독일의 위치가 완전히 달라질 수 있다는 신호를 보냈다. 그래서 그 누구도, 강력해진 독일이 어디에 온 힘을 쏟을지 확신할 수 없는 상황이 되었다. 그리고 그 뒤를 이은 메르켈이, 연금정책이나 건강보건체계를 하루아침에 새로 발명할 수 없는 것처럼 외교정치의 기본원칙 역시 무너뜨리지 않을 것임을 명확히 밝혔다.

외교정치에서 메르켈이 가장 중요하게 여기는 기본원칙은 이렇다. 독일은 자신의 문제를 혼자 풀 수 없다. 그래서 독일은 동맹과 연합의 일부가 된다. 유럽과 유럽연합, 미국, 북대서양조약기구, 유엔 헌장의 국제법 준수, 이스라엘에 대한 의무. 이것이 메르켈의 가장 중요한 지향점이다. 그 밖의 다른 모든 것들도 여기서 도출되었다. 프랑스와의 우정, 폴란드의 의미, 유럽의 균형, 유로, 최후통첩으로서 군대투입 준비 등.

2011년 쾨르버재단 기조연설에서 메르켈은 안보정책에 관해 이렇게 말했다. "우리의 외교정치에서 중요한 근본은 미국과의 파트너십과 국제적인 동맹입니다." 메르켈은 마치 순위라도 정해져 있는 것처럼 연설에서 종종 유럽연합보다 미국과의 동맹을 먼저 언급했다. 어쩌면 미국이 유럽과 독일에서 멀어지는 것을 걱정스럽게 보고 있었기 때문일지도 모른다. 이때 메르켈에게는 상호원조협정 혹은 유럽에서의 지위협정(SOFA)은 중요하지 않았다. 미국은 메르켈의 동맹세계에서 중심을 차지한다. 미국은 역사, 문화, 가치를 유럽과 공유하기 때문이다. 가치, 그것이 결국 두 나라를 지탱해 준다. 그리고 미국과 가치동맹을 맺고 있는 메르켈은 어려운 시기가 닥치면 이런 걱정을 할지도 모른다. 미국이 자신의 뿌리를 망각하고, 더 심각하게는 지구화의 힘이 초강대국마저 갉아먹을 수 있음을 이해하지 못한 게 아닐까. 이를테면 초강대국이 갑자기 정신을 차려 후회할수도 있는 것이다. 땅이 넓고 인구가 많더라도 현대화에 힘써야 했고 몇몇 중요한 친구들을 잘 챙겼어야 했다고.

메르켈은 첫 번째 총리 임기 동안 야망에 찬 외교정책을 쫓지 않았다. 기억을 더듬고 행적을 살펴봐도 명확히 인상에 남는 것이 별로 없다. 하일리겐담에서 열린 G8회담 때의 해변? 달라이 라마와의 만남? 유럽헌법조약에 보여 준 열의? 이스라엘 의회 연설? 모두가 정상적이고 일상적인 업무다. 어쩌면 너무나 일상적인.

메르켈의 첫 임기에는 외교정치의 위기가 없었다. 메르켈은 자신의 위치를 정했다. 뒤에서 밀고 중재했다. 메르켈은 중동 지역에서 뜻하지 않게 중재자 역할을 하게 되었다. 팔레스타인 혹은 아랍 측을 등한시하지 않고 예루살렘의 올메르트Olmert 정권 및 레바논의 시니오라Siniora 정권과 좋은 관계를 맺어 두었기 때문이다. 레바논 전쟁 후 유럽연합은 공항에서 쓸 스캐너와 바다정찰에 쓸 선박을 보냈다. 이런 개입이 없었더라면 아마 휴전도 없었을 것이다. 또 유럽연합과 G8회원국이 난데없이 메르켈을 새로운 기후변화정책으로 데려갔다. 메르켈의 홈그라운드인 독일 하일리겐담에서 열린 정상회담에서 미국 대통령 조지 부시가 처음으로 기후문제 '같은 것'이 있고 그것을 '진지하게' 다뤄야 하며 2050년까지 배출량을 반으로 줄여야 한다는 것을 인정했다. 대단한 발전이었다.

임기 말에, 그러니까 연방의회선거 전에 투자회사 리먼 브라더스의 파산이 극적인 해를 만들지 않았더라면, 메르켈의 첫 번째 총리 임기는 평범했다고 평가되었을 것이다. 임기 마지막 한 해는 세계적인 금융체계, 통제, 조정이 모든 외교정책 포럼의 중심주제였고 경기후퇴에 대한 근심으로 다른 모든 정책들이 옆으로 밀쳐졌던 1년이었다. 마침내 2008년 9월의 금융위기가 '세계정치가 메르켈'을 위한 명석을 깔아 주었다. 이 시점부터 경기회복, 은행의 안정, 통화의 생존싸움 그리고 유로위기를 동반하여 나타난 온갖 정치적 배척만이 화두에 올랐다. 리먼 브라더스가 아니었다면 유럽은 극심한 국가부채위기를 겪지 않았을 터다. 그러니까 2008년 가을의 구제정책 드라마는 유럽이 2년 뒤에 겪기 시작한, 메르켈에게 총리직의 주제를 제공했던 통화재난의 서막이었을 뿐이다.

기민연 출신의 두 장관은 메르켈의 외교정치에서 돋보이는 역할을 했다. 토마스 드 메지에르Thomas de Maiziere와 볼프강 쇼이블레가 그들이다. 메르켈의 정치계 첫 상사였던 로타어 드 메지에르의 조카인 토마스 드 메지에르를, 메르켈은 그가 로타어 드 메지에르 총리실의 비서실장으로 있을 때부터 알았다. 그의 조직력과 팀워크 능력에 감명을 받았던 터라 메르켈은 일찍부터 드 메지에르를 총리실 정무장관으로 점찍었다. 하지만 정확히 어떻게 총리실과 정부를 이끌고 유지해야 할까? 선임자 슈뢰더가 남긴 안내서는 없었다. 총리마다 자신의 욕구에 맞게 고유한 방법과 구조를 개발했다. 메르켈은 방법론적으로 접근했다. 우선 영국 총리 토니 블레어에게 전화했고 두 사람은 놀랍게도 가까운 친구처럼 지내게 되었다. 혹시 영국이 약간의 과외공부를 시켜 줄 수 있지 않을까?

블레어가 도와주겠다고 했고, 그래서 드 메지에르가 런던으로 실습여행을 갔다. 그는 2주 동안 블레어의 보좌진과 장관들이 다우닝가에서 일하는 내내 동행하며, 모든 법률제정절차, 소송절차, 공동서명권부여, 비밀경찰통제와 업무원칙 등 모든 것을 배웠다. 그는 누가 어디와 연결되어 있고 어디서 정보를 얻는지, 누가 총리의 최측근인지, 그리고 어떻게 총리의 일정을 효과적으로 진행하고 올바른 자문위원을 곁에 두는지 등의 모든 정보를 수집했다. 드 메지에르의 유학은 성공적이었다. 그는 없어서는 안 될 자문위원이 되었고 오늘날까지도 그렇다. 외교정치에서는 더욱더….

외교정치, 특히 유럽정책에서의 또 다른 버팀목은 볼프강 쇼이블레다. 쇼이블레와 메르켈은 아주 특별한 관계다. 내각에서 지성과 정신적 민첩성의 일인자를 꼽는다면, 단연 총리와 재정부 장관일 것이다. 쇼이블레는 여러 고초를 겪으면서 결코 흔들리지 않는 평정심과 강한 자의식을 발달시켰다. 그는 메르켈도 인정하는 자연스러운 권위를 지녔다. 두 사람의 관계는 '상호 존경'으로 요약할 수 있다. 쇼이블레는 그가 속으로 늘 꿈꿔 왔던 방식으로 일하는 총리를 존경한다. 그리고 메르켈은 쇼이블레의 독립성과 강인함을 존경한다.

두 사람은 유로위기에서 몇 차례 의견을 달리했다. 메르켈은 모든 구제정책에서 국제통화기금의 참여에 의존했고 유럽연합집행위원회를 불신했다. 그러나 쇼이블레는 전략을 짜고 결과를 분석하는 일에 관한 한 언제나 메르켈의 중요한 스파링 파트너였다. 쇼이블레가 위기 첫해에 여러 주 동안 병원에 입원하여 정치적 미래를 크게 걱정했을 때 그들 관계의 강도가 드러났다. 쇼이블레는 사퇴하려 했지만 메르켈이 계속해서 받아들이지 않았다. 메르켈 총리는 급기야 쇼이블레의 아내에게 전화를 하여, 부디 회복에만 신경 쓰고 사퇴할 생각은 접어 두라고 전해 달라는 말을 남겼다. 그는 아내로부터 이 말을 전해 들었을 것이다. 그리고 그는 그대로 했다.

외교정책은 곧 연정의 정책이므로, 메르켈은 외교정치에서 사민당과의 연정 때보다 자민당과의 연정 때 문제가 덜하리라 생각했을 것이다. 무엇보다 외무부 장관의 인격에 달렸지만 또한 연정이 몰두했던 주제도 중요한 구실을 했다. 이론상으로 독일의 전후역사는 견고한 모델을 따랐다. 이를테면 연정에서 다수당이 총리를 세우고 소수당이 외무부 장관을 세웠다. 몇몇 예외가 있긴 하지만 대부분 외무부 장관이 부총리를 겸임했다. 그렇게 기민연은 1982년부터 1996년까지 자민당과의 연정에서 이 모델을 따랐고 그 뒤를 이은 사민당과 녹색당도 이 모델을 유지했다. 그러나 메르켈이 총리가 되었을 때는 달랐다. 사민당 대표였던 프란츠 뮌테페링Franz Muntefering이 노동부 장관과 부총리를 원했다. 이것은 연정에도 이로웠다. 사민당은 연방의회선거에서 아깝게 패했고, 상처입은 자존심을 강한 부총리로 만회하고자 했다. 뮌테페링은 사마리아 사람의 구조 활동을 아주 훌륭하게 해 냈다. 그는 업무에 관한 한 현실주의자였고 거의 싸움을 걸지 않았다.

이런 조합에서 외교정치도 이득을 얻었다. 프랑크발터 슈타인마이어가 사민당을 위해 외무부를 맡았지만 연정 압박에 크게 신경 쓰지 않아도 되었고 사민당의 입장을 무조건 따라야 할 필요는 더더욱 없었다. 그것 말고도 그는 할 일이 많았다. 그는 슈뢰더의 총리비서실장으로 일했다. 총리를 보좌하여 내각을 관장했고 또한 총리실에서 첩보 업무도 맡았기 때문에 그는 외교정치가 전혀 낯설지 않았다. 그는 총리실에서 일한, 경험 많고 노련한 유럽보좌관 라인하르트 질버베르크Reinhard Silberberg를 외무부 차관으로 데려와, 메르켈로 하여금 외교정치 분야에서 좋은 예감을 갖게 했다. 비록 슈뢰더가 독일 외교정책을 뒤흔들어 놓고 물러났지만, 사민당과 기민연은 개별 주제에서 금세 의견일치를 보았다. 의견이 갈린 유일한 예외가 터키 문제였는데, 사민당은 터키의 유럽연합 합류를 서두르고자 했던 반면 기민연은 끝까지 '특권적 파트너십' 모델을 고수했다.

특이하게도, 대연정의 첫 번째 외교적 등장인 유엔총회에 슈타인마이어가 나갔다. 매년 9월 뉴욕에서 열리는 이 큰 모임은 사실 새로 선출된 국가 지도자가 자신을 소개할 수 있는 무대다. 그런데 그 자리에 슈타인마이어가 갔고 새로운 독일 정부를 대표해 연설을 했으며 무엇보다 독일을 믿어도 된다는 일종의 국제적 평화 메시지를 전달했다. 외무부 장관은 연설에서 평화라는 낱말을 열다섯 번이나 했고 독일을 국제조직의 충직한 하인으로 소개했다. 메르켈은 슈타인마이어의 연설이 맘에 들었다.

슈타인마이어와 메르켈의 관계는 무난한 정도였지 진심을 나누는 사이는 아니었다. 메르켈은 슈타인마이어보다 연정파트너인 사민당의 대표 프란츠 뮌테페링에게 더 친근함을 느꼈다. 게다가 슈타인마이어는 슈뢰더의 사람이었다. 지금의 총리에게 무한한 충성을 보일 사람이 아니었다. 그리고 얼마 후 총리의 외교정치에 대한 외무부 장관의 불평이 눈에 띄게 잦아졌다. 심지어 그는 때때로 대연정이 흔들리지 않을 만큼만 노련하게 화약에 불을 붙였다. 그는 메르켈과 거리를 두었는데, 특히 미국 일리노이에서 온 젊은 상원의원이 베를린의 '백악관'인 브란덴부르크 문에서 연설을 하고자 했을 때, 슈타인마이어는 멋진 아이디어라고 생각했다. 그가 보기에 그것은 미국과 독일의 좋은 관계를 드러내는 기회였다. 독일 국민들도 이 아이디어에 환호를 보냈다. 그러나 메르켈은 오바마에게 이용당하는 기분이 들었다. 외국정치가의 선거유세가 독일의 가장 중요한 국가상징 앞에서 열리는 것은 그녀의 가치관에 맞지 않았다.

메르켈 총리가 2007년 9월에 달라이 라마를 총리실에서 맞았을 때, 그녀는 슈타인마이어와 심각하게 충돌했다. 그것은 중국에게 모욕이었다. 중국은 이를 보고 독일이 티베트의 독립운동을 지지한다고 해석했다. 슈타인마이어는 메르켈이 쓸데없이 과한 호의를 보였다고 여겼고, 몇 주 전에 있었던 일도 큰 실수로 생각했다. 몇 주 전 메르켈은 베이징을 방문했고, 예정된 달라이 라마의 방문에 대해 전혀 언급하지 않은 것이다. 나중에 메르켈은, 당시에는 아직 그의 방문이 확정되지 않았다고 주장했다. 외무부 장관은 분노를 참지 못하고 '쇼윈도우 정치'에 대해 강하게 비판했다. 어쩌면 그가 중국으로부터 격렬한 반격을 받았기 때문이리라. 이 일화는 총리와 외무부 장관 사이의 첫 번째 진짜 다툼으로 이어졌다.

슈타인마이어는 메르켈을 공공연히 비판했고 메르켈은 침묵했다. 이번에는 대중이 메르켈의 편이었다. 또한 메르켈은 사민당이 먼저 비판으로 틈을 만들었고 중국이 그 틈으로 쐐기를 박아 넣으려 한다고 생각했다. 반면 슈타인마이어는 자신의 관점을 고수했다. 달라이 라마는 일부러 그렇게 했고 총리실은 그것이 정치적 의미로 남용될 것을 몰랐을 리가 없다고. 슈타인마이어가 보기에 총리의 태도는 압박에 가까웠다는 것이다. 반면 메르켈의 생각은 달랐다. 장소는 부차적인 문제이고 총리실을 선택한 것도 달라이 라마가 아니라 메르켈 자신이었다. 중요한 것은, 달라이 라마가 인권 문제 때문에 의도적으로 초대된 손님이었다는 것이다. 슈타인마이어는 '가치지향적 외교정치'라는 메르켈의 주장을 믿지 않았다. 실리정책에 필요하면 메르켈은 언제든 가치지향을 저버릴 수 있다는 증거가 당시에 이미 충분히 많았다. 슈타인마이어 자신도 총리실에서, 이상주의 외교정책과 현실주의 외교정책 사이의 경사면을 이해하기 위해 실리정책을 많이 썼다.

그 후 2007년 가을에 프란츠 뮌테페링의 뒤를 이어 슈타인마이어가 부총리가 되었을 때, 두 사람의 관계는 정말로 악화되었다. 뮌테페링은 불치병에 걸린 아내를 돌보기 위해 정치계를 떠났다. 슈타인마이어는 다음 연방의회선거에서 총리 후보자가 되기 위해 입지를 잘 다져 둬야 한다고 생각했다. 그리고 뜻한 대로 그는 2008년 9월에 메르켈의 차기 도전자로 결정되었다. 이런 경쟁에도 불구하고 두 사람이 2년 동안 그런대로 정상적인 업무를 지속한 것은 이 기간의 주목할 만한 업적 중 하나다. 두 가지 바탕에서 이것이 가능했는데, 바로 슈타인마이어의 팀과 그의 기본적인 확신 덕택이었다.

슈타인마이어 외무부 장관은 외무부에 최정예 팀을 결성하여 외교정치의 틈새시장을 분석하게 했다. 그는 에너지 안전과 중앙아시아 주제에 강한 관심을 가졌고 새로운 러시아정책을 개발했으며 시리아에서 중동지역 중재자 역할을 열심히 했다. 그의 행보는 자주 총리실과 갈등을 빚었고 그때마다 공공연히 알려졌다. 메르켈과 미국 그리고 미국의 외무부 장관 콘돌리자 라이스Condoleezza Rice는, 시리아 독재자 아사드Assad를 고립에서 빼 내려는 슈타인마이어의 시도를 특히 맘에 들어하지 않았다.

메르켈은 슈타인마이어의 러시아정책에도 불만을 가졌다. 슈타인마이어는 드미트리 메드베데프Dmitri Medwedew가 러시아 대통령으로 선출된 다음날 빌리 브란트 재단 연설에서 새로운 동유럽정책을 발표했다. 그는 대서양 동맹국과 동유럽이 동참하는 '평화질서'를 확립하자고 제안했다. 메드베데프는 몇 달 늦게 이 주제를 다루며 새로운 '유럽의 평화질서'를 제안했다. 당연히 그의 계획에는 여전히 건재하는 북대서양조약기구가 고려되지 않았다. 그런 것이 메르켈의 맘에 들 리가 없었다. 메르켈은 러시아가 제안한 새로운 평화질서를 대서양동맹을 약화시킬 미세한 충돌로, 어쩌면 심지어 대서양동맹을 깨려는 의도로 보았다.

이러한 내용적인 차이가 불화를 낳지 않은 것은 메르켈과 슈타인마이어가 경쟁관계를 공적으로 잘 관리했고 기본적인 내용에서 의견이 일치했기 때문이다. 러시아의 연설과 상관없이, 그들은 세계에서 독일의 역할에 대한 의견이 크게 다르지 않았다. 슈뢰더와 달리 슈타인마이어는 외교정치를 전술적으로 선거에 이용할 사람이 아니었다. 전쟁과 평화 주제가 얼마나 대중을 흥분시키는지 잘 알지만, 그는 로마시대의 호민관이 아니었다.

2009년 연방의회선거 4주 전, 연방군 사령관이 쿤두즈에서 유조차량 두 대에 공습 명령을 내렸을 때, 아프가니스탄이 뜨거운 논쟁 주제로 떠올랐다. 폭격으로 많은 사람이 죽었고 특히 민간인이 많이 죽었다. 연방군 파병의 의미에 대한 토론이 격렬해졌다. 선거에 유리하게 작용할 것임을 알았지만, 슈타인마이어는 파병을 비판하거나 퇴각을 주장하지 않았다. 그는 원내교섭단체와 함께 여러 차례 파병 결정을 이끌었다. 그리고 또한 쿤두즈 폭격을 정당한 것으로 인정했다. 그는 연방의회 선거 패배 후에도 이것을 후회하지 않았고 폭격 때문에 뭇매를 맞고 결국 사퇴해야만 했던 국방부 장관 프란츠 요제프 융 Franz Josef Jung을 전과 똑같이 대했다.

2009년 정권교체는 메르켈이 한숨 돌릴 수 있는 소강상태였다. 아무도 의회 회기가 독일 통일 때처럼 수많은 사건들이 정신없이 터지는 시기이리라 예상하지 않았다. 아무도 유로가 통화로서의 기능을 잃고 붕괴 위협을 받게 되리라 계산하지 않았다. 오히려 유럽 국가들을 더욱 강하게 뭉치게 할 자석이 되리라 믿었다. 그리고 아무도 독일 국내정치에 이런 큰 소동과 혼란이 닥칠 거라 생각하지 않았을 것이다. 연정을 구성한 기민연/기사연과 자민당의 관계가 그토록 거대한 혼란으로 변하리라 예상하지 않았을 것이다.

미리 밝혀 두건대, 위기의 시대는 곧 메르켈 총리의 시대였다. 다방면의 존재론적 위기가 유럽과 독일 정치를 강타하지 않았더라면, 앙겔라 메르켈과 독일은 그렇게 막대한 권력을 누리지 못했을 것이고, 메르켈은 유럽에서 논란의 여지가 없는 지도자로 등장하지 못했을 것이다. 일부러 위기를 맞으려는 정치가는 없다. 위기는 저절로 와서 모든 것을 휘저어 놓고 달력을 지배하고 정치를 마비시킨다. 위기의 리듬을 바꾸고 정치의 박자를 따르게 하는 것이 정치의 목표다. 위기는 메르켈을 강하게 했다.

메르켈의 두 번째 총리 임기의 근본 주제를 꼽는다면, 그것은 아마 위기 극복을 위해 벌이는 숭고하고 필사적인 전투일 것이다. 메르켈에게는 연정 통제력이 걸린 전투이기도 했다. 2009년 10월 기민연-자민당 연정으로 정권이 교체되면서, 서서히 모든 세포조직으로 위기의 독이 퍼져 정치를 심하게 괴롭혔다. 유럽에서 무서운 뉴스들이 꼬리에 꼬리를 물었다. 그리스의 예산 조작, 채무 초과, 그리고 그 당연한 결과로 이어진 지불 불능. 아일랜드와 포르투갈의 국가재정위기. 스페인 그리고 나중에는 이탈리아의 위험신호와 패닉까지. 정부들이 연달아 실각하고, 책임자들이 교체되었다. 그사이 유럽의 국가 지도자들은 수많은 밤샘 회의에서 유로와 유럽의 이익를 유지하기 위해 애를 썼다. 국가적 원한이 들끓었다. 처음에는 산발적으로 그다음에는 그것들이 모여 하나의 현상으로 발전했다.

한쪽에선 메르켈이 히틀러 수염을 달거나 채찍을 들고 있고, 다른 한쪽에서는 섬이라도 팔아야 할 그리스가 게으름을 피운다. 한쪽에선 메르켈이 밤낮 없이 분주하고, 다른 한쪽에선 스페인 투기꾼들이 베를린 부동산을 사냥하기 위해 여전히 힘을 발휘한다.

어떤 전략으로 위기에 맞서야 할까? 더는 유럽만의 문제가 아니었다. 이미 오래전부터 그랬다. 전 세계가 위기의 공범으로 연루되었다. 그리고 모두가 위협하고 구걸하고 두려워하고 분노했다. 오직 하나의 대상에. 바로 베를린 빌리브란트 거리에 있는 연방총리실이다. 그곳 8층에 앙겔라 메르켈이 있었고, 모든 희망과 기대 그리고 문제들마저 그녀에게로 집중되었다. 탄탄한 독일 경제의 도움으로 그녀의 광채는 점점 더 빛나고 커지는 반면, 세계의 문제는 줄어들지 않았다.

2010년 12월 튀니지의 한 멜론 상인이 제멋대로인 국가에 항의하며 분신하면서 아랍의 저항운동이 시작되었다. 처음엔 튀니지와 이집트에서, 그다음 2011년 2월에 리비아가 그 뒤를 따랐다. 국지전이 벌어졌고 독일을 제외한 북대서양조약기구의 개입으로 국지전은 겨우 중지되었다. 유엔안전보장이사회가 비행금지구역 지정에 동의했고 당연한 수순으로 북대서양조약기구가 지휘하는 연합군의 투입에 찬성했다. 그러나 독일은 찬성하지 않았다. 독일은 이 일에서 물러나 있었다. 메르켈과 외무부 장관이자 연정파트너인 귀도 베스터벨레 역시 거부했다. 동맹정치의 재앙이 시작되었다. 독일의 독자노선을 미심쩍게 보는 시선들이 다시 등장했다. 입장이 바뀌긴 했지만 그것은 유엔의 결정에 관여하지 않겠다는 슈뢰더 정신의 부활이었다. 사민당과 녹색당이 분노를 터뜨리며 박애정신에 입각한 개입을 요구하는 동안, 기민연-자민당 연정에는 틈이 생겼고 스스로 선택한 고립에 괴로워했다. 입장이 뒤바뀐 상황이 되었다. 대중은 혼란스러웠다.

외교정치의 특별한 해였던 2011년에는 또 하나의 사건이 있었다. 3월 11일 일본 해안에 지진이 일었고 쓰나미가 육지를 덮쳤으며 자연재해가 핵 재앙으로 발전했다. 후쿠시마 원전 핵반응로 세 개의 냉각시스템 고장, 붕괴과정 생방송, 보이지도 않고 냄새도 나지 않는 방사능 유출. 묵시록적 장면이 8,800킬로미터 떨어진 독일에 공포를 퍼뜨리고 정치의 신속한 결정을 추동했다. 물리학자 메르켈은 원자력의 안전에 대한 믿음을 버리고 핵정책의 방향을 바꾸었다. 그와 동시에 바덴뷔르템베르크주와 다른 곳에서 치러진 중요한 주의회선거에서 패함으로써 힘을 많이 잃게 되었다. 총리실에서는 벌써부터 다음 의회회기에서 총리 불신임을 결의하지 않을지 근심하는 소리가 나왔다.

메르켈의 '아누스 호리빌리스(공포의 해)'는 외교정치의 재난뿐 아니라 연정의 약화에서도 비롯되었다. 유로 및 아랍세계와 함께 기민연-자민당 꿈의 연정이라는 국내정치의 환상도 무너졌다. 연방의회선거에서 귀도 베스터벨레가 14.6퍼센트의 지지를 받아 자민당은 의회에 안착했고, 그로 인해 그는 연정협의 때 자신감에 차 있었다. 귀도 베스터벨레는 전통적으로 자민당에게 배당되는 부총리와 외무부 장관에 만족하지 못했다. 이것은 곧 이은 더 많은 계산착오의 바탕이 되었다. 나중에 이것은 두 정당의 연정이 실패한 원인으로 밝혀졌다. 기민연과 자민당은 서로를 파트너로 기다릴 거라 믿으며 살아 왔다. 헬무트 콜 정부의 종결 이후, 이것은 일종의 정치적 의무로 당연하게 여겨졌다. 자민당이 그렇게 정부의 관례를 깰 거란 예상은 아무도 하지 않았다.

그러나 11년은 아주 긴 시간이었다. 그리고 베스터벨레는 비록 20년이나 자민당 수뇌부에서 일했지만 정부를 이끈 경험은 전혀 없었다. 수천 명의 공무원들과 함께 내각을 이끄는 것은 자민당을 지도하는 것과는 비교할 수 없이 복잡한 일이다. 반면 기민연은 이미 4년 전에 정권을 다시 잡았고, 사민당과의 대연정에서 예상했던 것보다 강한 인상을 남겼다. 또한 메르켈 팀은 내용적인 도약을 이루어 냈다. 외무부 장관인 베스터벨레는 외교정치의 권력이 대부분 총리실에 있다는 사실을 아프게 받아들여야 했다. 게다가 베스트벨레는 야당 활동 당시 외교정치가로서 특별히 이루어 놓은 것이 없었다. 그는 전형적인 문어발식 국내정치가였다. 인정받는 훌륭한 토론자였으며, 날카로운 비판력을 가진 논객이었다. 비록 야당 시절 국제적 접촉에 신경을 썼지만, 공식 외교정치가의 활동에 대해서는 잘 알지 못했다.

어쨌든 기민연의 관점에서 볼 때 연정은 재앙으로 시작되었다. 자신감에 찬 자민당이 구체적인 제안들을 내놓았지만 결코 관철시킬 수 없는 것들이었다. 독일에서 모든 전술적 핵무기를 철수하라고 미국에 요구한 것이 대표적인 사례다. 이것은 비난할 것이 못되고 특히 대중의 인기를 끌었지만, 백악관에서 크렘린궁까지, 북대서양조약기구에서의 독일 안착, 그리고 핵 위협 동참까지 건드리는 막대한 어려움을 야기했다. 한마디로, 서방국가의 안전보장과 핵 균형정책의 핵심부를 흔들어 놓는 일이었다. 핵 건물을 흔들고 심지어 붕괴시킬 생각이었다면, 연정협의 때 보여 주었던 능력보다 훨씬 많은 준비를 했어야 했다. 어쨌든 베스터벨레는 동맹국들 사이에 대혼란을 야기했다. 동맹국들은 이것이 무슨 의미인지 알고자 했다. 외무부 장관이 동맹의 근본을 깨려는 걸까? 총리실은 침묵했다. 결국 이 사건은 베스터벨레가 외교정치의 매트릭스를 총괄하지 못했다는 것만 드러내고 큰 의미를 남기지 못한 채 끝났다.

사실 메르켈과 베스터벨레는 신뢰가 높은 관계였다. 함께 야당 활동을 하는 동안 두 사람의 관계는 베를린의 여느 사무적 관계를 뛰어넘는 친근하고 솔직한 인연으로 발달했다. 두 사람이 함께 호르스트 쾰러Horst Kohler를 연방대통령으로 만들었고 그것으로 사민당-녹색당의 약점을 드러냈다. 둘은 늘 정권탈환을 함께 꿈꿨다. 그러나 이제 꿈이 이루어진 순간에 재앙들이 계속 쌓였다. 첫해의 갈등을 보여 주는 대표적 징후가 바로 국가의 중요한 인물, 즉 연방대통령과의 관계였다.

독일에 국가위기가 닥치기 시작한 날은 2010년 5월 31일이었다. 2월부터 이미 그리스가 유로존에서 큰 문제가 될 것이 명확해졌다. 대략 이 시점에 재정부 장관 볼프강 쇼이블레가 병원에서 가벼운 수술을 받고 회복이 채 되기도 전에 장관직에서 물러났다. 그는 재발과 오랜 휴직으로 여러 달 동안 힘이 약해져 있었다. 그리고 5월 9일 기민연-자민당 주정부가 노르트라인베스트팔렌 주에서 재선에 실패했다. 연방정부와 베스터벨레에게는 충격이 아닐 수 없었다. 게다가 베스터벨레에게는 고향에서의 패배였다. 5월 31일 메르켈이 문자를 받았을 때, 문제는 정점에 이르렀다.

이날 아침 총리는 기민연 수뇌부들과 시간을 보냈고, 오후에는 볼차노에서 훈련 중인 국가대표팀을 방문할 계획이었다. 그때 바우만 비서실장으로부터 문자가 왔다. 좌파당• 원내대표

• 좌파당은 민주사회주의를 표방하면서도 반자본주의와 부의 분배를 강조한다. 기본적으로 유럽 통합을 지향한다.

가 총리와 연방대통령의 입장표명을 요구했다는 내용이었다. 전날 밤에 이스라엘 군이 가자지구 지원선박을 나포했다. 사망자와 부상자가 있었고 좌파당 의원들도 배에 타고 있었으며 그들은 이스라엘에 잡혀 있었다. 메르켈이 답장을 썼다. 기사를 읽었고 쾰러 대통령과 이야기를 나누겠다고.

메르켈은 쾰러 대통령이 가자 문제에 대해 의논하고 싶을 거라고 생각했다. 그러나 30분 후에 메르켈은 바우만 비서실장에게 어두운 음성으로 전화를 걸어야 했다. 쾰러는 가자지구에 관심이 없었다. 그는 사퇴를 원했다. 메르켈은 온몸의 기운이 빠지는 기분이었다. 쾰러는 약 1년 전에 대통령으로 재선되었다. 상황이 간단치 않았다. 쾰러 대통령은 어느 인터뷰에서 "위급할 때는 독일연방군이 독일의 원료공급을 보장해야 할 것"이라는 당연한 말을 했음에도 그것 때문에 압박을 받고 있었다. 이 발언과 비슷한 내용이 연방정부의 백서에 기록되어 있는데도, 쾰러 대통령은 이 때문에 많은 비판을 받았다. 메르켈은 그가 견뎌 낼 거라 생각했다. 그러나 쾰러는 명예가 훼손되었다고 느꼈고 아무에게도 지지받지 못하는 외톨이가 된 기분이었다. 그리고 사퇴 이야기가 나왔다. 첫 번째 통화는 그다지 평화롭지 못했다. 메르켈은 아마 큰 소리를 냈을 것이다. 두 번째 통화가 바로 이어졌고 첫 번째 통화와 별반 다르지 않았다. 쾰러는 오후 2시에 기자회견을 청했지만 베를린 언론은 아무엇도 몰랐고 텔레비전 생방송도 없었다.

　연정은 힘겹게 새 대통령을 찾기 시작했다. 메르켈은 크리스티안 불프를 찾아냈고 자민당을 설득하는 데 성공했다. 그러나 연방대통령은 기민연-자민당의 끊이지 않는 갈등의 상징으로 남게 된다. 불프가 2년도 채 못 되어 사퇴했을 때, 당시 자민당 대표였던 필립 뢰슬러가 갑자기 요아힘 가욱을 차기 대통령으로 추천했다. 메르켈은 당혹스러웠다. 어떻게 뢰슬러가 이럴 수 있단 말인가! 왜 그는 이렇게 했을까?

　요아힘 가욱은 크리스티안 불프와 겨루었던 사민당-녹색당 후보였다. 메르켈은 비록 개인적으로 이 인권운동가를 높이 평가하고 두 사람의 정치적 견해 또한 가까웠지만, 정치에서 당의 규칙은 명확했다. 대통령 문제에 관한 한 후보가 아무리 훌륭한 인물이어도 총리는 결코 반대당에 굴복해선 안 된다. 가욱을 대통령으로 인정하는 것은 그녀 입장에서 체면이 깎이는 일이자 약점을 드러내는 것이었다. 그런데 이제 뢰슬러가 등장하여 메르켈을 기만했다. 사람들은 이것을 자기과시로 해석하고자 했지만, 메르켈은 아무리 생각해도 권력 과시라고 이해할 수가 없었다. 뢰슬러는 큰 이득도 없는 일을 왜 했을까? 금세 다시 창피해질 자기과시를 왜 했을까? 대중은, 작은 연정 파트너인 자민당이 반대당의 후보를 총리에게 강요했고, 이것은 국가를 이끄는 노선이 전혀 없다는 의미라고 평가했다. 메르켈의 기분은 풀리지 않았고 자민당과의 연정에 대한 신뢰도 나아지지 않았다.

자민당과 베스터벨레에 대한 총리실의 첫해 평가는 만장일치였다. 기대에 미치지 못했고 특정 주요 주제에 중점적으로 집중했어야 했는데 그러지 못했다. 오히려 늘 정당과 국가업무에 눌려 있었으며, 조급하고 무계획적으로 보였다. 심지어 유로위기 초기에 약탈자 그리스의 편에 서 있었다(어쩌면 베스터벨레에게도 어려운 시기였던 이때에 황색지 〈빌트 *Bild*〉의 동정을 받는 같은 처지여서 그랬을 것이다). 사람들이 이 일에 관심이나 가질까? 메르켈이 과연 친구를 따로 불러 조언을 해줄까?

전해지기로, 정부를 치유하기 위한 만남은 없었다. 메르켈은 다른 국가 지도자의 근심에 관여하지 않는 평소 태도 그대로 연정파트너의 문제에도 관여하지 않았다. 틀림없이 베스터벨레의 비극을 멀리서 지켜봤을 것이다. 그러나 두 사람의 신뢰 관계는 여전했다. 베스터벨레는 메르켈과 통화할 때 항상 직원들을 모두 밖으로 내보냈다. 메르켈에게 그는 자민당 내부 정보를 제공하는 중요한 정보원이었다. 메르켈은 당대표인 뢰슬러보다 베스터벨레를 더 신뢰했다.

정당의 추락이 베스터벨레에게 휴식기간을 제공했다. 유로위기의 해에 몇 달 동안 외무부 장관과 당대표에게 비판이 쏟아진 후, 당대표에 대한 반란을 야기한 두 사건이 일어났다.

2011년 봄 주의회선거 패배 그리고 리비아 결정이 그것이었다. 유엔안전보장이사회에서 독일 정부는 리비아 상공에 비행금지구역을 설정하는 데 동의하지 않았다. 이것은 북대서양조약기구 동맹국과 뜻을 달리하는 것이었다. 독일은 뒤로 물러나 늘 그랬듯 모든 개입을 회의적으로 보았다. 이것은 러시아와 중국의 입장과 가까웠다.

이 부분에서 메르켈과 베스터벨레는 의견이 일치했다. 독일은 물러나 있어야 했다. 그러나 그들은 독일뿐 아니라 서방동맹에서 일게 될 폭풍을 계산하지 못했다. 베스터벨레는 물러나 있기로 한 결정의 타당성을 계속해서 공식적으로 증명하려 애썼다. 그러나 그럴수록 문제는 더욱 심각해졌다. 반면 메르켈은 침묵했다. 그리고 심지어 메르켈 총리가 문제의 악화를 막았다는 소문이 갑자기 베를린에 퍼졌다. 베스터벨레가 '반대'하자고 했던 것을 그나마 메르켈이 '물러나 있자'고 설득한 덕분에 더 심각한 문제를 막았다는 것이다. 총리실에서 퍼뜨린 소문이 아니었더라도 베스터벨레는 메르켈에게 화가 났다. 그는 혼자 버려진 기분이었고 메르켈에게 기만을 당한 것 같았다.

베스터벨레는 2010년 9월이 떠올랐다. 그때 역시 메르켈이 그의 찐빵에서 앙꼬를 빼앗아 갔다. 당시 독일은 유엔안전보장이사회의 비상임이사국 자격을 두고 경쟁 중이었다. 비상임이사국은 2년마다 선출되는데, 베스터벨레는 연정초기부터 독일의 후보등록을 강력히 주장했고 메르켈은 뒤로 물러나 있었다. 캐나다와 포르투갈도 후보등록을 했던 터라 그녀는 두 국가와의 갈등을 피하고 싶었던 것이다. 그러나 베스터벨레는 주장을 관철시켜 후보등록을 했고 몇 달 동안 저돌적으로 선거전에 임했다. 위험도 불사하며…. 결국 독일은 유엔총회에서 필요한 과반수를 얻었다.

그것은 오롯이 베스터벨레의 승리였다. 그러나 어쩌면 외무부 장관으로서 마지막으로 경험한 개인적인 무거운 패배였으리라. 메르켈은 유엔총회 전날 밤에 이미 뉴욕을 떠나 베를린으로 향했고, 기쁜 소식을 착륙 직전에 전해 들었다. 연방공보처(BPA)가 아침 일찍 카메라 팀을 공항에 보냈고 총리는 에스컬레이터에 서서 승전보를 전했다. 아직 뉴욕에 있었던 베스터벨레는 분통을 터뜨렸다. 총리에게 보내는 감탄이 외무부 장관에게 보내는 감탄을 능가했다. 총리는 성공의 공을 외무부 장관에게 넘기지 않았다. 리비아와 유엔안보리비상임이사국 일화를 베스터벨레의 입장에서 보면, 메르켈은 좋은 것만 취하고 나쁜 것은 그대로 두었던 것이다. 그것은 오래된 상식이었다.

리비아 일화와 재앙에 가까운 주의회선거 패배 후, 자민당은 희생양이 필요했다. 바덴뷔르템베르크에서의 뼈저린 패배 후 얼마 안 있어 베스터벨레가 당대표에서 물러나겠다고 발표했다. 그러나 자민당의 여러 의원이 보기에 그것만으로는 아직 부족했다. 특히 리비아 결정이 이제 베스터벨레에게 문제가 되었다.

필립 뢰슬러가 새로 당대표를 맡았다. 비록 그가 베스터벨레의 부총리 임기 초부터 그와 반목했다 하더라도, 당대표가 되자마자 권위를 주장하기에는 어려움이 있었다. 그는 2011년 8월 말 벤스베르크 슐로스 호텔에서 열린 원내 밀실회의에서 결심했다. 그의 목표는 베스터벨레였다. 자민당에게 새로운 시작의 가능성을 열어 주기 위해 외무부 장관이 장관직도 포기해야 하는 것 아닐까? 권력 욕구를 가진 자민당 의원들이 (그리고 총리도) 베스터벨레를 악용했다. 그러나 결국 베스터벨레가 끝까지 장관직을 유지할 수 있었던 것은 라이너 브뤼델레Rainer Bruderle 원내대표와 메르켈 총리의 개입 덕분이다. 과거 뢰슬러에게 어쩔 수 없이 경제부 장관 자리를 내주어야 했던 브뤼델레는 새 당대표의 승리를 돕고 싶지 않았다. 그리고 메르켈은 베스터벨레가 그렇게까지 추락하는 건 부당하다고 느꼈다.

베스터벨레는 실패 이후의 시간을 회복기로 활용했고 외무부에서는 대대적인 인사이동이 있었다. 확실히 그는 구체적인 일에 집중하고 깊이 있는 내용을 자문해 줄 전문가의 도움을 받기로 결심했던 것 같다. 그는 외무부 차관 두 명을 새로 임명했는데 처음으로 여성차관을 두었다. 정치지도자로서 여러 까다로운 일들을 다뤄 보았던 에밀리 하버Emily Haber는 외교 정치의 영공권을 다시 외무부로 가져올 것이다. 그리고 하랄트 브라운Harald Braun은 경험 많고 노련한 배후실력자이자 조용한 분석가로 통했다. 하랄트 브라운은 총리실 정무장관 로날트 포팔라Rorald Pofalla와 긴밀하게 접촉하며 외교관들을 조종할 것이다.

베스터벨레는 더욱 신중한 태도를 취했다. 그는 연방의회의 토론에 더는 참여하지 않았다. 당대표와 원내대표가 그보다 먼저 발언권을 얻었다. 그리하여 그는 유로위기에 더욱 집중적으로 관심을 갖기 시작했다. 유로위기에 관한 한 더 많은 정보를 갖고 있고 더 큰 관심을 가진 것처럼 보였다. 총리실은 언짢아했겠지만, 그는 유럽 다른 나라의 외무부 장관 열 명을 차례대로 불러 자문을 들었고 미래의 유럽연합 구조와 업무방식에 대해 토론했다. 총리실은 외무부 장관이 어째서 10개국과만 대화하고 나머지 유럽연합 국가들을 배제했는지 납득할 수 없었다. 그로 인해 독일에 대한 선입견이 커졌고 배제된 국가들이 분노했기 때문이다.

반면 베스터벨레는 미래의 유럽연합이 무엇보다 다양한 이익집단의 조직이어야 한다는 신호를 보내고자 했다. 몇몇은 앞서갈 테고 아마도 몇몇은 뒤처질 터였다. 베스터벨레는 차분하게 첫 2년 동안의 실수를 인정할 만큼 내공이 쌓였다. 그는 자신이 계속 추진할 수 있는 주제를 알아보는 좋은 감각을 발달시켰다. 레드카펫은 의미를 잃었고 외무부 장관은 더 겸손해졌다. 유로위기는 더욱 심해졌고, 기쁨보다는 부담이었다.

총리실은 유로위기의 이런 변화를 집중적으로 추격했다. 연정 문제가 2년 동안 외교정치에도 피해를 주었다. 그리고 놀라운 동맹을 이끌었다. 총리실과 외무부는 손실을 상쇄하기 위해 끈끈하게 뭉쳤다. 전통적인 경쟁이 사라졌다. 특히 메르켈의 외교정치 보좌관 크리스토프 호이스겐과 외무부의 강철 여인 에밀리 하버, 이 두 사람은 격식 없이 편하게 지내는 사이다. 오래전부터 알고 지낸 사이로 서로의 업무를 존중하고 평소 적어도 하루에 한 번은 전화통화를 한다.

독일 고위공직자가 유럽연합의 외교정치부에서 유럽의 외교정치를 담당하는 것은 큰 도움이 된다. 헬가 슈미트Helga Schmid는 캐서린 애슈턴Catherine Ashton 사무총장을 돕는 부사무총장이다. 그녀는 이란 회담 때, 우크라이나 혹은 벨로루시 같은 까다로운 이웃을 접촉할 때, 또는 중동지역에서 중재할 때 유럽을 대표했다. 메르켈의 두 번째 총리 임기 말에 크리스토프 호이스겐, 헬가 슈미트, 에밀리 하버, 이 세 사람이 권력 삼총사였다. 외교정치에서 가장 중요한 세 기관의 대표가 이들처럼 조화롭게 합심하는 것은 흔한 일이 아니다.

이런 상태에서 가장 이득을 본 사람은 분명 크리스토프 호이스겐이었다. 처음부터 메르켈과 함께했던 그는 그사이 많은 경험을 쌓았다. 그는 때때로 자신을 늘 그 자리에 서 있는 오래된 가구로 소개했다. 이것은 교묘한 말재간이다. 게다가 호이스겐은 가장 유명한 상황에서 '서 있지' 않고 '앉아 있었다.' 캠프 데이비드에서 열린 G8회담에서 그는 회의실에 혼자 웅크리고 앉아 있었고, 그의 뒤에는 미국 대통령, 프랑스 대통령, 영국과 독일 총리가 앉아 있었다. 메르켈은 찡그린 표정을, 캐머런Cameron과 오바마는 환호하는 표정을, 올랑드는 알 수 없는 표정을 지었다. 그리고 호이스겐의 얼굴에는 텅 빈 놀람이 서려 있었다. 이들은 축구를 관람했다. 바이에른 뮌헨이 전설적인 챔피언스 리그 결승전에서 첼시에게 승부차기로 패배했다. 바이에른 뮌헨의 열성팬인 호이스겐에게 이날은 분명 총리실에서 맞은 가장 끔찍한 날이었으리라.

호이스겐은 총리가 기꺼이 곁에 두는 보좌관의 모범 사례다. 그는 눈에 잘 띄지 않고 성급하게 나서지 않으며 평소 출퇴근도 자전거로 한다. 그는 자신과 비슷한 지위의 동료들이 파리나 워싱턴에서 배워 온 오만함에 결코 물들지 않았다. 1955년에 태어나 노이스에서 자란 그는 오늘날에도 여전히 '노이스 친구'들과의 약속을 정치적 약속보다 우선시한다. 그는 라인 지역 특유의 발랄함을 지녔고 동시에 스위스의 상트 갈렌 대학에서 익혔을 조용한 부지런함도 갖췄다. 그가 유럽연합 외무안보정책 고위대표인 하비에르 솔라나Javier Solana의 정치참모로 있을 때, 메르켈이 그에게 관심을 갖게 되었다. 이 기간에 호이스겐이 이룬 가장 높은 공로들이 〈유럽연합 안보전략〉이라는 얇은 소책자로 정리되었다. 그가 직접 기록하고 요약한 것이다. 그렇기 때문에 그는 분명 독일어판을 갖고 있을 것이다.

2005년 선거 직후에 메르켈이 호이스겐에게 베를린으로 와줄 것을 청했다. 둘은 여러 시간 이야기했고 둘 사이에 내용적으로 많은 부분이 일치한다는 것을 확인했다. 메르켈은 그를 드레스덴으로 보내 토마스 드 메지에르 정무장관을 만나게 했고, 메지에르는 호이스겐의 상사가 되었다. 두 사람 사이에 화학작용이 일었다. 메르켈은 총리실 입성 첫날의 일정을 호이스겐에게 짜게 했다. 호이스겐은 외교정치의 우선순위를 명확히 하는 차원에서 하루 동안 파리, 브뤼셀, 바르샤바를 방문할 것을 제안했다. 시간적으로 바르샤바까지는 갈 수 없었지만 나머지는 계획대로 진행되었다. 총리실에서 특별한 의미를 갖는 호이스겐의 이력이 그렇게 시작되었다. 어느 누구도 메르켈 가까이에서 그렇게 오래 견디지 못했다. 물론 베아테 바우만 비서실장은 빼고.

호이스겐은 외교정책 보좌관이자 기획자다. 그는 총리를 위해 자료를 준비하고 분석하며, 여행 및 방문을 계획한다. 그리고 아프가니스탄, 북대서양조약기구, 중국, 러시아와 관련된 정책들을 만든다. 그의 정책은 섬세하고 직설적이며 충직하다. 총리의 외국 방문 때마다 동행했고 비행기에선 메르켈 옆에 앉아 이야기하고 의논하고 토론했다. 한번은 초창기에 그가 신문 인터뷰에서 독일이 유엔안전보장이사회의 상임이사국이 될 전망에 대해 회의적으로 표현한 적이 있었다. 슈타인마이어 외무부 장관은 이에 크게 분노했다. 공무원은 인터뷰를 해선 안 된다고, 그것은 정치가의 권리라고. 호이스겐은 이 교훈을 마음에 새겼다. 대중 앞에 공공연히 나서지 않으면 수명이 길어진다.

그러나 유로위기가 시작된 후로 호이스겐은 수명이 얼마 남지 않았음을 알게 되었다. 비록 스태프들이 서로 밀접하게 협력했고 호이스겐이 여러 유럽이사회에 함께했더라도, 유럽은 이제 그의 담당이 아니었다. 총리실에 유럽 전담부서가 생겼다. 유럽 이외의 세계는 의미를 잃고 총리의 일정표에서 사라져 버렸다. 유럽 이외의 세계가 호이스겐 담당이었다. 총리와 전화통화, 대화, 방문 등을 요청하는 국가 지도자들과 약속을 잡아야 했다. 이때 그는 총리의 힘이 커지고 있음을 새삼 느낄 수 있었다. 시간이 부족해졌고 관심도 여럿으로 쪼개졌다. 베를린을 방문하는 외무부 장관들은 기꺼이 총리실의 외교정치 담당관과도 약속을 잡았다. 그것은 특별한 일이었고 외무부는 눈을 크게 뜨고 복장 규칙을 살폈다. 그러나 이제 그것도 바뀌었다. 장관은 약해지고 총리는 점점 강해졌다. 전 세계가 그것을 알았다.

이런 변화에 정치도 반응해야 할까? 권력 무게가 아직은 괜찮은가? 2002년 선거전 때 이미 기민연은 미국처럼 국가안전보장회의를 도입해야 하지 않을까 토론한 바 있다. 국가안전보장회의는 대통령 직속기관으로서 이른바 두 번째 외무부이고 국가안전보장자문위원장은 강력한 힘을 갖는다. 독일에서는 2005년 기민연의 선거 승리 이후에도 이 제도는 도입되지 않았다. 연정 압박과 당 사이의 균형 그리고 장관들의 질투가 이것을 반대했다. 메르켈은 이 까다로운 주제를 더는 쫓지 않았다. 그러나 총리실에 외교정치를 담당하는 탄력적인 조직이 구성되었다. 차관급 회의가 정기적으로 열렸다. 매달 아프가니스탄 회의가 열렸고, 외무부 차관과 국방부 차관이 함께하는 안보정책정기회의가 있고, 정보기관장들이 총리비서실장과 회의를 하는 소위 ND모임이 있으며, 특히 무기수출결정을 내리는 연방안전보장이사회의 비밀회의가 있다. 그리고 호이스겐이 이 모든 회의의 준비위원장이다.

6
평화의 꿈
그리움의 땅 미국

"유럽과 미국을 묶어 주고 지탱시켜 주는 것은
공통된 가치기반입니다. 그것은 바로 인간관, 양도할 수 없는
인간의 존엄성 그리고 책임 있는 자유입니다."

앙겔라 메르켈에게 미국은 두 나라다. 사적인 미국과 공적인
미국. 공적인 미국은 총리로서 만나는 미국이다. 대통령, 국가
지도자, 거물 정치가들과 함께 화상회의에서 만나는 미국이다.
공적인 미국은 총리의 정치 풍경 뒤에 거석처럼 서 있고 그녀
의 이념적 지도에 단단히 고정되어 있다. 가치, 신념, 전략 등
모든 것이 정치적 미국과 관련되어 있다. 그러나 공적인 미국
은 때때로 앙겔라 메르켈에게 낯설게 느껴지기도 한다. 메르켈
은 총리를 오래 하면 할수록 그 원인에 대해 더욱 고심하게 된
다. 메르켈의 공적인 미국은 제 기능을 하지 못하는 미국의 국

내정치, 속을 알 수 없는 오바마 대통령 그리고 날로 의심스러워지는 자기인식능력으로 특징지어져 있다.

반면, 사적인 미국은 감동을 주는 꿈과 이상의 나라다. 앙겔라 메르켈은 청소년 시절에 이 나라를 그리움의 땅이자 자유와 자아실현의 장소로 만났다. 당시에 그녀는 60세가 되면 꼭 미국에 갈 거라 결심했다. 구동독은 60세가 넘어 연금을 수령하는 여자들에게 서방국가로의 여행을 허락했기 때문이다. 그러나 앙겔라 메르켈은 36세에 벌써 그 그리움의 땅을 여행했다. 1990년 여름, 장벽이 열린 지 채 1년이 안 되었을 때, 그녀는 요아힘 자우어와 함께 로스앤젤레스로 가는 비행기에 올랐다.

그녀의 두 번째 남편 요아힘 자우어는 이 시기에 큰 특권을 누렸다. 그는 학자로서 여행허가를 받아 장벽이 무너지기 1년 전에 벌써 서방국가에 갈 수 있었던 것이다. 대중 앞에 나서길 꺼리는 그가 아마도 평생 유일하게 했을 훔볼트 재단 기관지 인터뷰에서 이렇게 말했다. "오래도록 기다려 온 일이었습니다." 장벽이 무너질 때 그는 칼스루에에서 국가지원 학자로 일하고 있었다. 그곳에서 그는 미국 학자들을 만났고 소프트웨어 테크놀로지 기업 BIOSYM의 기술 부소장으로 2년간 샌디에이고에서 일할 것을 제안받았다. 그는 1990년 초에 캘리포니아의 새 직장에서 일을 시작했고 여름이 되자 앙겔라 메르켈에게 태평양을 보여 주고 싶었다.

거의 20년이 지난 2009년 11월 3일, 미국의원총회에서 연설을 할 때 메르켈은 처음으로 이때 이야기를 했다. 독일 총리중에 미국 상하원의원들이 모두 모인 의원총회에서 연설을 한 사람은 메르켈 외에 단 한 명뿐이었다. 1957년에 연설한 콘라트 아데나워Konrad Adenauer였다. 당시 앙겔라 메르켈은 이제 막 뛰기 시작한 세 살짜리 꼬마였다. 어렸을 때 그녀는 영화와 책, 그리고 때때로 서독에 사는 친척이 템플린의 목사관으로 보내준 자료들에서 미국을 보았다. 이때부터 미국에 대한 그리움이 피어났다. 수십 년 후에 그녀는 마침내 의원총회에서 평소 보기 드문 들뜬 모습으로 자신의 그리움에 대해 이야기했다.

"나는 왜 미국에 감탄했을까요? 나는 아메리칸 드림에 감탄했습니다. 모든 것이 가능한 곳, 성공이 있는 곳, 자신의 노력으로 뭔가를 이룰 수 있는 곳!" 메르켈은 긴장한 목소리로 말했다. "많은 십대들이 그렇듯, 나 역시 서독에 사는 친척이 정기적으로 보내 주었던, 동독에서는 구할 수 없는 특정 브랜드의 청바지에 열광했습니다. 나는 미국의 넓은 땅을, 자유의 정신과 독립성을 동경했습니다. 1990년이 되자마자 남편과 나는 평생 처음으로 미국 캘리포니아를 여행했습니다. 태평양을 처음 본 순간을 결코 잊을 수가 없습니다. 장엄 그 자체였습니다."

장엄! 일요일에 대서양을 건너는 긴 여행 끝에 펼쳐진 풍경의 인상이었다. 메르켈과 자우어는 로스앤젤레스에서 샌디에이고로 가는 비행기로 갈아탔다. 남쪽으로 향하는 비행기에서 드넓게 펼쳐진 태평양을 내다보았다. 메르켈은 태평양 건너편에 있을 아시아를 상상했다. 그들은 도착하자마자 해변으로 향했다.

오늘날에도 앙겔라 메르켈은 여전히 캘리포니아에서 휴가를 보내고 싶을 것이다. 하지만 휴가기간을 연장하거나 베를린과의 거리를 두는 것은 불가능하다. 총리실에서 캘리포니아까지 비행기로 아홉 시간이다. 언제든 연락이 가능해야 하는 국가 지도자에게는 쉽지 않은 일이다. 그럼에도 평소 총리생활가운데 그녀는 자주 미국을 그리워한다. 메르켈은 위르겐 클린스만을 좋아한다. 어쩌면 그녀의 꿈의 나라에 살고 있고 게다가 최근 캘리포니아로 이사를 갔기 때문일지도 모른다. 또한 클린스만은 그녀처럼 외부에서 온 사람이다. 남자답게 실패를 허용하는 사람, 첫 번째 도전에서 실패했더라도 두 번째 도전을 단행하는 사람, 메르켈은 그런 사람에게서 캘리포니아를 연상한다.

메르켈은 총리생활에서도 이런 사람을 가까이한다. 베를린을 방문하면 곧장 총리관저 8층으로 가는 미국인이 놀라울 정도로 많다. 메르켈의 직원들은 총리의 일정표를 비워 두어도 좋은 사람이 누구인지 잘 안다. 뉴욕에서 온 외교정치의 현인, 헨리 키신저Henry Kissinger. 그는 한 시간 이상 머물지 않는다. 길어야 30분이면 충분하다. 그 외에 콘돌리자 라이스, 힐러리 클린턴, 로버트 키미트Robert Kimmitt 등이 있다. 키미트는 사려 깊은 사람으로 메르켈이 처음 장관직을 시작했을 때 재서독 미국 대사였다. 당시 키미트는 동독에서 온 여자의 일생에 매혹되어 메르켈을 만나고 싶어 했다. 사실 메르켈을 만나려는 대사는 당시 그리 많지 않았다. 그래서 메르켈은 크게 감동했다. 그녀는 오늘날까지도 키미트와 사적인 관계를 유지하고 있다.

힐러리 클린턴과 콘돌리자 라이스. 이 두 외무부 장관에게서도 메르켈은 감동을 받았다. 사실 국가 지도자가 외무부 장관을 영접하는 일은 없다. 그러나 힐러리 클린턴과 콘돌리자 라이스는 예외다. 메르켈은 험한 워싱턴 정치세계에서 스스로를 관철시킨 강인한 두 여성을 높이 평가한다. 그녀는 힐러리 클린턴에게 언제나 친근감을 느낀다. 비록 공공연하게 표현하진 않았지만, 아마 2008년에 힐러리 클린턴이 대통령 후보가 되기를 빌었을 것이다. 콘돌리자 라이스의 경우는 정치 이전에 학술적으로 인연이 있었다. 라이스는 정치계에 입문하기 전에 정치학 교수로서 스탠포드 대학에서 강의를 했고 러시아와 동독 전문가였다. 그녀는 1995년에 독일 통일과 유럽에서의 독일 권력 확장에 관한 인상 깊은 책을 썼고 그것은 오늘날까지 기본서로 인정받고 있다. 메르켈과 마찬가지로 라이스 역시 러시아어를 잘한다. 이것이 두 사람을 묶어 주고 있다.

메르켈은 신중하면서도 전술적이며 논리적 주장의 격렬한 논쟁이 통하는 미국의 정치 스타일에 매료되었다. 미국은 사회복지정책 면에서 독일이나 유럽의 표준과는 비교도 안 될 만큼 보수적인 나라다. 메르켈은 미국의 정치가 독일에 비해 상당히 오른쪽으로 쏠려 있음을 잘 알고 있다. 그녀는 미국을 닮으려 하지 않는다. 그럼에도 미국 정치에서 만나는 주장의 명확성과 논쟁의 날카로움에 놀란다. 예를 들어 독특한 대통령 후보제도, 적나라한 과격성으로 사회의 기본상식에 이의를 제기하는 티파티운동*, 혹은 국가보조정책의 목적과 의미가 뒤로 밀쳐지는 방식 등이 그것이다. 그래서 그녀는 스스로에게 묻곤 한다. 국가가 정말로 연금에 관여해야 할까? 아픈 사람들을 돌봐야 하는 것이 과연 정부의 과제일까? 국민 한 사람에게 요구할 수 있는 개인 책임은 어디까지일까? 국가를 필요로 하는 조직은 얼마나 될까? 국가가 견딜 수 있는 불공정의 한계는 어디일까?

메르켈은 체제 비교를 좋아한다. 그녀의 머릿속에는 이미

---

* Tea Party movement, 2009년 미국의 여러 길거리 시위에서 시작된 보수주의 정치 운동.

비교 기준이 있다. 그들은 어떻게 하고, 우리는 어떻게 하는가? 우리는 무엇을 배울 수 있는가? 우리는 무엇을 더 잘하는가? 미국은 이런 호기심을 조롱하듯 메르켈을 혼란스럽게 했다. 미국은 언뜻 보기에 유럽 국가들과 매우 비슷한 데다, 유럽의 옛 역사와 문화가 주입된 것처럼 보인다. 그러나 유럽 사람들은 곧 깊은 절망에 빠질 수 있다. 미국도 매우 무자비하고 급진적일 수 있기 때문이다.

메르켈도 옛날, 그러니까 서독 텔레비전으로만 미국을 보았을 때 그리고 학자로서 초강대국의 군비 확장 도박에 관심을 갖던 때 이미 유럽 사람들의 이런 전형적인 미국에 대한 이해 과정을 모두 거쳤다. 당시 미하일 고르바초프와 로널드 레이건이 아이슬란드에서 군비 축소 회담을 시작했을 때, 미국에 대한 그녀의 믿음이 심각하게 흔들리기도 했다. 레이건은 1986년 10월 고르바초프가 레이캬비크에서 제안한 전략적 핵무기의 대대적인 축소를 거절했다. 그는 고르바초프가 요구한 대로 우주의 미사일 방어막을 포기하지 않으려 했다. 아이슬란드의 하얀 통나무집에서 열린 회담은 결과 없이 끝이 났다. 이렇다 할 선언조차 없었다. 레이건은 인색하고 갈등을 선호하는 사람처럼 비쳤다. 화해할 일생일대의 기회를 그가 망친 걸까? 냉전의 새로운 공포기간이 시작된 걸까?

동베를린의 정당분석가들은 재빨리 국가 정상들의 의향을

간파했다. 구동독의 통일사회당은 고르바초프의 정책이 늘 너무 부드럽다고 분석했고, 메르켈이 근무하던 연구소까지 그 분석이 퍼져 이제 가장 심각한 상황, 즉 전쟁까지 예상하기에 이르렀다. 앙겔라 메르켈은 미국과 레이건에 대한 믿음이 흔들렸다. 그러나 흔들린 순간은 몇 시간뿐이었다. 저녁에 요아힘 자우어가 다시 서방국가에 대한 믿음을 돌려 주었다. 학자로서 미국에서 많은 시간을 보냈던 자우어는 오늘날까지도 미국에 대한 메르켈의 믿음을 북돋아 주는 가장 중요한 원천이다.

미국으로의 공적인 접근은 1991년 9월 헬무트 콜 총리가 대표단을 이끌고 전설적인 엿새를 위해(오늘날에도 외국여행은 1주일을 넘기지 않는다) 미국으로 출발했을 때 시작되었다. 콜은 캘리포니아로 먼저 간 다음 나중에 워싱턴으로 갔다. 대표단에는 여성청소년부 장관 메르켈도 있었다. 콜은 메르켈을 자신이 발굴한 통일의 인재로 그리고 정치적 양녀로 미국에 소개하고자 했다. 또한 앙겔라 메르켈에게 뭔가 좋은 일을 해주고 싶었다. 그러니까 그녀에게 미국을 보여 주고 싶었던 것이다. 이렇듯 콜은 맘만 먹으면 상당히 자상할 수 있었다. 하지만 대표단에 합류했던 사람들의 증언에 따르면, 메르켈은 콜의 이런 보호자 노릇을 부담스러워했고, 의전에 따라 앞줄에 서는 것이 당연했음에도 메르켈은 콜의 아내 한넬로레Hannelore와 비서실장 율리아네 베버Juliane Weber에 의해 억지로 떠밀려 앞줄에 섰다고 한다. 콜의 대원들은 심지어 젊은 여성장관의 단정한 옷차림까지 신경 써 주었다.

헬무트 콜은 미국 국립공원에서 메르켈에게 자연의 기적을 보여 주려다 모욕을 당했다. '콜의 소녀'가 이미 남편과 와 봐서 이곳을 잘 알고 있다고 무덤덤하게 대꾸했던 것이다. 콜은 메르켈의 이런 직설적인 표현을 버릇없다고 보았다. 또한 보호를 받는 사람이 그렇게 주체적인 것도 맘에 들지 않았고 보호자인 자신도 모르는 사이에 미국을 다녀갔다는 것도 언짢았다. 아무튼 메르켈은 콜 덕분에 레이건을 만났다. 레이건은 그녀가 구동독 시절부터 그의 명확함과 강직함 때문에 존경해 왔던 인물이다. 하지만 그녀가 직접 만난 당시에는 알츠하이머를 앓고 있었다. 이 만남은 산타바바라에 있는 레이건의 농장에서 이루어졌고 그 자리에는 낸시 레이건Nancy Reagan도 함께 했다.

오늘날 메르켈은 청소년 시절의 정치영웅에 대해 별로 언급하지 않는다. 레이건의 이미지는 예전의 바르샤바 동맹에서 보여 주었던 감탄을 자아내는 명확성이나 날카로움과는 더 이상 맞지 않았다. 메르켈 역시 냉전시대 당시의 레이건을 더 신뢰했을 것이다. 그러나 그녀는 늘 그렇듯이 특정 정치인의 상속 라인에 줄 서기를 거부했다.

콜과 달리 메르켈은 미국을 자신들이 감사해야 할 나라로 보지 않았다. 콜이 생각하는 미국은 미개한 나치로부터의 해방과 워싱턴의 독일 통일 지지가 그 중심에 있다. 그는 늘 이것에 대해 감사를 표했다. 그러나 메르켈이 쓰는 감사라는 표현은 마치 국제적 관용구를 의무감으로 덧붙인 것처럼 들린다. 그녀는 감사보다는 우정이라는 말을 즐겨 사용했다. 메르켈이 워싱턴을 방문할 때마다 미국 대통령과의 관계는 좋은지, 독일 및 유럽인으로서 뭔가를 제공해야 하는 것은 아닌지, 새로운 동맹관계에서 미국이 이미 돌아선 것은 아닌지 등의 근심스러운 질문들이 그녀에게 쏟아졌는데, 메르켈은 이것을 몹시 불쾌해했다. 메르켈이 보기에 이런 질문들은 자의식과 주체성의 부족에서 비롯된 것이었다. 메르켈이 말하는 우정이란 눈높이를 맞춘 동등한 위치에서의 만남이다.

그러나 메르켈이 이런 자의식을 처음부터 가졌던 것은 아니다. 그녀는 피나는 노력을 했다. 메르켈에게 정치적인 미국의 이미지는 구체적인 사건을 통해 만들어졌다. 냉전, 체제경쟁, 비자유와 자유의 전투가 그것이다. 그녀에게 자유는 미국을 의미했다. 든든한 미국 덕분에 결국 그녀 역시 자유를 얻었다. 메르켈의 정치적 미국은 독립선언서와 헌법에 명시된 것처럼 서방국가의 가치를 품고 있다. 그녀는 로마의 카피톨리노 언덕에서 말했다. "유럽과 미국을 묶어 주고 지탱시켜 주는 것은 공통된 가치기반입니다. 그것은 바로 인간관, 양도할 수 없는 인간의 존엄성 그리고 책임 있는 자유입니다."

책임 있는 자유. 그것은 같은 눈높이를 암시하는 총리의 암호다. 너는 나의 파트너이고 나 역시 너의 파트너다. 그러므로 너도 나도 그에 맞게 행동한다. 조금 더 강력하게 표현하자면, 국제관계는 독일 외교정치의 핵심요소다. 조지 부시가 오든 오바마가 오든 달라지는 것은 없다. 어떤 대통령도 관계를 악화시킬 만큼 나쁘지 않다. 메르켈에게 미국은 유럽연합과 이스라엘처럼 독일 외교정치의 근본에 속한다. 메르켈은 때때로 '국가이성'에 대해 언급하는데, 특히 이스라엘과 관련되었을 때 자주 언급한다. 그러나 의미는 언제나 같다. 독일의 정치는 유럽연합, 이스라엘, 미국에 반해서는 안 된다.

바로 이 때문에 앙겔라 메르켈은 2003년에 가장 큰 위기에 처했다. 이라크전쟁 직전에 슈뢰더 총리가 앞장서고 독일국민 과반수가 그 뒤를 따라 미국 대통령 조지 부시를 사탄의 세계적인 대리자로 낙인찍으려 했을 때, 메르켈은 반대편에 섰고 독일 외교정치는 크게 흔들렸다. 2002년 여름부터 2003년 3월 20일 이라크전쟁이 발발할 때까지 유례없는 외교정책 갈등이 빚어졌다.

뉴욕 고층빌딩과 워싱턴 국방부에 대한 테러가 있은 지 9개월이 지난 2002년 초봄에는 부시 정부가 아프가니스탄에서 탈레반을 추방하려는 것 이상의 목적을 가졌을 가능성이 기정사실처럼 퍼졌다. 미국의 힘을 과시할 뿐 아니라 9.11 테러에 대한 복수일 거라는 의견이 많았다. 2002년 독일연방의회 선거 때 슈뢰더 총리는 발빠르게 외교정책을 선거운동의 중심에 두었다. 그는 8월 5일에 하노버의 오펜플라츠에서 유세를 시작했다. 사회복지정책, 교육정책 그리고 국내정치개혁에 대해 연설한 다음, 청중을 놀라게 한 외교정책을 발표했다. 슈뢰더는 세계를 위협하는 새로운 테러 위험에 대해 덧붙였다. "장담하건대, 우리는 연대할 준비가 되어 있지만 내가 총리로 있는 한 결코 모험에 합류하진 않을 것입니다."

모험. 그것은 조지 부시와 이라크 침공에 대한 소문을 겨냥한 것이었다. 청중은 열광적인 호응을 보냈고 슈뢰더는 선거전에 쓸 좋은 무기를 발견했다고 해석했다. "나는 전쟁놀이나 군사적 개입을 경계할 것입니다." 슈뢰더는 이어서 다시 한 번 자신의 공약을 변형된 버전으로 선언했고 청중의 박수갈채에 매혹되었다. "그것은 우리와 상관없는 일이어야 합니다."

기민연과 기사연 그리고 두 정당의 공동후보자 에드문트 슈토이버는 슈뢰더의 이런 공약에 속수무책으로 당했다. 메르켈의 주변사람들은 오늘날에도 여전히 그때를 회상하며 말한다. 슈뢰더가 영리하게 스포츠적 관점으로 접근하여 독일 국민들의 감성을 자극했던 반면 슈토이버는 정치적으로만 접근하여 선거전에서 인기 없는 주제만 다룰 수밖에 없었다고…. 그래서 슈토이버는 오데르강 홍수에 대한 잘못된 대처와 더불어 결국 선거에서 패배했다고⋯. 기민연 당대표 메르켈 역시 미국과 유럽에 결코 맞서지 않겠다는 신념 때문에 공격을 받았다. 바로 그 신념이 슈뢰더가 말한 '모험'과 연결되기 때문이었다. 유럽이 분열되었다. 갑자기 축을 중심으로 하는 권력 혹은 프랄리넨 권력이 생겨났다. 5개국 회담과 10개국 회담이 열렸다. 그중에는 미국과 명확한 경계를 두는 국가들이 있었고, 사담 후세인Saddam Hussein에게 가하는 군사적 압박에 찬성하거나 적어도 전술적 관점에서 미국과의 관계 악화를 막으려는 국가들도 있었다.

메르켈은 신중한 쪽에 속했다. 그녀는 무슨 수를 써서라도 미국과의 갈등을 피하면서 유럽의 단결을 유지하고자 했다. 나중에 한 인터뷰에서 밝힌 바에 따르면, 메르켈은 유럽의 단결력으로 2003년 봄의 침공을 막거나, 적어도 진군을 반 년 정도 미루려 애썼다. 어쩌면 그 기간에 무력을 쓰지 않고도 사담 후세인을 몰아 낼 수 있었을지도 모른다. 메르켈이 더욱 중요하게 여겼던 것은 두 번째 주장이다. 그녀는 미국이 모호한 주장으로 이라크의 대량학살무기 보유를 증명하고자 한 까닭을 이해할 수 없었다. 유엔안전보장이사회에서 밝힌 미 외무부 장관 콜린 파월Colin Powell의 보고를 있는 그대로 믿을 수 없었다. 파월은 기이한 프레젠테이션을 통해 사담 후세인에게 이동

가능한 화학무기가 있다고 덮어씌운 것이다.

메르켈이 보기에, 앞으로 벌어질 일들이 불 보듯 뻔했다. 국제연합은 이라크에 반대하는 스무 개 가까운 결의안을 발표했다. 그러나 사담 후세인은 국제사회의 뜻을 강력히 거부했다. 그렇기 때문에 유엔은 권위를 지키기 위해 무력을 써서라도 결의안을 관철시키는 것에 정당성을 부여했으리라. "이라크전쟁이 발발하기 전 얼마 동안 몹시 괴로웠어요. 독재자가 어떤 생각을 하고 어떤 식으로 인상을 남길지 알고 있었기 때문이죠." 저널리스트 후고 뮐러포그와의 인터뷰에서 메르켈이 한 말이다. "그리고 그때 대부분의 정치가들이 얼마나 우스운 꼴이 되었는지 눈 뜨고 봐 줄 수가 없었죠. 17개 유엔 결의안이 아무 효력도 발휘하지 못했죠. 그런 다음 최종 결정이 내려졌고 우리는 기한을 합의할 처지도 못 되었어요. 독일연방총리가 어느 시장광장에서, 유엔이 어떤 결정을 내리든 동참하지 않겠노라고 선언해 버렸거든요. 결국 그것이 최후의 선택이 되었던 거죠."

2002년 가을과 2003년 봄 몇 주간은 메르켈의 외교정치 집중기간이었다. 메르켈은 연방의회선거 패배 이후 프리드리히 메르츠에게서 원내대표직을 빼앗고 다음 선거에서는 자신이 총리 후보로 나서겠다는 뜻을 일찍부터 드러냈다. 메르켈은 지금까지 메르츠와 헤센 주지사 롤란트 코흐Roland Koch의 인맥이었던 당내 보수파들의 지지도 필요했고 외교정치의 프로필도 만들어야 했다. 자신의 세계관을 권하려는 여러 전문가들이 금세 메르켈 주변으로 몰려들었다. 원내 외교부 대변인 프리드베르트 플뤼거는 이라크의 대량학살무기 보유에 대한 주제에서 훌륭한 검투사 역할을 했다. 그는 또한 3월 워싱턴 방문 때 메르켈을 수행하기도 했다. 3월 워싱턴 방문은 2월의 신문기사로 그녀의 가치가 다시 한 번 되새겨진, 중요한 여행이었다.

긴장과 초조함으로 점철된 몇 주가 지나갔다. 유엔안전보장이사회는 온통 이라크 문제에 사로잡혔고, 군대가 집합했으며 전쟁의 위험이 높아졌고 분위기는 점점 더 격앙되었다. 당시 외무부 장관이었던 요슈카 피셔는 크리스마스 직후에 〈슈피겔〉과의 인터뷰에서 이렇게 밝혔다. 만약 유엔안전보장이사회가 전쟁에 동의한다면, 이라크 간섭에 대한 독일의 동의도 가능할 것이라고. 이 발언으로 피셔는 명확하게 슈뢰더 총리의 반대노선에 섰다. 사민당-녹색당 연정에 무거운 갈등이 확산되었다. 당연히 슈뢰더 총리는 외무부 장관의 반항에 꿈쩍도 하지 않았다. 총리의 결심은 확고했다. 그는 1월 21일 니더작센 주의원 선거 때 고슬라 시장광장에서 명확한 답을 전했다. 설령 유엔이 동의한다 해도 독일의 개입은 없을 것이라고 말이다.

슈뢰더의 선언은 동맹국들에게 충격을 주었다. 도대체 지금 독일은 어느 편인가? 타고난 냉소주의자로 통하는 미 국방부 장관 도널드 럼즈펠드Donald Rumsfeld가 구유럽과 신유럽을 조롱했다. 피셔는 2월 뮌헨 안보회의에서 럼즈펠드의 면전에다 "이 보시오, 미스터 럼즈펠드! 우리는 확신이 서지 않는단 말이오"라고 일갈함으로써 구유럽의 분노를 표출했다.

독일 정부는 확신할 수 없었다. 유럽에서 확신이 있는 정부는 극소수였다. 그러나 메르켈은 이 전쟁으로 인해 국제적 분열과 유럽의 손실이 생겨서는 안 된다고 확신했다. 이에 대한 메르켈의 대답이 2월 20일 〈워싱턴 포스트Washington Post〉 39면에 실렸다. 하필이면 〈워싱턴 포스트〉에 말이다. 다시 신문에 실린 것이다. 앙겔라 메르켈이 특정한 목표를 위해 용기를 내는 일은 드물다. 그녀는 자발적으로 위험을 무릅쓰지 않는다. 그때까지 총 두세 번 정도 과감한 결정으로 주목을 끈 적은 있었다. 그녀는 환경부 장관 시절 핵폐기물 용기를 실은 열차의 종착역인 고어레벤에 간 적이 있었다. 현장의 거센 시위를 회상하면, 분명 위험한 외출이었다. 1999년에는 크리스마스 때 〈프랑크푸르터 알게마이네 차이퉁〉에 기민연의 가장이었던 헬무트 콜에게 보내는 고별 편지를 발표했다. 비자금 스캔들로 흠씬 두들겨 맞아 정당이 비틀거리던 참이었다. 그렇게 메르켈은 당대표를 향한 결정적인 한걸음을 떼었다.

"우리는 앞으로 어떻게 될지 잘 모릅니다. 그러니 직접 겪을 수밖에 없습니다." 메르켈은 한치 앞을 내다볼 수 없는 위험한 상황을 함께 이겨 내자고 당내 동료들에게 말했다. 2003년 2월 20일 〈워싱턴 포스트〉가 독일 야당대표의 방문인터뷰를 실었을 때도 마찬가지였다. "슈뢰더가 모든 독일인을 대표하진 않는다"가 기사 제목이었다. 메르켈은 신문기사를 통해 슈뢰더 총리의 이라크 정책과 정반대의 의견을 피력했다. 모국의 정부를 외국에서, 특히 신문을 통해 공격해선 안 된다는 것은 불문율에 속했다. 그것은 비굴해 보일 뿐 아니라 더 나아가 비겁해 보이기까지 한다. 메르켈은 신문기사에서 슈뢰더의 선거 전술적 술책을 비난했다. 또한 새롭게 유럽연합에 가입한 동유럽 회원국이 미국과의 파트너십을 선언했다는 이유만으로 공격을 가한 프랑스 정부를 비판했다. 그리하여 그녀는 역사에서 홀로 고립되는 독일 외교정책의 악몽을 다시 한 번 불러일으켰다.

야당대표였던 메르켈은 두려웠다. 독일이 서방국가의 가치동맹에서 쫓겨날 수도 있었고 장기적으로는 어쩌면 슈뢰더 때문에 제2차 세계대전 이후 독일 재건 및 서방국가동맹 합류를 도와준 미국과의 관계가 깨질 수도 있었다. 역사에서 이미 자주 독일을 고립시키고 결국에는 멸망에 이르게 했던 독이 다시 퍼질지 모를 일이었다.

기사에는 메르켈의 본심이 잘 드러나 있었다. 그녀는 슈뢰더를 괴롭힐 맘이 없었다. 그저 미국 신문의 도움을 받아 독일의 동맹능력에 대한 의심을 떨쳐 버리려 했을 뿐이다. 메르켈은 절교를 두려워했다. 그녀는 자신의 외교정책 신념을 포기하고 싶지 않았다.

지금의 메르켈 총리의 위상으로 보면 한마디로 포기할 필요가 없었다. 기사의 도움 따위도 필요하지 않았을 것이다. 야당대표로서 메르켈은 연설이나 연방의회에서 자신의 입장을 이미 명확히 밝혔다. 그것이면 충분했을 것이다. 그러나 어쩌면 〈워싱턴 포스트〉 기사는 그녀의 야당생활 중에서 가장 자율적인 외교정치적 발언이었을지도 모른다. 그녀는 그에 합당한 거센 비판을 받았다. 무엇보다 몇 년 사이에 앙겔라 메르켈에게 신뢰할 만한 국제주의자요 공손한 동맹자라는 이미지가 심겼다. 라이프치히 전당대회에서 사회복지정책과 경제정책을 위해 마련한 내용이 신문기사에서는 외교정책으로 보도되었다. 앙겔라 메르켈은 당내에서의 자기주장, 슈뢰더 총리에 대한 분노 그리고 가치기반의 붕괴를 우려하는 마음이 한데 뭉쳐져 약간의 용기를 냈던 것이다. 그녀에게 갑자기 국제주의자, 보수주의자, 그리고 전쟁에 동참할 준비가 되어 있는 여성정치가라는 외교정치 프로필이 생겼다. 그녀는 교황이냐 미국이냐 사이에서 결정을 내려야만 했으리라. 그녀는 날카로운 언변을 가진 원내동료 페터 가우바일러Peter Gauweiler를 전면에 세웠다. 교회냐 전쟁이냐의 문제 사이에는 이념적 입장을 내세울 공간이 거의 없었다. 메르켈은 미국을 선택했고, 그리하여 그녀를 비판하는 사람들 눈에는 전쟁을 선택한 것처럼 보였다. 그녀는 총리가 되어 이런 외교정치 이미지를 몸소 수정했다.

이 시기에 조지 부시 미국 대통령을 경멸하기란 어렵지 않았다. 격렬한 법적 공방 이후 대법원이 플로리다 주의 수 개표를 중지하고 공화당 후보의 미합중국 대통령선거 승리를 인정한 덕분에 부시는 2000년에 대통령 업무를 시작할 수 있었다. 부시는 법원의 힘으로 자리를 차지한 대통령이 되었다. 자유주의적인 서유럽은 분노로 반응했다. 도덕적 승리자는 앨 고어 Al Gore였다. 미국 전 대통령이자 독일 통일 때 헬무트 콜의 동맹자였던 조지 허버트 워커 부시George Herbert Walker Bush의 아들에 불과한 텍사스 출신의 멍청한 지방정치가가 아니었다.

조지 부시가 대통령으로서 입지를 다지기까지는 꽤 오랜 시간이 걸렸다. 그리고 알카에다 테러 비행기가 쌍둥이 빌딩으로 날아들었고 전쟁이 시작되었다. 2005년 앙겔라 메르켈이 총리 후보를 준비하고 있을 때, 부시는 막 재선에 성공하여 아프가니스탄과 이라크에서 저항하는 사람들을 죽였다. 아부 그라이브의 고문스캔들과 CIA 납치사건에 세계는 분노했다. 관타나모 전쟁포로수용소는 법치국가의 모든 규범을 어겼다. 신보수주의자들의 가치가 높아지면서, 미국은 독일인들에게 매우 낯선 존재가 되었다. 예상대로 슈뢰더 정부는 워싱턴과 최악의 관계가 되었다.

앙겔라 메르켈은 2005년 선거전에서 외교정치와 거리를 두었다. 독일은 슈뢰더의 '아젠다 2010'과 사회복지개혁을 토론했다. 당연히 사민당-녹색당 연정도 선거전에서 외교정치에 관심을 두지 않았다. 아프가니스탄 파병 결정으로 연정은 이미 많은 힘과 신뢰를 잃은 상태였다. 그 후 4년이 지났는데도 아무도 이 전쟁을 똑바로 쳐다보려 하지 않았다. 메르켈 역시 이라크 주제를 피했고, 연방의회선거 때마다 후보자가 워싱턴을 방문하는 의례적인 행사도 하지 않았다. 동맹과의 연대 이미지로 외교정치의 지속성과 신의를 전달해야 했다. 그러나 이번에는 워싱턴 방문을 포기하는 게 좋을 듯했다. 그래서 메르켈 대신 원내 외교정치의 귀족인 볼프강 쇼이블레가 갔다.

2005년 11월, 메르켈은 마침내 총리실에 입성했다. 그녀의 이름이 적힌 임명장이 책상 옆 사물함 위에 놓였고, 독일 국민들은 새 여성총리의 능숙한 외교정치에 놀랐다. 특히 조지 부시와의 관계에서 메르켈은 상대의 힘을 자신에게 유리하게 이용하는 유인술을 보여 주었다. 미국의 공격점은 관타나모였다. 워싱턴으로 취임기념방문을 가기 며칠 전에 메르켈은 〈슈피겔〉과 인터뷰를 했다. 자신이 부시와 거리를 두고 있으며 그에 대해 비판적이라는 평판을 듣는 데는 한마디면 충분했다. "관타나모 같은 기관은 장기적으로 존재할 수 없고 존재해서도 안 됩니다. 포로들에 대한 다른 수단과 방법이 고안되어야 합니다."

그것이 전부였다. 그러나 갑자기 동의의 합창이 울려 퍼졌다.

과감함이 큰 황홀감을 가져왔다. 기민연도 덩달아 거침없는 비판에 동참했고 메르켈이 올바른 전략을 제시했다. 반테러 전투는 지지하되 부시 정부의 전투 방식은 거부한 것이다. 함정이 하나 남아 있었다. 바로 관타나모였다. 독일 정부가 독일 국민들을 그런 부정한 시스템에 버려 두는 한, 관타나모 비판은 전혀 신빙성이 없을 터였다. 총리실 정무장관 토마스 드 메지에르가 재빨리 브레멘에 사는 독일계 터키인 무라트 쿠르나츠 Murat Kurnaz의 소송을 진행했다. 쿠르나츠는 2002년부터 관타나모 포로수용소에 잡혀 있었다. 조사위원회 두 곳에서 사건을 조사했고 수없이 많은 법정소송이 있은 후 그는 4년 반의 수용소 생활을 마치고 다시 독일로 돌아왔다.

메르켈은 부시를 비판함으로써 활동공간을 확보했다. 대통령과 특히 국방부 장관 콘돌리자 라이스를 중심으로 한 외교정책팀 그리고 국가안보보좌관 스티븐 해들리Stephen Hadley는 독일과 다시 좋은 관계를 맺는 일에 관심이 높았다. 메르켈이 고립된 워싱턴에 새로운 출발의 기회를 제공했다. 그 대신 백악관은 관타나모 비판을 받아들여야 했다. 메르켈은 그녀의 흥미로운 일생을 잘 활용했다. 부시에게는 동독 출신 여인의 자유에 대한 욕구가 특히나 필요했다. 비록 신빙성은 떨어지지만 여하튼 부시는 아랍세계에서 자유와 민주주의의 대리인이 되고자 했고 메르켈의 일생은 그의 의제와 잘 맞아떨어졌다. 또한 메르켈의 입장에서는 슈뢰더와 다른 사람이 되는 것만으로 충분했다.

메르켈의 총리 선임자인 슈뢰더는 외교정치의 방향을 잘못 잡았다. 그는 프랑스와 너무 가까이 지냈고 유럽연합에 관심을 두지 않았으며 터키의 유럽연합 가입을 지지했고 블라디미르 푸틴과 스스럼없는 친구로 지냈다. 그렇게 자기 자신을 구석으로 몰아가 옴짝달싹 못하는 지경에까지 이르렀다. 반면 메르켈은 자유로웠다. 게다가 그녀는 조건을 제시하거나 비판할 수 있었다. 완전히 새로운 외교정치의 가능성이 저절로 열린 것이다. 이 과정에서 사민당은 메르켈과 함께했고 대연정의 성공을 갈망했다. 사민당은 슈뢰더를 배제시키고자 했다. 슈뢰더의 "일그러진 침묵"을 야유했던 〈차이트〉는 새로운 외교정치에 대해 "고집 없는 해방이 진짜 자유를 만든다"고 썼다. 메르켈은 그렇게 좋은 타이밍을 유리하게 이용했고 올바른 직관을 보여 주었다.

이때 앙겔라 메르켈과 조지 부시가 사적으로 서로 잘 통했던 것이 크게 도움이 되었다. 부시를 직접 겪어 보면, 전쟁광, 멍청이, 신앙심 깊은 '꼴통보수'라는 정치적 이미지 너머에 사교적이고 유머러스하며 다정한 남자가 존재한다는 것을 알게 된다. 부시는 뼛속까지 스스럼없는 좋은 고향친구 스타일이다.

이야기 나누고 장난치기를 좋아하는 유쾌한 남자다. 메르켈의 측근들은 부시를 편안하고 소탈하며 다정한 남자라고 말한다. 그는 메르켈을 결코 속이지 않았다.

부시는 개방성과 명랑함에서 메르켈과 똑같다. 그녀는 일부러 찡그린 표정을 지어 주변사람들을 유쾌하게 할 줄 안다. 부시는 틀림없이 메르켈에게 아무리 긴장되는 진지한 자리라도 사적인 순간이 있을 수 있음을 매우 일찍부터 보여 주었을 것이다. 뭐든 겪어 봐야 아는 법이다. 메르켈과 부시가 기록원과 보좌관 없이 처음으로 둘만 남았을 때, 그들 사이에 우정과 친근함이 생겼다. 우리는 세계 정상에 있다. 이곳에는 우리 둘밖에 없다. 메르켈과 부시 사이에는 금세 화학작용이 일어났다. 둘은 서로를 맘에 들어했다. 부시는 메르켈의 어깨에 손을 올린 적이 있다. 그녀가 썩 좋아하지 않는 제스처이긴 하다. 하일리겐담에서 열린 G8정상회담 때 부시가 메르켈의 목을 마사지하려 했고 메르켈이 살짝 아양을 떨듯 놀란 척하며 거절했던 일은 전설이 되었다.

우크라이나와 그루지야의 북대서양조약기구 가입 같은 주제로 두 사람이 격렬하게 충돌할 때조차 부시는 내용적인 차이를 노련하게 옆으로 밀쳐 냈다. 메르켈은 2008년 북대서양조약기구 정상회담 기간 동안 루마니아 수도 부쿠레슈티의 화려한 차우셰스쿠 궁전에서 부시의 가장 강력한 반대자로 변신했다. 부시 대통령은 공직을 마무리하면서 동맹 가입 전단계로 소위 '멤버십 액션 플랜'을 통해 북대서양조약기구 가입희망자 그루지야와 우크라이나에게 가입 가능성을 선물하고자 했다. 메르켈은 이에 반대했다. 메르켈이 준비모임에서 유보의 뜻을 여러 번 전달했음에도 부시는 메르켈의 확고한 의지를 무시하고 그것을 본회의 주제로 상정했다.

정부 대표들이 그렇게 막무가내로 충돌하는 일은 아주 드물다. 일반적으로 정상회담이 시작되기 전에 미리 계획과 자료들을 합의하고 발표 방식을 설계한다. 몇몇 세부사항들이 부결될 수는 있지만 급작스런 변화가 있어서는 안 되기 때문이다. 그러나 이제 근본적인 갈등이 불붙었다. 러시아와 공공연히 대치하고 있으며 결코 안정적이지 않은 두 국가에 북대서양조약기구가 손을 내밀어야 하는 것일까? 러시아 대통령 푸틴은 부시의 '멤버십 액션 플랜'에 불쾌감을 드러냈지만, 부시는 이에 아랑곳하지 않고 자신의 계획을 관철시키고자 했다. 그러자 메르켈이 거부했다. 북대서양조약기구는 만장일치를 원칙으로 하기 때문에 정회停會가 불가피해졌다. 각국의 지도자들은 어찌할 바를 모르고 회의장 복도에 모여 있었다. 삼삼오오 모여 회담의 실패를 점쳤다. 부시는 메르켈에게 당당하고 솔직한 사람이라며 "높이 평가하고 존경"한다고 말했고, 푸틴은 이번 행동을 결코 잊지 않겠다며 이례적으로 감사를 표했다.

메르켈과 부시는 '사적'이라고 기록될 만한 만남을 두 번 가졌다. 2006년 메르켈이 먼저 그녀의 선거구로 부시를 초대했다. 메르켈의 워싱턴 방문 때 부시가 그녀의 구동독 시절의 과거에 많은 관심을 보이자 메르켈이 트린빌러스하겐으로 부시를 초대한 것이다. 주민이 700명인 작은 마을에 메뚜기 떼가 몰려온 것처럼 이 마을은 국제적으로 떠들썩한 자리가 되었다. 마을 주민 올라프 미헬Olaf Micheel이 소박하게 멧돼지, 사슴, 오리 그릴파티를 준비했다. 그것은 평범함과 안정감의 상징이었다. 그렇게 30명가량의 사적인 손님이 메클렌부르크포어포메른 주의 전원 풍경을 즐기기 위해 구동독 시절의 농업협동조합 '로테스 반너' 근처로 모였다.

부시는 시골의 고된 노동과 농장에 대한 열정 때문에 '잡초'라는 별명을 가지고 있었다. 그는 전기톱으로 농장의 덤불을 제거하는 일을 제일 좋아한다고 자주 말하곤 했다. 그렇기 때문에 부시가 메르켈을 텍사스의 개인 농장으로 초대한 것은 타당해 보였다. 부시에게는 텍사스 농장으로 초대하는 것이 가장 큰 존경의 표시였다. 대통령 임기 동안 부시는 두 명의 왕, 한 명의 왕자, 그리고 대통령, 총리 등 총 17명의 외국지도자들을 텍사스 농장으로 초대하여 존경을 표했다. 그러거나 말거나 메르켈은 부시의 존경의 표시에 큰 의미를 두지 않았다. 베를린 박물관 섬에 있는 페르가몬 박물관 맞은편에 위치한 메르켈의 집은 어떤 방문객도 들이지 않는다. 이곳은 절대적으로 사적인 장소다. 우커마르크에 있는 그녀의 주말별장도 마찬가지인데, 가장 가까이서 일하는 사람들조차 단 한 번도 들어가 보지 못했다. 사르코지는 그의 아내 카를라 브루니 Carla Bruni의 파리 도시주택으로 초대했을 것이고, 고든 브라운 Gordon Brown은 주말별장저택으로, 원자바오 Wen Jiabao는 관저 깊숙한 곳으로 초대했을 테지만, 메르켈은 사적인 공간을 사적인 장소로 유지했다.

2007년 11월에 처음 텍사스로 초대되었을 때 메르켈은 일단 다음을 기약했을 것이다. 메르켈은 우정을 중시했지만 너무 가까워지는 것은 경계했다. 그녀가 보기에 농장 초대는 너무 사적이었다. 그럼에도 불구하고 텍사스 농장 방문은 오늘날에도 여전히 기분 좋은 회상과 추억을 제공하는 즐거운 여행이었다. 부시는 수영장, 연못, 차고, 헬리콥터 격납고, 그리고 다양한 가옥들이 1800평 넓이의 대초원에 모여 있는 자신의 농장을 사랑한다. 이 농장은 한때 독일 이주민 하인리히 엥엘브레히트 Heinrich Engelbrecht의 소유였다. 부시는 대통령 임기 동안 너무 많은 시간을 농장에서 보낸다고 자주 비판을 받았다. 농장은 공공연히 '서부 백악관'이라 불렸다. 그러나 부시에게 농장은 1순위였다. 그는 방문객에게 자랑스럽게 농장을 보여 주고 함께 산악자전거를 타거나 낚시를 했다. 농장 연못에서 4.3킬로그램의 큰입우럭을 잡았을 때가 대통령 임기 중 최고의 순간이었다고 (아마도 아주 진지하게) 말한 적도 있었다.

메르켈과 자우어의 숙소는 부시 가족들이 지내는 본관에 있었고, 총리의 선별된 수행원인 정부대변인 울리히 빌헬름과 외교정치 보좌관 크리스토프 호이스겐의 숙소는 평소 대통령의 딸들과 부모님 조지 H. W. 부시 부부가 지냈던 게스트하우스에 있었다. 부시는 진심으로 메르켈에게 남다른 친밀감을 보였다. 그러나 메르켈은 이상하리만치 말을 삼가고 어색해했다. 아마도 이런 식의 우정 과시에 적극적으로 동참하고 싶지 않았을 것이다. 순수한 우정으로 대하기엔 부시의 독성이 너무 강했다. 총리와 대통령은 이른 아침에 잘 다듬어진 산책로를 따라 주변을 걸었다. 아마도 메르켈은 산악자전거 여행을 거절했으리라.

여행은 계속되었다. 결국 6개월 후에 부시가 베를린 근교의 슐로스 메제베르크를 방문했다. 대중의 관심에서 멀리 떨어진 작고 비공식적인 여행으로, 일종의 작별의 방문이었다. 후임 대통령이 문자 그대로 이미 문 앞에 서 있었다. 그러나 메르켈과 보좌관들이 확언컨대, 부시보다 더 가까운 국가 지도자 관계는 없었고 그때보다 더 좋은 관계는 없었다.

미국의 정치 하늘에 떠오른 별, 상원의원 버락 오바마는 그때까지 외교정치 능력을 충분히 증명하지 못했다. 비록 4년간

상원의 외교정치위원회 유럽위원장이었지만 그 시기에 유럽을 방문한 건 런던에 한 번 다녀간 것이 전부였다. 그것도 중동 지역에 갔다가 워싱턴으로 돌아가는 길에 잠깐 들르는 형식이었다. 베를린 방문은 생각조차 하지 않았다. 그러나 이제 그는 대통령 후보 선거전에서 부족한 외교정치 경력을 보충하기 위해 문제 지역인 아프가니스탄과 이라크, 그리고 유럽까지 포함한 방대한 여행을 계획했다. 특히 동과 서를 잇는 연결선으로 주목을 받기 시작한 그곳, 소련에 대한 미국의 승리를 상징하는 그곳인 브란덴부르크 문으로 가고자 했다.

이 선거전에서 오바마는 이미 많은 사람들을 상징하는 아이콘이었다. 링컨, 마틴 루터 킹, 존 에프 케네디 그리고 틀림없이 레이건의 아이콘이 되어 국제성을 증명하고자 했으리라. 브란덴부르크 문 앞에서 연설을 하고 싶다는 오바마 측의 공식적인 청은 없었지만, 독일 정치계는 독일을 상징하는 명소에 오바마가 등장할 가능성에 대해 토론하느라 며칠씩 들썩거렸고 연정은 둘로 분열되었다. 외무부 장관 프랑크발터 슈타인마이어는 이 계획을 환영하며 오바마의 등장이 활기찬 국제관계의 증거가 될 거라고 발표했다. 반면 메르켈은 외국 선거유세가 독일의 역사적인 장소에서 펼쳐지는 것은 정당하지 못하며, 더 나아가 역사적 장소를 남용하는 것이라고 밝혔다. 오바마는 결국 마음을 접고 승리의 탑에서 연설을 했다. 그러나 메르켈은 이 일화에서, 오바마가 선출될 경우 어떤 역동적인 일들이 벌어질지 살짝 맛을 보았다.

메르켈은 시끄러운 남자들을 좋아하지 않는다. 그녀는 사냥꾼 혹은 근육 과시 포즈를 즐겨 취하는 러시아 대통령 푸틴의 과장된 남성성을 경멸한다. 그녀는 베를루스코니의 마초적 태도도 좋아하지 않는다. 바덴바덴에서 열린 북대서양조약기구 정상회담 때 이탈리아 대통령은 레드카펫에서 메르켈을 앞에 세워 두고 이리저리 오가며 전화통화를 해 그녀를 아연실색케 하기도 했다. 메르켈은 또한 사르코지의 허영을 좋아하지 않는다. 자기과시 유형의 새로운 국가 지도자가 레이더망에 걸릴 때마다 메르켈은 팀원들에게 말한다. "그가 뭘 할 수 있는지부터 한번 봅시다."

버락 오바마를 만나는 첫 순간에도 메르켈은 이런 회의적인 태도를 비쳤다. 그녀는 오바마의 연설 재능을 한발 물러나 관찰했다. 어쩌면 살짝 질투를 느꼈을지도 모른다. 메르켈은 결코 타고난 연설가가 아니었다. 그녀는 주장의 신빙성과 견고함을 전달할 수는 있지만 대중을 사로잡지는 못한다. 오늘날 많은 사람들이, 브란덴부르크 문 일화가 메르켈과 오바마의 관계를 망쳤다고 평가한다. 그 정도로 두 사람은 그 일에서 완전히 벗어나지 못한 것 같다. 그리고 그것을 증명하듯 오바마는 첫 임기 동안 결코 베를린을 방문하지 않았다.

그러나 이런 평가는 옳지 않다. 사실 국가 지도자들 사이에도 인간적인 면이 있게 마련이고, 메르켈과 오바마 역시 기대 이상으로 서로 비슷할지 모른다. 적어도 두 사람은 두터운 우정을 분석적이고 냉철하게 연기하지 못했다는 점에서 똑같다. 메르켈과 오바마는 정기적으로 전화통화를 하고 기회가 있을 때마다 영상회의를 한다. 그러나 진실을 말하면, 오바마의 사람들은 부시의 사람들이 했던 것처럼 메르켈의 보좌진들과 긴밀한 접촉을 하지 않는다. 그리고 진실을 하나 더 밝히면, 오바마는 연설에서는 카리스마를 뿜어 내지만 사적인 관계에서는 전혀 카리스마가 느껴지지 않는다.

유럽의 국가 지도자들이 모이면, 영국의 고든 브라운, 프랑스의 사르코지 그리고 메르켈이 교대로 서로에게 물어 보는 장면이 연출된다. "미국 대통령이 당신한테도 이상하게 거리를 두고 쌀쌀맞게 대합니까?" 백악관 정부자문단들이 말하기를, 회의를 하는 동안 대통령이 너무 수동적이어서 깜짝 놀랐단다. 측근들의 증언에 따르면, 오바마 대통령은 가끔 '오늘 도대체 몇 명과 악수를 한 거지' 하고 혼잣말을 한단다. 여기서 드러나는 오바마의 모습은 확실히 대중에게 비치는 모습과 다르다.

오바마의 연설은 대단히 격정적이지만, 그는 사실 감정이 넘치는 사람이 아니다. 오로지 가족에게만, 특히 아내 미셸Michelle에게만 감정을 드러내는 내성적인 사람이다. 그러나 그는 확실히 섬세하고 언제 어떤 요구를 해야 할지 잘 안다. 칸에서 열린 G20회담에서 메르켈은 모든 국가 지도자들로부터 막대한 압박을 받고 있었다. 유로위기 대책을 위해 연방은행이 정화준비발행*을 해야 한다고 압박했다. 오바마는 힘의 불균형을 느꼈고 메르켈이 굴복하기 직전에 발을 들여 놓았다. 앙겔라 메르켈을 정치 단두대에 세워서는 안 된다고, 그만들 하라고 호소한 사람은 그가 처음이었다.

그러니까 두 사람 사이에는 적당량의 심리학과 다량의 현실주의가 작동한다. 오바마는 첫 번째 임기 동안 국내정치에 잡혀 있었다. 건강보험개혁으로 큰 저항을 불러일으켰고 워싱턴 분위기는 그에게 너무나 적대적이었다. 권력게임에서 미국이 다시 협상의 여지를 갖게 하기 위해 오바마는 선임자가 남긴 복잡한 일을 푸느라 바빴다. 그러므로 독일과 유럽은 그의 업무순위에서 상위권에 있지 않았다. 이 시기에 메르켈 총리는 거꾸로 유로위기에 몰두했다. 그녀가 오바마에게 전화를 할 때는 언제나 이 문제 때문이었다.

메르켈과 오바마가 개인적인 친밀감을 갖는 데 성공한 적이 한 번 있었다. 두 사람은 국가 지도자로서 그들이 걸어야 하는

---

* 중앙은행이 적립해 둔 금 보유량에 맞추어 같은 금액의 태환은행권 또는 본위화폐를 발행하는 일.

길을 비교했다. 두 사람 모두 정치계에서 고전적인 아웃사이더
였다. 하와이에서 온 흑인 젊은이와 구동독에서 온 여자. 또한
두 사람 모두 강한 저항을 뚫고 자신을 관철시켰다. 메르켈의
이력은 결코 전형적이지 않다. 오히려 믿기 어려울 만큼 특이
하다. 두 사람 모두 머리유형으로 매우 분석적이다. 그리고 구
체적인 일에 집중한다. 메르켈처럼 오바마도 문제들을 면밀하
게 분석하고 검토하려고 애쓴다. 오바마도 메르켈처럼 오랜 망
설임 끝에 결과를 가늠할 수 있을 때에야 비로소 결정한다.

메르켈은 오바마와 얼마나 친한지 질문을 받으면 무섭게
화를 내기도 한다. 그녀는 여학생처럼 워싱턴을 방문하고 싶지
않다. 미국 대통령의 대중에게 얼마나 인기가 있는지 점수를
받고 싶은 마음도 없다. 그녀의 자의식이 그것을 허락하지 않
는다. 그녀는 동등한 권리를 요구한다. 그녀는 늘 말한다. "우리
는 서로에게 관심이 있고 서로에게 가치가 있다." 잘 보이려 애
쓰는 것은 메르켈에게서 기대하기 어려운 모습이다. 게다가 그
녀는 틀에 끼워 넣는 것을 몹시 싫어한다. '악한 부시, 평화천
사 오바마!'처럼.

2011년 초여름 워싱턴에 갔을 때, 메르켈은 오바마에게 농
담을 건넸다. 오바마가 첫 번째 임기 내내 단 한 번도 베를린
에 오지 않았는데도 기자들은 틀림없이 둘 사이의 친밀도를
물어 볼 거라고. 엄격히 말하면, 오바마는 첫 임기 4년 동안 독

일을 두 번 방문했다. 한 번은 정상회담을 위해 바덴바덴을 방문했고, 그다음에는 드레스덴과 부헨발트였다. 베를린 장벽 붕괴 20주년 기념식은 참가하기로 했다가 너무 바쁘다는 핑계로 취소했다. 독일 입장에서는 대단한 모욕이었다.

백악관 이스트룸에서 기자회견을 하는 동안 급작스럽게 질문이 나왔다. "대통령께서는 왜 아직 베를린을 방문하지 않았습니까?" 메르켈이 소녀 같은 미소를 지었고 오바마도 미소로 받았다. 그런 다음 메르켈이 오바마에게 약속했다. 언제든지 방문할 수 있도록 늘 준비해 두겠다고. 그리고 어떤 경우든 브란덴부르크 문이 오래도록 기다리고 있을 거라고. 굳게 얼어붙어 있던 얼음이 깨졌다. 걸림돌이던 브란덴부르크 문 주제가 우아하게 제거되었다. 메르켈은 여전히 농담처럼 오바마에게 당부했다. 선거 후 여름에 파리에서 했던 것처럼 관광객으로 베를린을 방문할 생각은 꿈에도 하지 말라고. 그러면 정말로 속상할 거라고. 2012년 11월 미국 대통령선거 몇 달 전에 이미 메르켈과 오바마는 약속했다. 오바마가 재선에 성공하면 두 번째 임기 동안에는 꼭 베를린을 방문하기로. 브란덴부르크 문을 둘러싼 오해가 영구히 제거되어야 했으므로….

메르켈은 오바마의 두 번째 임기에 많은 희망을 걸었다. 또한 미국에 대한 걱정도 많았다. 자신감을 잃은 거대권력, 높은 실업률, 막대한 부채, 점점 벌어지는 빈부격차, 좌우이념의 극단적 긴장 등에 대한 걱정이었다.

미국은 심각한 인구문제에 직면해 있다. 백인국민이 곧 과반수가 되지 못할 것이다. 미국은 점점 더 유럽의 흔적을 잃어갈 것이다. 그렇게 국내문제에 집중하느라 세계적인 확장은 예측과 구성은커녕 생각할 겨를조차 없었다. 메르켈은 미국 같은 나라의 고전적인 국가적 권력태도를 비판할 때, 종종 지배외교라는 말을 사용한다. 메르켈은 1995년 베를린에서 열린 기후변화총회에서 특히나 협의를 어렵게 만들고 결국 교토의정서에도 서명하지 않았던 미국의 지배외교를 직접 겪었다.

오늘날 세계적으로 중요한 주제들이 아주 많지만 미국이 주도적인 역할을 하는 주제는 매우 드물고 미국의 계획대로 진행되는 지구화도 거의 없다. 미국은 세계의 용광로 메커니즘을 이해하지 못한 것일까? 오늘날 미국의 깊은 속을 살피면, 그러니까 옛 산업지역과 가난해진 남부 그리고 전국의 고립 경향을 관찰하다 보면 문득 의구심이 생긴다. 미국은 결국 지구화의 패배자인가? 미국이 바로 지구화가 가장 안 된 나라인가?

메르켈의 사적인 미국과 공적인 미국의 간극이 점점 더 넓어지고 있다. 미국은 두 번의 전쟁을 성공적으로 마치지 못했고 기운을 북돋아 줄 희망공식도 없다. 전쟁이 사회를 갉아먹는다. 테러공격의 그림자가 드리워진 두 번의 전쟁이 미국을 본질적으로 바꿔 놓았다. 메르켈 같은 미국 팬도 이런 변화를 느낀다. 메르켈은 나약한 미국이 맘에 들지 않는다. 그녀는 미국에 뭔가를 주고 싶다. 그리고 유럽을 매력적인 새로운 협력자로 소개하고 싶다. 총리가 된 이래로 메르켈은 국제적 자유무역 제안으로 날개를 달았다. 국제적 자유무역이란 규모만 더 커졌을 뿐 유럽 내부시장과 유사하다. 그러나 자유무역은 올랑드 같은 프랑스의 사회주의자나 미국의 보호무역주의자들을 감탄시킬 수 있는 어휘가 아니다.

미국의 권력이 약해지고 있다. 메르켈처럼 유럽의 게임에서 미국의 무게를 본질적인 균형추로 여기는 사람에게는 좋은 소식이 아니다. 관철능력을 잃었다, 광채가 사라졌다는 등 미국에 대한 나쁜 소식이 너무도 많이 들린다. 태어나서 35년 동안 미국의 광채를 거의 받지 못했던 메르켈이 이제 다시 미국의 광채를 살려 내야 한다. 그녀는 힘과 우위성을 따질 때, 압도적인 중국과 강력한 미국 중 하나를 고른다면 기꺼이 강한 미국을 선택한다.

그러나 2011년 7월 어느 화창한 화요일에 앙겔라 메르켈은 꿈의 나라 미국의 모든 화려한 장식, 영광스러운 광채, 끝없는 자비를 다시 한 번 경험할 수 있었다. 이날 오바마 대통령과 워싱턴 정치세계는 메르켈에게 미국 최고의 칭송을 선사했다. 미국 대통령 오바마가 구동독 출신의 성공한 여성정치가 앙겔라 메르켈에게 자유메달훈장을 수여한 것이다. 대통령 자유메달훈장은 미국에서 최고로 꼽히는 시민상이다. 앙겔라 메르켈은 워싱턴이 마련한 화려한 행사에서 그것을 받아야 했다.

총리는 월요일에 벌써 정부전용기를 타고 내각요원들, 장관들, 의원들, 보좌진들과 함께 워싱턴에 도착했다. 맨 앞에 마련된 기내총리실에 외무부 장관, 경제부 장관, 재정부 장관, 국방부 장관 등 주요 정치인사들이 동석했다. 메르켈이 개인적으로 초대한 귀빈들은 멀리 뒤쪽에 앉았다. 가령 토마스 고트샬크Thomas Gottschalk는 비즈니스 클래스의 맨 앞줄을 선택했다. 경험 많은 국제선 이용자로서 그는 탑승 즉시 편안한 실내복으로 갈아입었다. 워싱턴에서 위르겐 클린스만을 만났고 당연히 남편 요아힘 자우어도 함께했다. 다른 나라도 아닌 미국이었으므로 자우어는 기꺼이 동행했다. 비록 학술회의 선약 때문에 저녁만찬 때에야 비로소 여행단에 합류했지만, 이 특별한 날에 아내와 동행하는 것은 당연한 일이었다.

또한 외국 방문 때마다 그렇듯 수많은 스태프들이 메르켈과 동행했다. 의사 둘, 통역사, 각 부서에서 파견된 외교사절단과 전문가들, 경호원들, 짐 관리자, 장거리 통신기사와 기장 및 승무원들을 포함한 여러 전용기 관계자들이 그들이다. 그리고 하루 일정이든 워싱턴처럼 며칠 걸리는 여행이든 메르켈은 항상 헤어와 메이크업을 담당하는 스타일리스트를 데려간다.

미국에서 국빈방문은 매우 드문 외교의전에 속한다. 이런 외교의전을 이전에 경험해 본 사람이 방문단에는 아무도 없었다. 헬무트 콜과 리하르트 폰 바이츠제커Richard von Weizsäcker가 이런 의전에 참석한 마지막 독일인이었다. 메르켈은 깃발대열과 팡파르, 호위병의 도열, 정치적 대화, 대통령과의 평온한 시간 그리고 외무부에서 유명인들과의 점심식사 등 모든 것을 하루에 다 경험했다. 그러나 최고의 절정은 오바마 대통령이 백악관의 장미정원에 마련한 국빈만찬이었다. 워싱턴에서 가장 중요한 만찬이었다.

일반적으로 1층에 있는 다이닝룸을 국빈만찬에 이용하지만 오바마 내외는 고전적인 만찬을 위해 중앙관저와 대통령 집무실 사이의 장미정원에 카펫을 깔게 했다. 대통령의 외교의전 담당관은 독일 바우하우스 건축양식을 연상시키는 밝고 맑게 반짝이는 은색 장식, 양초, 크리스탈, 심플한 직선으로 만찬장을 꾸몄다. 워싱턴의 들뜬 언론들은 나중에 만찬장의 장식 스타일과 국빈목록에 대해 '새로운 금욕주의'라고 기록했다. 〈워싱턴포스트〉는 "모든 것이 잘 조직된 야외 결혼식처럼 보였다. 하지만 만취한 결혼식 증인은 없었다"라고 보도했다.

만찬이 시작되기 전에 메르켈은 개인적으로 초대한 귀빈들과 함께 거처에 머물렀다. 오바마는 총리의 거처를, 백악관과 마주한 펜실베니아 애비뉴에 위치한 다양한 크기의 스위트룸으로 구성된 영빈관 블레어하우스에 마련했다. 그곳의 1층 살

롱에 조촐한 뷔페가 차려졌고 거기서 총리와 귀빈들이 저녁을 먹을 수 있었다. 샴페인, 커피, 차, 샌드위치, 빵들도 차려졌다. 메르켈은 어깨에서 대각선으로 주름이 잡히고 소매가 짧은 검은색 비대칭드레스를 입었다. 남자들은 모두 턱시도를 입었지만, 토마스 고트샬크는 캐쥬얼 재킷에 풍성하게 수가 놓인 검정 청바지 그리고 카우보이 장화를 착용했다. 독일 사람들은 고트샬크의 난해한 복장 취향에 익숙했던 터라 아무도 개의치 않았다. 그러나 미국 귀빈들은 이 남자에게 익숙해지는 데 시간이 필요했다. 백악관 국빈만찬은 에티켓을 중시하는데, 수가 놓인 청바지는 에티켓에 어긋났다. 나중에 신문과 인터넷포럼들이 귀빈들에 대한 재미난 기사들을 쏟아 냈다. 파란색이 너무 과했다, 너무 무난했다는 등 귀부인들의 드레스가 입에 오르내렸고 누가 어디에 앉았는지도 중요한 화제였다. 좌석배치가 서열과 존경에 대한 정보를 주기 때문이다.

메르켈과 자우어는 중앙입구를 통해 백악관에 들어섰고 오바마 내외의 안내를 받아 대통령 가족의 사적인 공간인 2층으로 갔다. 그들이 그곳에서 잠시 담소를 나누는 사이 귀빈들은 한 층 아래 이스트룸에 모였다. 해병대 식사병이 경축행사제복과 발목까지 오는 주름치마를 입고 음료를 내왔다. 그다음 오바마 대통령 내외와 메르켈 총리 내외가 팡파르를 받으며 거대한 계단을 내려왔다. 208명의 귀빈들이 줄지어 섰고 부관이 엄숙히 호명하는 순서대로 208번의 악수가 이어졌으며 208개의 악수하는 사진이 찍혔다. 나중에 대통령이 208개의 사진에 사인을 해서 귀빈들에게 우편으로 보내 주었다. 워싱턴이 주최한 명성겨루기대회 참가 기념 트로피로 말이다.

메르켈은 줄지어 선 귀빈들을 기분 좋게 훑어보았다. 평소 모든 형태의 공식석상을 마다하던 요아힘 자우어도 화려한 의전을 즐기는 것 같았다. 그는 미셸 오바마, 구글 회장 에릭 슈미트Eric Schmidt, 프록터 앤드 갬블(P&G) 회장 밥 맥도널드 Bob McDonald와 어울려 식사를 했다. 메르켈 총리는 커다란 연방유공훈장을 옷깃에 단 건축가 헬무트 얀Helmut Jahn과 오바마 사이에 앉았다. 그녀의 맞은편에는 미 대법원장 존 로버츠 John Roberts가 앉았다. 지휘자 크리스토프 에셴바흐Christoph Eschenbach도 그 자리에 같이 있었지만, 국립심포니오케스트라 공연으로 4단계 코스 요리에 보답해야만 했다.

국빈만찬의 피날레는 전통적으로 미국의 화려한 쇼와 음악으로 장식된다. 중국 주석 후진타오가 왔을 때는 성룡, 요요마, 허비 핸콕Herbie Hancock, 바브라 스트라이샌드Barbra Streisand가 국빈들을 매혹했고 멕시코 국빈을 위해서는 비욘세Beyonce가 무대에 올랐다. 미국의 들뜬 언론에게 실망스럽게도 메르켈은 아주 차분하게 공연을 관람했다. 독일 총리를 위해 신뢰와 부드러움을 상징하면서도 약간은 정치적인, 가장 미국적인 가수

제임스 테일러James Taylor가 노래했다. 테일러는 백악관이 특별히 주문한 노래를 들려주겠다며 〈유브 갓 어 프렌드You've got a friend〉를 불렀다. 살짝 멜랑콜리하게 음악이 흘렀다. "힘들고 지쳤을 때/ 그리고 도움의 손길이 필요할 때/ 아무것도, 오 정말 제대로 되는 일이 없을 때/ 눈을 감고 나를 생각하세요./ 그러면 내가 곧 그곳에 있을 거예요." 메르켈과 오바마 둘 중 누가 이 노래의 주인공인 '당신'인지는 불명확했다. 그러나 하나만은 확실했다. "내 이름을 부르기만 하면 돼요./ 당신은 친구가 있잖아요."

정확히 22년 전 처음으로 이 대륙에 발을 디뎠던 앙겔라 메르켈은 마침내 완전한 원을 완성했다. 자유를 정치의 중요한 기반으로 삼은 그녀가 자유로운 세계의 정치적 중심지에서 자유메달훈장을 받았다. 오바마와 미국인들은 아주 간단하게 생각했다. 앙겔라 메르켈은 자유의 승리를 상징한다고. 구동독 출신으로서 최초로 통일된 독일연방공화국의 총리가 되는 데 성공했기 때문이다.

만찬자리에서도 그것은 그렇게 단순하게 표현되었다. 자유를 자주 연설했던 메르켈 역시 자신의 생애가 독일에서 멀리 떨어진 곳에서 더 큰 효력을 발휘한다는 것을 재차 확인하게 되었다. 그녀는 짧은 문장으로 대꾸했다. "자유에 대한 갈망이 어떤 힘을 발휘할 수 있는지, 역사가 이미 충분히 보여 주었습니다. 자유는 인류를 움직여 두려움을 극복하고 독재에 당당히 맞서도록 했습니다." 그리고 계속해서 "독재의 사슬, 압박의 족쇄는 자유의 힘을 이기지 못합니다. 이것이 앞으로도 나를 지탱해 줄 나의 신념입니다."

그러나 만약 그녀가 이 짧은 감동의 기운에 젖어 평소와 다르게 행동했다면, 앙겔라 메르켈은 앙겔라 메르켈이 아니었으리라. 워싱턴의 국빈만찬은 진심어린 악수로 끝났다. 다른 국빈들이 화려한 만찬 후에 애프터 파티를 가진 반면, 그녀는 백악관 남쪽 잔디밭에서 곧장 공항으로 가서 베를린으로 돌아갔다. 드레스와 턱시도는 기내에서 갈아입었다.

7

방어태세

앙겔라 메르켈 그리고 전쟁

✤

앙겔라 메르켈은 전쟁의 전형적인 장면이 낯설지 않았다.
일대일 결투상황을 충분히 상상할 수 있었다.
살해라는 최후의 동작이 그녀의 머리에서 떠나지 않았다.
오사마 빈 라덴의 죽음이 세계를 뒤흔들었을 때,
그녀는 자신의 존재를 깊이 통찰하게 되었다.

2007년 11월 4일은 앙겔라 메르켈이 전쟁과 가장 가까이 있었던 날이다. 총리가 된 지 이제 2년이었고 전날 밤 인도에서 막 베를린으로 돌아온 참이었다. 그러나 그녀는 몇 시간 후 다시 비행기에 올라 방금 지나온 항로를 거의 비슷하게 거슬러 우즈베키스탄으로 갔다. 이른 아침 테르메스 공군비행장에서 연방군의 트랜스올 수송기가 그녀를 기다리고 있었다. 그녀는 우즈베키스탄에서 다시 비행기를 갈아타고 카불로 향했다. 이것은 일급비밀이었고 이후에 있었던 세 번의 힌두쿠시 방문도 마찬가지였다.

20여 명의 수행원들이 어김없이 정부전용기에 탑승했고 동행한 소수정예의 기자들도 비밀유지를 맹세했다. 연방범죄수사국 경호원들은 엄선된 무기를 소지하고 있었다. 메르켈 총리도 방탄조끼를 입어야만 했다. 연방군용기 조종사가 비상비행 프로그램을 두 번이나 켜야 했고 긴장감은 더욱 고조되었다. 헬리콥터와 트랜스올의 민감한 방어장치가 빛의 반사를 감지했다. 경보음이 울렸다. 총구화염이었을까? 적외선 감지탄두의 방어사격이었을까? 아니면 그저 햇빛의 반사일 뿐이었을까?

기내 방어장치가 위험신호에 즉시 반응하여 대응탄약을 준비했다. 비행기 후미에서 폭죽이 타올랐다. 열 감지장치의 안내로 곧장 엔진을 향해 날아올 미사일을 뜨거운 마그네슘 불꽃이 교란시킬 것이었다. 메르켈의 조종사들은 과감하고 노련하게 조종했다. 방어사격의 연기가 기상포문으로 들어왔고 폭음이 수송기를 뒤흔들었다. 오래 복무한 군인들조차 이런 순간에 비행기가 가격을 당했는지 아닌지 분간하기 어렵다.

앙겔라 메르켈은 이 우발적 사건을 비교적 침착하게 맞았고, 호위병에게 혹여 방어장치가 미흡한 건 아닌지 물었다. 비행기나 헬리콥터, 자동차와 평생을 보낸 사람이라면 방어장치나 방어기술도 운명이 좌우한다고 생각한다는 답이 돌아왔다. 이날 그들은 카불에서 공항으로 가는 길에 자살테러범을 체포했다. 이틀 전에는 도로에서 폭탄이 발견되었다.

1년 6개월 후 메르켈 총리는 아프가니스탄을 두 번째 방문했고, 그녀가 헬리콥터를 타고 그곳을 떠난 직후에 저항군이 자체 조립한 미사일을 쿤두즈의 독일군 캠프로 발사했다. 다행히 명중되지는 않았지만 메르켈은 명확한 메시지를 받았다. 아프가니스탄은 전쟁 지역이고 총리는 가장 상징적이고 의미 있는 목표물이며 이런 지역의 방문은 메르켈 자신뿐만 아니라 파병된 군인들에게도 대단히 위험할 수 있었다.

메르켈 총리가 아프가니스탄 부대를 방문하기까지는 2년이 걸렸다. 야당대표 시절에도 방문한 적이 없었다. 그녀는 이곳을 방문하는 게 싫었다. 슈타인마이어 외무부 장관이 2007년 사민당 정당대회에서, 메르켈 총리가 아프가니스탄 방문을 미루고 있다고 꼬집었다. 국제안보지원군을 방문한 마지막 총리는 게하르트 슈뢰더였고 그것마저도 벌써 4년 전이었다. 총리의 방문 빈도수만 보더라도 파병이 얼마나 불편한 정치 주제인지 알 수 있다.

2005년 연방의회선거전에서 벌써 기민연이나 사민당 같은 국민정당들이 까다로운 주제들을 조심스럽게 피하는 모습이 눈에 띄었다. 메르켈은 2002년 미국의 이라크 침공 직전, 슈뢰더가 '전쟁과 평화'라는 주제로 연방의회선거에서 승리하는 것을 보았다. 그리고 비록 메르켈이 군사적 폭력에 현실적인 정치 태도를 가졌고("군사적 폭력이 불가피한 경우도 있다") 정기적으로 군을 시찰해 왔다 하더라도, 그녀는 대중 앞에서 이 주제를 매우 신중하게 다루었다. 어쩌면 2002년 연방의회선거에서 그녀는 적절한 실용주의적 태도로 군에서 멀리 떨어져 있는 게 좋다는 교훈을 배웠으리라.

2009년 9월 쿤두즈의 독일군 캠프 근처에서 유조차량 두 대가 불운한 폭격을 당할 때까지 메르켈은 아프가니스탄을 관련 장관들에게 일임했다. 그런 전술로 메르켈 총리는 국내외적으로 좋은 관계를 유지해 왔다. 2003년 미국이 바그다드로 진군하여 사담 후세인을 추방했고 2004년에는 이미 두 전쟁 지역(이라크와 아프가니스탄)에서 폭력이 증가했다. 최소한 2005년 연방의회선거 때, 파키스탄과 아프가니스탄에서 탈레반이 재조직됨에 따라 해외 병력에 대한 압박이 높아졌음이 널리 알려졌다. 그러나 독일의 옛 정부도 새 정부도 이 나쁜 소식을 알리고 싶지 않았다. 소위 파병 확대와 안보정책이 사실은 이미 새로운 형태의 전쟁이며, 저항군과 정규군 사이의 군사적 분쟁임을 드러내고 싶지 않았다. 아프가니스탄전은 무시되고 해명되지 않은 전쟁이었고 이라크전의 그림자 뒤에서 잊힌 자기기만의 사례였다.

이 기간에 데이비드 퍼트레이어스David Petraeus 미 사령관이 미군 투입을 극단적으로 윤색했고, 갈등이 한창일 때 전술적 변화를 꾀했다. 그러나 북대서양조약기구와 위험을 나누려던 미국의 노력이 독일 때문에 무산되었다. 슈뢰더 정부 때와 마찬가지로 메르켈의 첫 번째 정부 역시, 연방군이 비교적 안전하게 북부에 머물러 있어야 한다고 생각했다. 아프가니스탄의 남부, 특히 헬만드와 칸다하르 지방에서 영국, 캐나다, 네덜란드 그리고 미국이 큰 피해를 입는 동안 독일 정치는 전쟁의 확산에 반대했다.

북대서양조약기구가 2007년 초에 파병 확대를 요구했을 때, 독일은 토네이도 정찰기를 보내는 묘책을 썼다. 이 정찰기는 해상도 높은 카메라로 주둔지나 적군 혹은 의심스러운 비행기를 촬영한 후 본영에 도착하기 전에 벌써 사진을 인화하고 분석한다. 이것은 비교적 안전한 임무였다. 그러나 필요한 인력이 많았다. 손질, 수리, 비행장 운영…. 독일은 정찰기에 필요한 인력으로 연방군 500명 이상을 보내면서 파병의무를 이행했다고 주장할 수 있었다. 또한 국내정치적으로도 독일의 파병 원칙대로 군인들의 위험을 줄였다는 명분을 살릴 수 있었다. 군은 예방차원의 선제방어공격을 해서는 안 되었다. 적이 사격을 시작했을 때만 비로소 대응사격을 할 수 있었다. 토네이도 정찰기는 정찰만 할 뿐 공습을 해서는 안 되었다. 그러나 클라인 장교가 강을 따라 달리는 유조차량에 공습명령을 내린 이후 독일에서도 파병의 진짜 성격을 직시하게 되었다. 이것은 역시 전쟁이었던 것이다.

한편으로는 명백한 국제법과 여타 법률상의 문제에서, 다른 한편으로는 국내정치를 우려하여 전쟁이라는 낱말을 신중하게 입에 올렸다. 법률상의 문제로 보면, 참전은 국제법을 따라야 한다. 먼저, 전쟁을 선포해야 하고 끝날 때는 평화협정을 맺어야 한다. 전쟁을 일으키는 쪽은 전쟁상대가 있어야 하고 전쟁포로는 제네바협정의 규정을 따라야 한다. 그러나 아무도 탈레반을 전쟁상대로 인정하고자 하지 않았다. 전쟁상대로 인정하는 순간 탈레반의 위상이 국제법의 대상으로 높아질 것이고 저항운동의 정당성을 인정하는 셈이 되기 때문이다.

그 밖에도 파병군인들과 관련하여 애매한 문제들이 드러났다. 예를 들어 생명보험의 경우, 참전으로 사망했을 때는 보험료가 지급되지 않는다. 여러 전문가들이 보험제도와 부상자 및 낙오자의 처우문제를 해결하기 위해 고심했다. 눈치만 보고 있던 중에 과감히 터부를 깬 사람은, 갑자기 주목을 받게 된 구텐베르크 국방부 장관이었다. 그는 '유사 전쟁 상황'이라는 표현을 썼고 나중에는 '통상적으로 전쟁이라 불러도 될 만한 상황'이라 발표했다. 앙겔라 메르켈은 몇 달이 더 걸렸다. 그녀는 2010년 12월 17일 세 번째 아프가니스탄 방문 때 군인들 앞에서 고백했다. "여러분은 전쟁에서 직면하는 전투에 가담하게 되었습니다."

그러나 정치계, 특히 메르켈의 첫 국방부 장관인 프란츠 요제프 융은 단지 법률상의 애매함 때문에 괴로운 건 아니었다. 그는 파병에 담긴 안보정책을 이해하지 못하는 대중의 평가를 걱정했다. 선임자였던 사민당 출신의 국방부 장관 페터 슈트룩 Peter Struck은 "독일연방공화국은 힌두쿠시에서도 안전할 것"라는 기이한 말을 함으로써 대중의 비웃음을 샀다. 설령 모든 안보정책 전문가들이 슈트룩과 같은 견해였을지라도 말이다. 독일의 뿌리 깊은 평화주의와 전략적 토론문화의 부족이 현실주의 정치 및 동맹정치의 압박과 다시 한 번 충돌했다. 메르켈은 일단 갈등을 해소하기 위한 어떤 시도도 하지 않았다. 모든 연정정치가들과 마찬가지로 그녀는 이번 파병이 정치적 운명을 결정할 수 있음을 명확히 인식했을 것이다. 연방군 파병에 대한 사회적 합의는 없었다. 그러므로 파병으로 유권자들의 지지를 얻기는 어려웠다.

그렇기 때문에 프란츠 요제프 융의 운명은 위험에 처했다. 2009년 9월 4일 쿤두즈 폭격 후에, 아프가니스탄이 다시 독일의 국내정치 한복판으로 거세게 밀고 들어왔다. 갑자기 파병의 진짜 성격이 밝혀졌다. 안보정책이나 자조정책을 운운하는 가짜 논쟁은 끝났다. 독일은 전쟁을 토론하기 시작했고 연방의회선거가 며칠 남지 않았다. 폭격 후에 메르켈은 직접 전면에 나섰고 연방의회에서 정부 정책보고를 했다. 정책보고의 첫 번째 주제는 아프가니스탄이었다. 그녀는 명심할 문장들을 돌에 새기듯 또박또박 발표했다. "북대서양동맹국으로서 아프가니스탄에 연방군을 파병한 것은 반드시 필요한 결정이었습니다. 그렇게 함으로써 우리는 국제 안보와 세계 평화에 공헌했고 국제테러의 악행에서 독일 국민을 보호했습니다." 혹은 "헌법 전문에 따르면, 독일은 세계 평화에 공헌할 의무가 있습니다. 독일은 세계와 단단한 동맹을 맺고 있습니다. 독일이 동맹국과 다른 길을 가는 것은 독일 외교정책의 대안이 아닙니다." 그리고 연방의회의 모든 회의론자들에게 주는 일종의 경고로서 그녀는 공동의 책임을 상기시켰다. "연방군의 파병은 독일의 안보를 위한 불가피한 조처였고, 조처일 것입니다. 그것은 유엔안전보장이사회의 결의를 바탕으로 합니다. 독일의 파병은 2002년 초부터 모든 연방정부의 책임하에 이루어졌습니다."

선거가 끝난 후 10월 초에야 비로소 논쟁의 회오리가 불어닥친 까닭은 대연정의 논리 때문이었다. 일종의 책임공동체인 기민연과 사민당은 선거가 끝날 때까지 파병 주제를 언급하지 않았다. 쿤두즈 폭격이 있은 후 비로소 메르켈은 적극적인 관여가 필요한 시점임을 깨달았다. 아프가니스탄을 주제로 하는 국제회의가 2010년 런던에서 그리고 2011년 본에서 연이어 열리고 아프가니스탄이 북대서양조약기구 정상회담의 주제로 자리를 잡으면서, 메르켈 총리는 이제 가능한 한 피해 없이 파병에서 빠지기 위한 철군 움직임의 선봉에 서고자 했다. 쿤두즈 사건 이후 그녀는 정부정책보고에서 철군 계획을 발표했다.

2007년 처음 방문한 이래로 메르켈은 아직 한 번도 카불에 가지 않았지만 아프가니스탄 북부는 세 번 정도 방문했다. 유조차량 폭격 몇 달 전에 두 번째 방문을 했는데, 그때 그녀는 마자레 샤리프의 도심으로 갔고 거기서 모하메드 아타Mohammed Atta와 고위직 관료들을 만났다. 아타는 메르켈 총리를 위해 진짜 쇼를 준비했다. 그는 메두사 장식의 황금왕좌에 앉아 있었다. '궁전신하'들이 둥글게 앉았고 중앙탁자에는 빵과 과자들이 가득 차려져 있었다. 선별된 몇몇 아프가니스탄 여성들이 진보된 평등에 대해 자랑했고 아타는 신하들에게 자애롭게 말을 건넸다.

밖에서 큰 폭음이 들렸을 때, 안보위원장이 보란듯이 밖을 확인하고 와서는 타이어 펑크 소리 같다고 보고했다. 반면 독일 경호원들은 바짝 긴장했다. 메르켈은 밖으로 나가면서 관청 건물 사방에서 진행 중인 왕성한 건축 작업과 현장에서 열심히 일하는 노동자들을 밝은 표정으로 살폈다. 만일을 대비하여 연방군의 저격병을 배치해 두었지만 메르켈에게는 말하지 않았다. 경호원들은 그녀에게 안전한 캠프로 돌아갈 것을 간곡히 권했다. 도심에서 벌어진 폭발 때문에 모두가 두려워하고 있었다. 그러나 메르켈은 약한 모습을 보이고 싶지 않았다. 그래서 그녀는 대표단 대부분을 캠프로 돌려보내고 자신은 계획한 일정대로 병원으로 갔다. 그러나 병원에 오래 머물지는 않았다.

총리의 방문은 어차피 연출인데, 특히 아프가니스탄에서는 치밀하게 짜인 연극이었다. 그러나 메르켈은 연극을 잠시 잊고 저녁에 캠프에서 군인들과 '그릴파티'를 하며 솔직한 대화를 즐겼다. 군인들이 밝힌 가장 시급한 소망은 부대 깃발이었다. 그처럼 그 방문은 부대의 업적을 치하하고 군인들의 사기를 높이는 의미가 컸다. 그리고 정치적인 안전을 도모하는 데도 도움이 되었다. 총리가 나서지 않았다면 틀림없이 무관심을 책망하는 공격을 받을 터였다. 그렇다고 너무 많이 관여하면 파병의 책임을 떠안을 위험도 있었다.

고국에서 멀리 떨어진 독일군 캠프의 소우주에서 총리의 딜레마가 가장 잘 드러났다. 한편으로, 가령 독일투자 및 개발공사(DEG) 대표단이 쿤두즈를 돌며 '여성 평화사절단'이라는 기이한 프로젝트를 통해 그녀를 언급하고 다닐 때, 그녀는 이런 연출에서 빠져나올 수 없었고 도구화되었다. 다른 한편으로, 그녀는 이 시점에서 아프가니스탄의 권력자, 정부, 부족, 지방귀족들의 의견, 연대와 배려로 상생하는 군사동맹의 논리, 멀리 떨어진 이곳의 전쟁을 제대로 이해하지 못한 채 나쁜 소식을 듣기 싫어하는 독일 유권자들의 기대 등 여러 가지를 반영하고 조정해야 할 안보정책의 실행을 대표했다.

2010년 봄 몇 주 안에 독일 병사 일곱 명이 전투에서 사망했고 나쁜 소식이 줄을 이었다. 그리스도 수난 성 금요일에 슐레스비히홀슈타인 출신 군인 셋이 죽었는데, 세 명 모두 쿤두즈 근처에서 10시간 넘게 전투에 임한 군인들이었다. 메르켈은 동독으로 휴가를 가던 중 기내에서 보고를 들었다. 그녀는 휴가 일수를 줄이고 장례식에 참석하기 위해 젤중엔으로 갔고 거기서 희생자 가족들과 대화함으로써 대중에게 감동을 주었다. 유가족이 총리에게 바라는 것은 하나뿐이었다. 희생자의 죽음이 무의미하지 않았다는 것, 그들의 임무가 국가에 아주 중요했다는 것을 확인받고 싶어 했다. 장례식이 끝난 후에도 많은 사람들이 계속해서 총리에게 편지를 보냈다. 그녀가 개인적으로 직접 겪은 사례도 있었다. 연방경찰관이자 오랫동안 그녀의 경호원이었던 요르크 링엘Jorg Ringel이 카불에 파견되었다가 사망했다. 메르켈은 그의 유가족들과 지금도 연락을 한다.

젤중엔의 장례식 다음날 메르켈은 시위하듯 포츠담에 있는 연방군 아프가니스탄 파병부대 지도부를 방문했다. 라이너 글라츠Rainer Glatz 사령관과 그의 장교들이 전투과정을 상세히 설명하고 사격된 탄환의 막대한 양에 대해 보고했다. 아프가니스탄 파병부대와 화상회의를 했다. 그들은 더 많은 도덕적 지지를 요구했다. 메르켈은 전투보고에 마음이 크게 동요되어 간결하게 물었다. 10시간의 전투 동안 탈레반은 몇 명이나 사살되었나? 사령관은 바닥만 보았다. 아무도 대답을 하지 못했다.

일주일 뒤에 메르켈은 미국여행의 종착지인 샌프란시스코에 도착했는데, 한밤중에 바우만 비서실장의 전화에 잠에서 깼다. 다시 전투, 다시 사망자…. 이번에는 네 명이 죽었다. 메르켈은 외국여행 중에도 항상 검은색 옷을 가지고 다녔다. 비극적 사건에 적합한 복장으로 등장할 수 있기 위해서다. 연방공보처도 항상 접이식 푸른 병풍을 가지고 다녔다. 인터뷰나 발표 때 중립적인 배경을 카메라에 담을 수 있기 위해서다. 그러니까 메르켈은 이른 아침에 적합한 복장으로 중립적인 배경 앞에서 기자회견을 하고 저녁에 고국으로 향했다.

4월 22일 그녀는 아프가니스탄에 대한 다급한 정부정책보고를 했다. 아프가니스탄 파병부대와 그들의 임무에 대한 공격적인 보고였다. 그녀는 용맹, 전투, 전쟁, 정치의 비겁함에 대해 말했다. "우리가 결정한 것을 고백할 용기가 없다면, 우리는 군인들에게 용맹을 요구할 수 없습니다"라고 의원들에게 경고했다. 메르켈이 전쟁에 대해 이렇게 강력하게 표현한 적은 없었다. 그녀는 9개월 전 전투에 가담했던 특무상사 다니엘 자이베르트Daniel Seibert가 인터뷰에서 적군을 죽였냐는 질문을 받았을 때 했던 대답을 인용했다. 자이베르트의 대답은 이랬다. "나는 그를 쏘았다. 그가 아니면 내가 죽어야 했다."

앙겔라 메르켈은 전쟁의 전형적인 장면이 낯설지 않았다. 일

대일 결투상황을 충분히 상상할 수 있었다. 살해라는 최후의 동작이 그녀의 머리에서 떠나지 않았다. 2011년 5월 2일 오사마 빈 라덴의 죽음이 세계를 뒤흔들었을 때, 그녀는 자신의 존재를 깊이 통찰하게 되었다. 메르켈은 카메라 앞에서 발표를 했고 세 가지 질문에 답했다. "총리님께서 설명한 이번 성공은 확실히 의도된 살해였습니다. 또한 많은 사람들이 그것에 찬성합니다. 독일 역시 테러의 우두머리에 맞서 이런 방식을 구사할 안보 능력이 있습니까?" 메르켈이 대답했다. "내가 오늘 여기 선 것은 빈 라덴 살해 작전의 성공을 축하하기 위해서입니다. (…) 성공을 이끈 미국 대통령에게 존경을 표합니다. 그리고 빈 라덴을 살해하는 것은 나 역시 바라던 바였습니다." 이보다 더 명확히 표현할 수는 없었으리라.

전쟁과 평화, 두 번의 전쟁 패배로 인해 군사력을 멀리하게 된 독일의 태도, 동맹국들의 높은 기대, 예측불가의 세계 그리고 부정, 폭력, 독재에 대한 즉각적인 도덕적 격분. 어쩌면 메르켈이 이 모든 주제가 혼합된 상황에서 가장 힘든 외교적 결정을 내려야 하는 건 필연적 결과였으리라. 2011년 3월 17일 목요일, 하필이면 외교정책보좌관 크리스토프 호이스겐의 생일날이었다. 소수정예멤버가 생일을 축하하기 위해 바우만 비서실장의 사무실에 모였다. 그러나 아무도 파티 기분이 나지 않았다. 바우만의 사무실은 간소했다. 장식이라고는 넓은 벽에

왜소하게 걸려 있는 세계지도가 전부였다. 이 정치적 세계지도가 다시 한 번 급작스럽게 회전했다.

전날 밤 뉴욕의 유엔 기후가 급변했다. 프랑스 대통령이 유엔안전보장이사회에서 자신의 주장을 관철시켰다. 그는 리비아 상공에 비행금지구역이 설정될 것이고 전쟁이 있을 것이라고 했다. 독일연방정부는 입장을 정해야만 했다. 안전보장이사회는 이날 안으로 결정을 내리고자 했다. 그리고 독일은 비상임이사국으로서 입장을 밝혀야만 했다. 독일은 비행금지구역 설정에 동의하는가? 그리고 국지전에 군대를 파견할 준비가 되어 있는가?

2011년 3월은 메르켈에게 공포의 달이었다. 사방에서 사건들이 속도를 높였고 위기가 꼬리를 물었다. 이미 2월에 연방은행장 악셀 베버Axel Weber가 사임을 표했다. 이유를 명확히 밝히지는 않았지만, 분명 유로위기에 대한 유럽중앙은행의 정책이 맘에 들지 않았기 때문이리라. 3월 1일 구텐베르크 국방부 장관이 논문 표절 스캔들에 휩싸이면서 정계은퇴를 발표했다. 2월 말에 함부르크 시장선거 투표함이 기민연과 특히 자민당의 문제를 예고했다. 3월 20일과 27일에는 기민연의 표밭인 바덴뷔르템베르크와 헤센에서 주의회선거가 있을 예정이었다. 연정파트너인 자민당 내부에서는 당대표이자 외무부 장관인 귀도 베스터벨레에 대한 불만이 커져 갔다.

강타가 연이었다. 3월 11일 오후 2시 47분 일본에서 지진이 일었고 쓰나미가 해안을 덮쳤으며 1만 8천 명 이상이 사망했다. 후쿠시마 원자력발전소에서 재앙소식이 연달아 전해졌다. 원자로 세 개가 녹았고 하나는 파괴되었다. 방사능물질이 인간, 동물, 물, 땅에 번졌다. 15만 명이 대피를 해야 했다. 물리학자로서 핵연료기술의 견고성을 믿었던 메르켈은 흔들렸다. 그녀는 브뤼셀 정상회담 중에 어마어마한 수소폭발 장면을 아이패드로 보았다. 영상의 힘을 잘 아는 그녀는 이제 새로운 계산이 필요함을 알았다. 후쿠시마 비극이 모든 걸 무너뜨렸다. "나는 개인적으로, 그때까지 이론에 불과하다 여겼고 그렇기 때문에 책임질 수 있다고 여겼던 잔여 리스크가 실제로 생길 거라곤 예상하지 않았습니다." 메르켈이 인터뷰에서 말했다. "나는 얼마 전까지만 해도 내가 살면서 원전의 위험을 경험하게 될 거란 생각은 하지 않았습니다." 재난 발생 3일째 되는 날 벌써 그녀는 독일원자력발전소의 가동기한 연장을 취소했고 에너지정책을 완전히 뒤집었다. 연정과 산업에 반하는 강력한 행동이었다.

그러는 동안 리비아의 위기가 확산되었다. 2월 중순에 저항운동이 전국을 삼켰다. 3월 초에 정부가 반격을 시작했고 잃었던 영토를 점차 재탈환했다. 권력자 무아마르 카다피Muammar Gaddafi는 특히 전투기의 도움을 톡톡히 받았다. 미수라타뿐 아니라 저항군의 근거지인 리비아 동부의 벵가지도 정부군의 화염에 휩싸였다. 저항운동은 실패로 끝나는 듯 보였다. 카다피는 "집집마다 구석구석" 찾아다니며 모든 저항을 박멸할 것이라고 했고 "자비는 없다"고 선포했다. 시간이 없었다.

프랑스 대통령은 이미 오래전부터 서방국가의 리비아 개입을 주장해 왔다. 아랍지역의 소요 첫 주에 정부 편에서 우려를 표방했던 터라 사르코지 자신도 압박을 받았다. 사르코지와 전 튀니지 권력자와의 친분이 문제가 되었다. 그는 카다피를 직접 파리에서 만난 바 있다. 과시적인 이 권력자는 궁전신하들을 데리고 방문했고 엘리제궁 맞은편에 베두인 텐트를 치고 아마존 친위대와 함께 야영을 했다. 당시 사르코지는 이 독재자가 경제관계의 안정과 번영을 보증할 거라고 국민들에게 장담했다. 리비아의 석유가 손에 잡힐 듯했다. 그런데 이제 바로 그 지중해의 사랑하는 새 이웃이 학살을 시작했다.

메르켈은 사르코지의 리비아 개입의지에 감탄하지 않았다. 오히려 사르코지의 흥분한 행동주의를, 딴 곳으로 관심을 돌리려는 작전으로 평가했다. 나중에 메르켈이 취한 입장의 첫 번째 중요한 동기가 여기에 있었다. 메르켈은 사르코지가 프랑스 국내정치를 위해 개입하려는 전쟁에 덩달아 끌려들긴 싫었다. 그녀는 사르코지가 역사를 왜곡한다고 비판했다. 메르켈은 사르코지와 달리 카다피를 늘 멀리했다. 큰 국제회의 말고는 그를 단 한 번도 만나지 않았다. 또한 리비아의 저항운동은 물론이고 아랍세계에 대해서도 회의적이었다. 베스터벨레는 이 저항운동을 1989년 동유럽의 자유운동과 늘 비교했지만 메르켈은 이것을 거부했다. 메르켈은 지방의 정치적 동향으로 국가의 정치 미래를 판단할 수 없다고 보았다.

그러나 메르켈 총리에게는 군사적 개입에 있어서 더 큰 걱정거리가 있었다. 그녀에게는 아직 이라크 경험이 강하게 남아 있었다. 당시 그녀는 창조적이고 평화적인 미국의 힘에 큰 희망을 두고 있었다. 이라크의 저항이 거세지고 사실상 미국이 패하여 실행되지 못한 계획을 다시 거둬들여야만 하게 되자, 실망이 이만저만이 아니었다. 메르켈은 미국의 관철능력이 우려되었고, 혹시나 워싱턴이 광채를 잃게 되고 그것으로 서방국가 전체가 체제 경쟁에서 약해질까 두려웠다. 민주주의를 수출하기란 쉬운 일이 아니다. 그러나 메르켈은 가치와 체제를 다른 국가에 전달하는 미국의 능력을 삶에서 직접 체험했고 매혹된 바 있었다. 그것이 리비아에서 실패할까 봐 그녀는 두려웠다. 그리고 나쁜 결과가 예상되는 전쟁을, 또 다른 이라크를 허용해선 안 되었다. 이번 개입은 제 기능을 발휘해야 했고 지금까지보다 더 나은 관계를 이끌어 내야만 했다. 그러지 못하면 서방국가의 신뢰도가 전체적으로 땅에 떨어질 것이었다.

메르켈에게는 또한 국내정치적 동기도 있었다. 그녀가 이해하기로, 만약 독일이 군사적 개입에 동의하면 전쟁에 동참하지 않을 수 없다. 그녀가 생각하기에, 개입에 동의만 하고 군대를 파병하지 않는 것은 야비한 태도였다. 토론이 며칠 동안 지속되었다. 파병을 상징적으로 할 수도 있다는 의견이 나왔다. 가령 AWACS(조기경보통제) 정찰기를 보냄으로써 말이다. 또한 항로 차단을 지원하거나 재정을 지원할 수도 있었다. 그러나 메르켈 총리와 토마스 드 메지에르 국방부 장관은 이런 의견이 내키지 않았다. 그러나 본격적인 정식 군사개입은 연방군에게 부담이었다. 연방군은 이미 아프가니스탄, 발칸, 레바논과 소말리아 해안에서의 임무로 전력이 한계에 이르렀다.

미국 대통령이 주저할 거라 믿고 있었던 독일 정부는 2011년 3월 17일 목요일에 기습을 당했다. 미국 없이는 프랑스도 영국도 이 전쟁을 할 수 없었다. 드 메지에르는 수요일 아침에 취임 방문을 마치고 워싱턴에서 돌아왔다. 그리고 펜타곤의 간략한 메시지도 함께 가져왔다. "미국도 군사적 개입을 원치 않는다." 특히 미군사령부가 개입반대 의사를 명확히 밝혔다. 그러나 수요일 하루 사이에 벵가지의 소요는 더욱 절망적으로 변했고, 워싱턴에서 힐러리 클린턴 외무부 장관과 수전 라이스Susan Rice 유엔대사를 중심으로 하는 개입 지지파들이 미국 대통령을 설득했다. 그러나 오바마는 이런 변화를 메르켈에게 알리지 않았다. 독일 정부에게는 모욕이었다. 그러나 메르켈 총리 역시 워싱턴에 연락하지 않았다. 두 국가 지도자 사이의 통신두절이었다. 독일안보보좌관이 미국안보보좌관 토마스 도닐론Thomas Donilon에게 접근하기는 더욱 어려웠다. 석 달 후에 비로소 메르켈과 오바마 사이에 대화가 재개되었다. 워싱턴 공식방문 전날 밤에 메르켈 총리는 오바마 대통령과 함께 작은 식당으로 저녁을 먹으러 갔다. 거기서 메르켈이 오바마에게, 돌리지 않고 단도직입적으로 말했을 것이다. 둘 사이에 이렇게 신뢰를 파괴하는 일이 앞으로 다시는 일어나지 말아야 할 것이라고.

그러니까 메르켈은 독일 유엔대사 페터 비티히Peter Wittig를 통해 새로운 결정을 간접적으로 전해 들었다. 독일 외교관 중 가장 경험이 많고 노련한 비티히는 유엔에서의 독일 프로필을 확실히 각인시키기 위해 2년 임기의 안전보장이사회 비상임이사국 지위를 이용했다. 그는 목요일에 독일 정부의 지시를 청했다. 저녁 총회에서 비행금지구역 설정에 동의해야 할까, 반대해야 할까 아니면 기권해야 할까? 외교관들의 제안이자 외무부와 총리실의 결정은 동의였다. 인류의 참사에 대한 인도적 개입일 뿐, 독일이 동참하지 않았을 때 돌아올 세계의 반응을 고려한 결정은 아니었다.

그 밖에도 독일은 동맹국들에 맞설 수가 없었다. 프랑스와 미국에 반하는 일탈행동은 곧 메르켈이 중시하는 두 가지 규칙, 곧 "미국에 반하는 행동을 하지 않는다"와 "유럽의 분열에 공헌하지 않는다"는 금기를 이중으로 깨는 것이었다. 독일이 기권하거나 더 나아가 반대를 하면, 그것은 인권과 자유가 의심되는 중국과 러시아 편에 서는 것이 될 터였다. 두 나라는 전혀 다른 동기에서 서방국가의 개입을 반대했다. 그들은 선례를 남기고 싶지 않았던 것이다. 인도적 차원의 내정간섭, 그것은 미래의 어느 날 그들에게도 해당될 수 있는 일이었다.

총리실로부터 독일의 입장이 정해졌다. 총리, 외무부 장관, 국방부 장관이 논의한 결과였다. 메르켈 편의 크리스토프 호이스겐, 베스터벨레 편의 외무부 차관 에밀리 하버 등의 보좌관들은 동의를 옹호했다. 이제 베스터벨레, 드 메지에르 그리고 메르켈이 나란히 앉았다. 베스터벨레는 영국 동료와의 통화에서 아랍지역의 중재 노력을 다시 한 번 명확히 했다. 카다피를 외국에 망명시킬 계획이 마련되었다.

베스터벨레는 언제나 모든 군사적 개입을 주저했다. 연정 초기에 기민연과 자민당은 레바논 임무의 지속에 대해 오랫동안 논쟁해야만 했다. 외무부 장관은 '군사적 개입을 꺼리는 전통'을 따랐다. 그는 자민당의 외교정치 조상인 한스디트리히 겐셔를 즐겨 인용했다. "모험을 원하는 사람이 있으면 나는 그에게 기꺼이 외국군대의 군번을 주겠다." 독일의 전후군사개입정책의 원조 사건, 즉 1993년에 헬무트 콜이 이끄는 기민연-자민당 연방정부를 상대로 제기되었던 'AWACS 소송'이 베스터 벨레에게 크게 각인되었다. 10년 후 베스터벨레는 다시 독일의 AWACS 투입 때문에 당을 이끌고 칼스루에 헌법재판소로 갔다. 이번에는 미국이 이라크를 침공하는 동안 터키를 경유하여 날아간 AWACS 때문이었다.

마침내 세 장관의 논의가 끝나고 뉴욕으로 지시가 전달되었다. 독일 대사는 기권해야 했다. 메르켈은 주장을 꼼꼼히 따져보았다. 예측불가인 데다 성공적이지 못한 군사적 개입에 대한 걱정이 앞섰다. 또한 주의회선거를 앞둔 시점에서 전쟁을 결정하는 것은 국내정치적 전망에서도 좋지 않았다. 연정파트너인 자민당과, 이미 지도력을 많이 상실했고 특히 파병을 적극 반대하는 자민당 대표 베스터벨레와의 큰 갈등이 예상되었다.

동맹국과 언론 그리고 당연히 야당은 독일연방정부의 기권을 전혀 다르게 해석했다. 카다피 부대가 벵가지로 진군하는 동안 독일은 인도적 개입에 동의하기를 주저했다. 그것은 인권과 자유의 이상의 측면에서 독일과 반대 진영에 있는 중국 및 러시아와 일치하는 태도였다.

연정수뇌부의 어느 누구도 이런 결과를 예상하지 못했다. 결정에 대한 반향은 대단했다. 메르켈과 베스터벨레는 국내외적으로 뭇매를 맞았고 분노의 파도가 연방정부를 덮쳤다. 국내에서는 입장이 뒤집혀 녹색당과 일부 사민당이 비판의 목소리를 높였다. 독일은 연대의식 부족과 고립주의로 비난을 받았다. 갑자기 '독일의 독자노선'이 다시 등장했다. 2003년 슈뢰더가 먼저 걸었던 그 길을, 당시 가장 강력한 비판자였던 메르켈이 이제 다시 걷는다. 아네르스 포그 라스무센Anders Fogh Rasmussen 사무총장의 훈화가 끝나고 독일 대사가 불쾌한 표정으로 회의실을 나가자, 북대서양조약기구 의회는 소란스러워졌다. 동맹이 심각한 위기에 빠졌다. 독일은 고립되었고 어디서나 독일에게 불쾌감을 느꼈다. 서방국가의 전략적 공동체는 기권의 의미와 결과를 분석하는 데서 분열되었다. 독일 정부의 의도는 무엇이었을까? 과연 독일을 얼마나 믿을 수 있을까? 메르켈과 베스터벨레는 주의회선거를 걱정하여, 그러니까 순전히 국내정치적 계산에서 결정을 내렸을까? 정치적 생존싸움에서 자신을 돋보이게 해야 했던 연정파트너의 당대표를 메르켈은 보호하고 싶었던 걸까? 심지어 메르켈이 연정파괴 위협까지 받았던 것은 아닐까? 특히 베스터벨레가 평화주의 모토를 고집했을 거라는 의심을 받았다. 온갖 소문이 들끓었다.

금요일. 연방의회는 베스터벨레의 정부정책보고를 듣고 이 문제를 토론했다. 사실은 베스터벨레 외무부 장관이 기권 대신 반대를 하려 했다는 소문이 산불처럼 번졌고 온갖 추측들이 더욱 난무하게 되었다. 일종의 타협으로 최소한 기권하도록 설득한 사람이 바로 총리였다는 소문도 돌았다. 외무부는 총리실이 이 소문의 발원지라고 주장했지만 총리실은 강하게 부인했다. 외무부 장관은 격분했다. 그는 메르켈에게 뒤통수를 맞았고 기만당한 기분이었다. 그는 메르켈이 뒤에 가만히 엎드려 몸을 사린다고 생각했다. 그가 기권 결정에 대한 공식적인 방어를 맡아야만 했던 반면, 메르켈은 그를 방패 삼아 아무 피해도 입지 않을 작정인 것처럼 보였다. 실제로 베스터벨레는 방어에 나섰다. 제일 먼저 연방의회에서 정부정책보고를 했고, 그다음엔 연이은 인터뷰 그리고 주로 모든 것을 더욱 심각하게 만들었던 여러 기고를 통해….

외무부 장관은 정부정책보고에서 기권 결정을 정당화하기에 급급한 주장들을 강조했다. 베스터벨레는 보고연설 서두부터 독일만 기권한 것이 아님을 계속해서 암시했다. 중국과 러시아 이외에 브라질과 인도 역시 개입에 회의적이었음을 말했다. 베스터벨레는 심지어 '전략적 파트너'를 언급했다. 그러나 이 주장은 동맹국들을 충격에 빠뜨렸다. 베스터벨레가 지금 새로운 동맹정책을 쓰려는 건가? 외무부 장관이 개발도상국들에게 아첨을 하려는 건가? 베스터벨레는 이날 가능한 모든 인터뷰에 응하여 "군사적 개입은 성급한 행동이고 아무 효력도 없을 것"이라고 말함으로써 동맹국들과의 거리를 더욱 넓혔다. 반면 메르켈은 점점 더 조용해졌다. 그녀는 기자회견을 단 두 번만 했고 확실한 화해의 제스처를 보냈다. 그녀는 늘 동맹국들의 성공을 빌었고 동맹국 간의 연대를 강조했다.

　리비아 문제로 생긴 배척의 아픔은 오래갔다. 베스터벨레와 메르켈 사이의 갈등은 오늘날까지도 해소되지 않았다. 베스터벨레는 늘 한결같다. 메르켈과 달리 그는 거의 도그마 수준으로 군사적 개입을 반대한다. 반면 메르켈은 흔들린다. 측근들에 따르면 그녀는 정세에 따라 기권을 정당화하기도 하고 혹은 깊이 성찰하기도 한다. 입장을 결정한 대가는 높았다. 그녀는 이 문제에 대해 어쩔 수 없이 다시 한 번 문책을 당하게 되리라. 결과적으로 대가가 너무 컸을까? 그녀는 이에 대해 공공연히 고백하지는 않을 것이다. 그러나 어쩌면 이것이 그녀의 총리 임기 중에서 가장 큰 외교적 오류였을지 모른다.

8

시온의 빛

매혹의 이스라엘

❖

메르켈은 홀로코스트라는 말을 잘 쓰지 않았다.
그녀는 이스라엘에서 쓰고 독일에서도
점점 더 확산되는 '쇼아'라는 단어를 사용했다.
어휘선택은 매우 중요하다.

앙겔라 메르켈의 외교정치는 늘 점검과 조절을 수반하며, 또한
유연하다. 성공적인 외교정치를 위해서는 어느 정도 운신의 폭
이 필요하다. 그러나 이스라엘은 예외다. 메르켈에게 이스라엘
은 마음으로 연결된 나라다. 이스라엘과 유대교에 관한 한, 메
르켈 총리만큼 확고한 결의를 가진 사람은 없을 것이다. 또한
이 주제만큼 그녀가 강한 확신과 확고부동한 태도를 보이는
것도 없다. 이스라엘은 그녀의 외교정치 좌표의 기본 축에 속
한다. 중요도에 있어서 유럽연합과 미국에 비견할 만하다. 메
르켈의 신념에서 이스라엘은 독일의 '국가이성'에 속한다. 메르

켈의 '국가이성'은 해석이 분분하여 격렬한 논쟁을 야기하는 도그마와 같은 신조다. 그녀는 유대교와 이스라엘에 깊은 애정을 갖고 있다. 독일 역사에 대한 이해와 역사적 맥락을 바탕으로 그녀가 총리로서 세운 정치원칙은 독일의 유대인 학살, 홀로코스트와 강하게 연결되어 있다. 그렇기 때문에 이스라엘과의 정치는 유대인의 삶에 대한 존중과 후원이고 역사적 의미가 강했다. 메르켈은 의심의 여지를 남기지 않는다. 그녀는 이스라엘을 사랑하며, 그녀의 정치에서 이 나라는 매우 중요하다. 그리고 이것을 역사적 맥락에서 독일의 의무로 여긴다. 이스라엘과의 정치에 관한 한 메르켈은 모든 선임자들을 능가한다.

이런 깊은 친밀함이 어디에서 기인했는지는 명확히 밝혀지지 않았다. 이스라엘과의 외교적 만남을 가장 가까이에서 함께 했던 사람들조차 이에 대한 정확한 답을 주지 못한다. 메르켈은 독일에 사는 유대인 대표들과 매우 친밀하게 지내고 이스라엘 정치의 주요 인물들과 관계를 다진다. 특히 에후드 올메르트Ehud Olmert 전 총리와 가깝게 지낸다.

그녀의 최측근 보좌진들은 그녀의 공명체로서 이스라엘 주제를 다루고 있다. 바우만 비서실장은 특히 관계의 역사적 해석과 홀로코스트의 의미를 담당한다. 외교정책보좌관 호이스겐은 메르켈의 임기 동안 평화를 중재하는 전략적 관계 유지에 신경을 쓴다. 전 총리실 정무장관 힐데가르트 뮐러Hildegard Muller와 그녀의 후임자 에카르트 폰 클래덴Eckart von Klaeden 은 유대인 공동체와의 사회적 관계를 책임졌다. 뮐러는 메르켈의 부탁으로 여러 해 동안 독일-이스라엘 의원모임을 이끌었고 그 덕분에 이스라엘에 좋은 관계망을 구축했다. 메르켈은 2001년부터 2007년까지 독일주재 이스라엘 대사였던 시몬 슈타인Shimon Stein과 사적으로도 친했고 슈타인의 임기가 끝난 후에도 두 사람의 친분은 유지되었다. 많아야 두세 명의 대사가 누렸던 친밀함이다. 슈타인은 그런 관계를 유지할 수 있는 몇 가지 전제조건을 갖추었다. 그는 어떤 토론도 마다하지 않는 열정적인 사람이었고 침묵할 줄 알았으며 오페라를 좋아했다. 메르켈 부부가 늘 편하게 대할 수 있는 그런 사람이었다.

메르켈의 일생만 봐서는 이스라엘과 유대인에 대한 그녀의 친밀도를 알 수 없다. 그녀의 일생에 관한 인터뷰를 보면, 그녀는 학창시절 매년 반 친구들과 함께 템플린에서 30킬로미터 떨어진 라벤스브뤼크로 강제수용소 견학을 갔다. 이것은 학교 당국과 구동독의 역사수업이 정한 의무였다. 라벤스브뤼크는 먼저 여자수용소로 지어졌고 나중에 남자수용소와 청소년수용소가 추가되었다. 나치는 이곳에 15만 명을 수용했고 강제노동을 시켰으며 나중에는 학살장으로 보냈다. 얼마나 많은 라벤스브뤼크 수용자들이 목숨을 잃었는지는 알려지지 않았다. 전쟁이 끝날 무렵 수용소에 가스실이 지어졌고 그곳에서 약 6천 명이 학살되었다.

메르켈이 기억하기로, 구동독에서는 강제수용소에서 희생된 공산주의자와 사회민주주의자가 중요한 구실을 했다. 구동독의 역사관에서 유대인 학살은 하위범주에 속했다. 국가는 나치의 행위와 자신을 분리함으로써 정당성을 찾으려 했다. "나는 나치를 서독의 문제로 돌렸던 반쪽 독일 구동독에서 생애 첫 35년을 보냈습니다." 메르켈이 역사적인 이스라엘 의회연설에서 말했다. 구동독은 공산주의자와 사회주의자, 어쩌면 또한 사회민주주의자의 저항역사에 기초하여 세워졌고 자신을 독일 파시즘의 반명제로 이해했다. 구동독으로서는 홀로코스트를 인정하기 어려웠을 것이다. 유대인 학살을 인정하는 순간 공동책임을 면하기 어려울 테고 역사적 짐을 함께 질 수밖에 없었을 테니 말이다.

메르켈이 기억하기로, 역사 시간에 라벤스브뤼크에 수용되었던 유대인의 운명을 다루긴 했다. 그러나 잠깐 언급하는 것이 전부였다. 반면 목사관에서는 나치와 유대인 학살에 대한 이야기를 많이 했다. 그러므로 메르켈의 역사관은 부모와의 대화와 서독매체의 보도에서 생겨났다고 봐야 할 것이다. 1985년 5월 8일 종전 40주년 기념일에 메르켈은 바이츠제커의 연설에 깊은 감명을 받았다. 메르켈은 아버지의 교회 지인을 통해 연설 복사본을 구했고 그것을 연구소 동료들과 함께 읽고 토론했다. 나중에 그녀는 매우 인상 깊은 연설이었다고 평했는데, 바이츠제커가 5월 8일을 해방의 날로 소개했기 때문이 아니었다. 소련의 선언에 따라 구동독은 이미 오래전에 5월 8일을 해방의 날로, 5월 9일을 위대한 조국 승리의 날로 확정했기 때문이다. 민감하게 신호에 주의를 기울였던 구동독 사람들에게 그의 연설이 깊은 인상을 남긴 까닭은 독일 역사를 동서로 분리할 수 없다고 표현했기 때문이다. "우리 독일은 한 민족이고 한 국가입니다. 우리는 같은 역사를 공유하기 때문에 하나라고 느낍니다." 이것이 메르켈의 마음을 울렸다. 같은 역사의 공유는 또한 나치의 행위에 대한 공동책임을 뜻한다.

역사와 이스라엘에 대한 구동독의 태도에 메르켈은 분노했다. 그녀는 구동독의 학자로서 이스라엘에서 나온 어떤 전공 분야 논문도 접할 수 없었다. 구동독은 이스라엘을 국가로 인정하지 않았고 공식적인 서신 교환도 없었다. 그러나 학자인 그녀에게 텔 아비브 남부 레호보트에 위치한 바이츠만 연구소의 논문들은 매우 중요했다. 그래서 그녀는 우회적인 방법으로 이스라엘의 논문을 구하기 위해 미국에 있는 동료 과학자에게 편지로 부탁했다고 한다. 그러나 이것만으로는 이스라엘에 대한 메르켈의 깊은 감정이 해명되지 않는다. 그렇다면 메르켈은 스스로 느끼는 구동독의 역사적 부채를 너무 과하게 갚는 걸까? 그럴 수도 있겠지만 결정적이진 않다. 모든 서독 차세대정치가들은 젊은 시절에 벌써 독일-이스라엘 만남을 통해 이스라엘을 경험하고, 또래와 토론하며 의견을 나누고, 자신과 이스라엘의 역할을 반추해 볼 기회를 가졌겠지만 메르켈에게는 확실히 그럴 기회가 없었다. 메르켈은 장관이 되어서야 비로소 이런 경험들을 처음으로 하게 되었다. 그렇기 때문에 그녀에게는 종교와 역사의 이해 이상으로 개인적인 관계가 중요했다.

1991년 메르켈이 막 여성청소년부 장관이 되었을 때, 그녀는 첫 외국 방문지로 이스라엘을 선택했다. 이스라엘에 도착했을 때의 흥미로운 일화가 있다. 메르켈은 연구기술부 장관 하인츠 리젠후버와 함께 텔 아비브로 갔다. 리젠후버는 헬무트 콜 내각의 중심점답게 공항에서 기자들 무리에 둘러싸여 이스라엘 동료들과 인사를 나누었다. 반면 동독 출신의 젊은 여성 장관은 '꿔다 놓은 보릿자루' 신세가 되었다. 아무도 그녀에게 관심을 보이지 않았다. 헬무트 슈미트 총리의 전 외교정책보좌관이자 충직한 외교관인 독일 대사 오토 폰 데어 가블렌츠Otto von der Gablentz는 리젠후버에게 모든 관심을 집중했다. 젊은 여성장관은 몰래 분노의 눈물을 글썽였다. 이것은 메르켈이 정치 입문 초기에 자주 드러냈던 약점인데, 그녀는 많은 노력 끝에 이것을 극복할 수 있었다. 그러나 기자들이 이 장면을 목격했고 정치라는 큰 경기에서 보잘것없는 존재로 눈물을 참고 있는 동독 출신의 여성정치가에게 동정을 표했다. 나중에 메르켈이 이스라엘 여행 중에 자력으로 데이비드 레비David Levy 외무부 장관과 약속을 잡았을 때, 가블렌츠 대사의 눈에 갑자기 그녀의 가치가 보이기 시작했다. 그때부터 그는 메르켈 옆에 서려 애썼다.

나중에 메르켈은 이 여행에서 깊은 인상을 받았던 다른 일화를 떠올렸다. 갈릴리 호숫가의 타브가 수도원에서 그녀는, 예루살렘의 시온산에 베네딕트 수도원을 운영하는 특권을 누리는 독일 수사를 만났다. 1995년 함부르크에서 열린 독일교회의 날 행사에서 그녀는 매우 공공연하게 자신의 신앙에 대해 말했고 타브가 수도원의 일화를 들려주었다. 한 수사가 수도원을 소개하고, 성경에 나오는 5천 명을 먹인 기적의 장소로 안내했다. "우리는 언덕에 올라 갈릴리 호숫가의 비옥한 땅을 보고 있었어요. 그때 수사가 말하더군요. '한번 둘러보세요. 예수가 산에서 내려와 이곳 호수에 있었고 저쪽에 있는 만곡이 바로 예수가 어부 베드로를 만났던 곳입니다. 거기서 조금만 더 가면 5천 명을 먹이신 기적의 장소입니다. 거기서 배를 타고 호수를 건넜고 그때 풍랑 사건이 벌어졌습니다.'"

메르켈은 수사의 깊은 신앙심에 큰 감명을 받았다. "수사의 말에는 확신이 느껴지는 어떤 힘이 있었어요. 살짝 질투가 났습니다." 메르켈은 성경을 잘 안다. 교회의 날을 위한 연설문에서 항상 그것을 확인할 수 있다. 그녀는 심지어 루터성경과 공동번역성경의 차이를 구별할 수 있다. 목사관에서 신약과 구약을 늘 접하고 성경과의 깊은 관계 속에서 자란 사람이라면, 어린 시절 이야기로만 들었던 장소를 직접 눈으로 보게 되면 감탄할 수밖에 없다.

선임자 헬무트 콜과 달리, 앙겔라 메르켈은 역사에 과하게 도취하는 그런 정치가가 아니다. 콜이 유럽의 의미를 말하면 그것은 전쟁과 평화에 관한 일이었다. 메르켈의 유럽은 지구화와 미래의 위험을 바탕으로 한다. 메르켈은 제2차 세계대전 후에 태어난 독일의 첫 총리다. 슈뢰더보다 10년 늦은 1954년 전시에 태어난 아이였던 것이다. 분단의 산증인인 그녀에게 체화된 역사는 역시 구동독과 통일이다. 구동독의 역사 이해와 과거 극복을 위한 회상은 기꺼이 받아들였지만 그 밖의 역사적 사건과 기억은 자제했다. 단, 예외가 하나 있다. 독일 나치의 체계적인 유대인 학살이 그것이다.

메르켈은 홀로코스트라는 말을 잘 쓰지 않았다. 그녀는 이스라엘에서 쓰고 독일에서도 점점 더 확산되는 '쇼아Shoa'라는 단어를 사용했다. 어휘선택은 매우 중요하다. 학계는 희생자로서 그리고 학살당한 사람들의 후손으로서의 유대인 자아상에 몰두한다. 언어가 사건을 보는 시각을 결정한다. 홀로코스트 연구는 이 행위의 특이성을 적절하게 그리고 가치평가 없이 표현하는 문제를 극복해야만 했다. 홀로코스트란 번제물로 바쳐져 완전히 불에 타 죽은 동물을 표현하는 옛 단어로, 여기에 벌써 틈이 생긴다. 1978년 인기리에 방송된 미국 텔레비전 드라마와 이 시기에 워싱턴에 건축된 유대인 학살 추모박물관에 대한 토론에서 홀로코스트라는 단어가 처음 등장했고 주로 영어권과 독일어권에서 사용되었다. 그러나 이 단어는 번제물이라는 종교적 관련성 때문에 특히 이스라엘에서 거부된다. 유대인은 신에게 바치는 제물로 죽임을 당한 것이 아니었다. 유대인 학살은 종교적 행위가 아니었다. 그것은 신이 무시된 행위였고 이념에 취한 피에 굶주린 독재자의 행위였다. 그렇기 때문에 이스라엘은 '대재앙' 혹은 '참사'를 뜻하는 히브리어 '쇼아'를 사용한다. 메르켈도 이 단어를 사용한다. 이것은 또한 이 특수한 만행에 대한 메르켈의 이해와 이스라엘의 이해가 많이 닮았음을 보여 준다.

메르켈은 독일의 잘못과 유대인 학살의 특수성이라는 어려운 주제를 연설에서 자주 다루었다. 그녀는 역사로부터 받은 남아 있는 임무와 문명 파괴 개념을 강조했다. 그녀는 총리 임기 첫 7년 동안 이스라엘을 네 번이나 방문했고 이스라엘 의회에서, 히브리 대학의 명예박사학위 수여식에서 그리고 중요한 정책연구소에서 연설을 했다. 그녀는 독일에 있는 유대인 공동체로부터 받을 수 있는 모든 상을 받았는데, 그중 하나가 레오 백Leo Baeck 상*이다. 2009년 금융위기가 한창일 때 그녀는 유대인 대★박해의 밤 70주년 기념연설을 했다. 그녀는 이 기념연설을 중요하게 여겼고 그래서 연설의 뼈대를 구성한 보좌진들과 긴 토론을 거쳐 연설문을 완성했다. 결국에는 메르켈이 직접 연설문을 쓰거나 적어도 문장을 수정하는 경우가 많았다. 원고 작성에 관한 한 그녀는 매우 꼼꼼했다. 이 기념 연설에서는 쇼아로 인한, 이스라엘에 대한 독일의 책임이 빠지지 않고 언급되었다. "독일과 이스라엘은 쇼아에 대한 기억으로 특별하게 연결되어 있고 이 연결은 영원할 것입니다." 그녀가 이스라엘 의회에서 말했다. 메르켈이 신중하게 표현했듯이, 이것이 근본적인 힘의 원칙이다.

메르켈의 쇼아 연설에는 두 가지가 등장한다. 첫째, 두 번 다시 있어서는 안 된다! 둘째, 그러기 위해서는 무엇을 해야 하는가? 외국인 혐오증, 인종주의, 반유대주의가 두 번 다시 있어서는 안 된다. 이것이 그녀가 생각하는 학살의 교훈이다. 메르켈은 외국인 혐오증, 인종주의, 반유대주의, 이 세 가지를 자주 사용하는데, 이때 외국인 혐오증과 인종주의가 반유대주의보다 먼저 언급되는 것에 주목할 필요가 있다. 그녀는 이스라엘 의회에서만 특별히 반유대주의를 제일 먼저 언급했다. 추

• 독일유대교중앙위원회가 독일 유대인을 위해 공헌한 사람에게 주는 상.

측컨대 그녀는 오늘날 인종주의가 유대인 증오보다 더 위험하다고 본다. "두 번 다시 있어서는 안 된다"는 점에서 메르켈의 임무가 생긴다. 유대인 사회와 독일의 관계 후원하기 그리고 이스라엘의 안전과 공동 가치를 위해 애쓰기. 이스라엘에 대한 메르켈의 관점에서 중요한 자리를 차지하는 것이 바로 가치다. 아랍지역의 저항운동에서 메르켈은, 이 지역에서 민주주의국가로서 유럽의 가치를 보호하고 있는 나라는 이스라엘뿐임을 확인했다. 그렇기 때문에 이스라엘이 정착촌 조성에서 스스로 이 가치를 지키지 않을 때, 메르켈은 특히 더 화가 났다.

또한 메르켈은 역사의 보전을 아주 구체적으로 염려한다. "시대의 증인이 더는 존재하지 않을 때, 쇼아의 기억을 보전하려면 어떻게 해야 하겠습니까?" 이스라엘 의회에서 그녀가 물었다. 다른 자리에서도 삶의 증인과 만행이 너무나 빨리 망각 속으로 사라져 늘 새롭게 놀란다고 말했다. "그래서 나는 결정적인 질문을 던질 수밖에 없습니다. 쇼아를 직접 겪었던 세대가 더는 우리 곁에 없을 때, 어떻게 해야 우리가 역사적 책임을 인식할 수 있겠습니까?"

메르켈은 상대화와 역사 왜곡의 문제를 어떻게 책임질 것인지 묻는 질문에 매우 구체적이고 직접적으로 두 번이나 직면했다. 그리고 두 번 다 기민연의 보수기독진영과 충돌했다. 두 번 다 톡톡한 대가를 치렀는데, 한 번은 너무 단호하지 못했기 때문이고 또 한 번은 너무 단호했기 때문이다. 그녀의 권위를 위협한 첫 번째 사건은 마르틴 호만Martin Hohmann과 관련이 있다. 풀다 출신의 연방의회의원인 호만은 2003년 10월 3일에 연설을 했다. 당시 메르켈은 당대표이자 원내대표였다. 호만은 연설에서 독일을 가해자 민족으로 상대화하고, '악한 이념을 가진 못된 패거리'였다고 표현했다. 독일은 피비린내 나는 지난 세기의 가해자 민족이었다는 것이다. 호만은 더욱 고양되어, 유대인들에게도 '어두운 면'이 있지 않겠냐며 수사학적질문을 던졌다. 그리고 나중에는 1917년 러시아 혁명과 연결하여, 유대인을 '가해자'로 보는 시각에도 '어느 정도 정당성'이있다고 결론지었다.

메르켈은 제일 먼저 호만을 원내에서 징계하고 사죄할 것을 지시했다. 그러나 이 특급 보수주의 의원은 한 인터뷰에서다시 자신의 주장을 폈고 메르켈은 그를 원내에서 제명하고자했다. 기민연 사방에서 그를 당원에서 제명하자는 저항이 일었다. 메르켈은 호만을 원내에서 제명하면서 당적은 그대로 둘생각이었지만 근거를 제시할 수가 없었다. 결국 메르켈은 당대표로서 뒤늦게 입장을 바꿔 당원 제명을 결정했다. 이런 뒤늦은 결단 때문에 그녀는 높은 대가를 치러야 했다.

반면 2009년 2월 첫 번째 총리 임기가 끝나 갈 무렵 메르켈은, 독일 출신 교황 베네딕트 16세 못지않은 단호함을 과시했다. 교황은 1월 말에 전통주의적인 '성 비오 10세 사제단' 소속 주교 네 명을 다시 교회에 받아주었다. 그 네 명 중 한 명이 리처드 윌리엄슨Richard Williamson 주교인데, 그는 얼마 전 텔레비전 인터뷰에서 나치의 유대인 학살을 부정한 바 있었다. 이 사건이 교황 베네딕트 16세에게 큰 부담을 주었다. 그는 교회 내에서 비판을 받았다. 메르켈은 며칠의 시간을 보낸 뒤 카자흐스탄 대통령과의 기자회견 자리에서 윌리엄슨과 교황에 대한 그녀의 의견을 묻는 날카로운 질문에 답했다. 메르켈은 의미심장하게 '기본적인 물음'에 대해 이야기하기 시작했다. "그러니까 지금 교황과 바티칸 측에서 '유대인 학살의 부정은 있을 수 없다'고 명료하게 해명했다는 얘긴데요. (…) 내 관점에서 볼 때 이런 해명만으로는 부족합니다."

가톨릭 문화의 독일은 물론이고 당 이름에 'C'를 가진 정당들도(기독교민주연합CDU/기독교사회연합CSU) 들끓었다. 메르켈이 그런 식으로 교황을 비판해도 되는가? 더 나아가 교황에게 경고하고 해명을 요구해도 되는가? 교황이 홀로코스트에 명료한 태도를 취하지 않는다고 무고해도 되는가? 바티칸이 즉시 반응했고 명확한 해명을 발표했다. 그럼에도 분위기는 가라앉지 않았다. 외교적 근심이 여러 주 계속되었다. 주교들이 토론을 벌였고, 가톨릭 문화의 독일에서 어떤 사람은 존중을 표했고 어떤 사람은 경고를 모욕이라 여겼다. 그러나 메르켈은 무엇보다 기민연에 큰 파문을 일으켰다. 동독 출신의 개신교 신자로서 당대표에 오른 첫날부터 그녀를 따라다녔던 의심과 비난이 다시 일었다. 당 이름에 있는 'C'를 무시했다고, 기독교민주연합의 가톨릭 근본을 배반했다고…. 거대한 논쟁의 파도가 기민연을 휩쓸었다. 가톨릭 유권자들이 당에서 차지하는 그들의 입지에 대해 토론하며 가치, 정치적 이상, 안전, 보수주의를 강조했다. 메르켈은 그것이 이미 당에 충분히 녹아 있다고 한 문장으로 공표했다.

메르켈의 관점에서 볼 때 그녀는 당연하게 신의를 지켰을 뿐이다. 이스라엘 의회 연설이나 레오 백 상 수상기념 연설을 들었거나 읽었던 사람은 그리고 이스라엘에 대한 총리의 개인적인 역사를 아는 사람은, 그녀가 원칙을 따랐을 뿐 전술적으로 말한 것이 아님을 잘 알았다.

전술적 계산이 정말 없었을까? 순전히 이스라엘 문제일 뿐일까? 메르켈의 다차원 관계 모자이크에는 마지막 정치적 차원이 남아 있다. 여기서도 메르켈은 선임자와 구별된다. 그녀는 독일과 이스라엘의 관계를 새로운 수준에 올려 놓았다. 갑자기 전쟁과 평화, 안전과 존재에 대한 물음들이 중요한 구실을 하게 되었다. 메르켈에게 통일된 민주주의국가 독일은 이스라엘에 대한 올바른 역사관과 떼려야 뗄 수 없는 관계임을 확인하는 데서 정치적 차원의 이해가 시작된다. 2003년 호만 논쟁이 기민연에서 일었을 때, 이미 그녀는 주목할 만한 말을 했다. "우리가 홀로코스트를 특수한 행위로 인정했기 때문에, 우리는 오늘날 자유, 일치, 주권을 말할 수 있는 것입니다. 이런 인정이 오늘날의 우리를 만들었습니다." 역으로 해석하면, 독일이 역사를 인정하지 않고 공격적으로 과거를 처리했더라면, 독일의 자유, 일치, 주권은 이웃나라와 국제사회에 의해 사라지고 없을 것이라는 뜻이 된다. 총리의 최측근이 이것을 한 문장으로 간략하게 요약했다. "미국과 홀로코스트를 빼고는 독일을 논할 수 없을 것이다."

메르켈은 이런 역사관에서 직접적인 정치 임무를 도출한다. 쇼아는 독일과 이스라엘을 뗄 수 없는 관계로 묶었을 뿐 아니라 독일에게 이스라엘의 안전과 보호를 위한 중요한 임무를 부여했다. 메르켈은 이런 실질적 정치 임무를 '국가이성'이라는 말로 표현했다.

국가이성. 이것은 국가의 임무에 담긴 합리성과 영리함, 국가의 관심 그리고 국가가 뿌리를 두고 있는 정치적 합리성을 뜻한다. 국가이성은 중요한 의미를 갖는다. 총리가 그런 낱말을 경솔하게 썼을 리가 없다.

메르켈은 예나 지금이나 기본적으로 대중이 인식하는 것보다 더 심혈을 기울여 연설을 준비한다. 메르켈은 연설문을 작성할 때 최종적으로 담길 내용보다 훨씬 더 많은 심사숙고와

지력 그리고 행간의 의미를 투자한다. 그녀가 염두에 두고 있는, 원고에서 삭제된 내용들을 여러 관중에게 쉽게 전달할 수 없는 것이 연설 못하기로 공인된 그녀의 비극 중 하나다. 게다가 민주적으로 선출된 국민대표들 앞에서 연설을 해야 한다는 것도 비극에 속한다. 메르켈에게 의회는 민주주의의 중심이다. 그래서 그녀는 의회 연설을 특히 중요하게 여긴다. 유럽, 국제관계, 국가상황에 대한 기조연설을 메르켈에게 부탁하는 사람은 항상 같은 대답을 듣는다. 정부정책보고서를 읽어라. 거기에 모두 나와 있다. 이 모든 것이 민주주의의 장점을 드러낸다. 다만 대중이 이런 보고의 중요성을 인식하지 못한다는 것이 안타까울 따름이다. 그들은 베를린 정치에 취해 몰락한다.

메르켈이 과감하게 나서서 큰 주목을 받은 적이 몇 번 있었다. 뉴욕 유엔총회와 이스라엘 의회에서였다. 총리직에 오른 지 거의 2년째 되던 2007년 9월에 메르켈은 전 세계가 주목하는 유엔총회 연설에서, 세계를 단단히 묶어 주는 것들에 대한 그녀의 개인적인 신념을 고백했다. 성장과 사회정의, 유엔을 통해 체화된 국제법의 의미 그리고 필수적인 가치들…. 메르켈은 의식적으로 연설 속에 정치 노다지를 묻어 두었다. 관철 능력과 유엔의 권위, 특히 이란에 대한 권위와 관련해서는 의미심장한 말을 했다. "나 이전의 모든 독일 총리들은 이스라엘에 대한 독일의 특별한 역사적 책임을 의무로 여겼습니다. 나 역시 이런 특별한 역사적 책임을 명확하게 인정합니다. 그것은 독일의 국가이성에 속합니다. 다시 말해, 독일 총리인 나에게 이스라엘의 안전은 결코 협상 대상이 아닙니다." 이 말은 언론이 주목했고 메시지가 전달되었지만 아직 완전히 이해되지는 않았다.

반 년 후 메르켈은 뜻밖의 영광에 동참하게 되었다. 이스라엘이 건국 60주년을 맞은 것이다. 당시 이스라엘의 올메르트 정권과 가까이 지냈던 메르켈 총리가 이스라엘 의회 연설에 초대되었다. 지금까지는 국가원수들만 이스라엘 의회에서 연설을 할 수 있었는데, 메르켈이 총리로서는 처음으로 그 자리에 초대되었고 게다가 이스라엘에서 적대시되는 독일어로 연설을 했다.

이 방문이 아마 메르켈이 그때까지 했던 모든 여행 중 감정적으로 가장 고조된 외국 방문이었을 것이다. 메르켈은 역사적 무게와 기대의 부담을 느꼈다. 메르켈은 이번 일정에서도 여느 때와 마찬가지로 제일 먼저 야드 바셈으로 갔다. 예루살렘 근교에 있는 인상적인 쇼아 박물관에 들르기 위함이었다. 메르켈은 이곳에서 특히 두 장소에 큰 감명을 받았다. 박물관 터널을 통과하여 빛을 향해 비탈길을 오르면 하늘과 넓은 풍경이 눈앞에 펼쳐진다. 두 번째 장소는 어린이희생자 추모지다. 야드 바셈에서의 일정은 항상 어린이희생자 추모지 순회로 끝난다. 방문자들은 달팽이집 같은 나선형 길을 따라 어두운 동굴로 안내되고 눈이 서서히 어둠에 익숙해진다. 조심스럽게 한 발씩 더듬으며 어둠을 통과하는 동안 거울에 비친 촛불 세 개가 끝없이 그리고 헤아릴 수 없이 깊이 공간에 반사된다. 거울 효과가 현기증을 일으킨다. 차분한 음성이 쇼아로 희생된 어린이들의 이름, 거주지, 사망 연령을 엄숙히 낭독한다. 150만 명이 목숨을 잃었다. 150만 개의 이름. 이름이 곧 사람이다. 야드 바셈의 어떤 장소도 어린이희생자 추모지만큼 깊은 감명을 주지 못한다. 메르켈에게도 마찬가지다. 추모지에서 나오면 주변의 흰 바위에 반사되는 햇빛 때문에 눈이 부시다.

출구 바로 앞에 공식 방문자들을 위한 방명록이 놓여 있다. 무자비한 순간이다. 가장 깊은 충격의 순간에 모든 시선이 방문자에게 집중된다. 이제 방문자는 자신의 생각을 압축한 한 문장을 기록하고 소리 내어 읽어야만 한다. 메르켈은 당연히 이런 상황에 미리 대비해 두었다. 그녀는 미리 준비해 온 잘 다듬어진 문장을 방명록에 적었다. "독일 정부는 쇼아에 대한 책임의식을 갖고 독일과 이스라엘의 첫 공동 내각회의를 통해 미래를 함께하겠다는 결의를 재차 강조하는 바다." 그녀의 표정이 유난히 침통했다.

메르켈에게 영향을 끼친 쇼아의 감정적 효력이 이런 장면들에서 드러난다. 야드 바셈을 방문할 때마다 그녀는 도저히 이해할 수가 없었다. 독일이 어떻게 그토록 많은 사람들을 단지 존재한다는 이유만으로 죽일 수 있었을까? 그러나 메르켈은 이런 속마음을 결코 드러내고 싶지 않았다. 그녀는 독일 유대인 중앙위원회의 오랜 회장 샤로테 크놉로흐Charlotte Knobloch와 이런 감정을 매우 사적으로 상세하게 나눈 적이 있었다. 어쩌면 의례처럼 외국 방문 때마다 밤에 호텔에 모여 하루를 되돌아보고 평가할 때, 그녀는 소수의 최측근에게만 감정을 드러냈을 것이다. 바우만, 호이스겐, 슈타인 대사, 빌헬름 같은 소수의 최측근들은 언제나 이것에 대해 침묵할 것이다. 메르켈은 거의 사적인 이런 저녁모임을 '평가회의'라고 부른다. 그녀가 말하는 평가회의란 하루를 다시 한 번 되돌아보고 각자 목격하고 느낀 것들을 솔직하게 나누는 자리다. 계획 수립이나 일정 논의와는 전혀 상관이 없다. 그것은 짐 내려놓기, 벗어나기, 마음 달래기다. 이것은 어린 시절 목사관에서부터 생긴 의례다. 어머니 헤를린데 카스너는 저녁마다 늘 아이들과 마주 앉아 사회주의 체제에서 생긴 일들에 대해 솔직하게 대화했다.

메르켈은 이스라엘 방문 마지막 날에 마침내 이스라엘 의회로 갔다. 2000년에 독일 대통령 요하네스 라우Johannes Rau가 최초로 그리고 지금까지 유일한 독일인으로 이스라엘 의원들 앞에서 연설을 한 이후로 처음이었다. 사실 그것은 대통령들에게 특권이나 다름없었다. 이제 메르켈이 대리석 벽 앞에 섰고 의원들 몇몇이 거부의 표시로 자리를 떴다. 메르켈은 1년 전 히브리 대학에서 첫 명예박사학위를 받았을 때 했던 연설의 주요내용을 반복했다. 이스라엘 의회에서 그녀는 이스라엘과 독일 관계의 본질을 표현해야 했다. 그녀의 말 한 마디 한 마디가 유언처럼 기록될 것이었다.

메르켈은 다시 독일과 이스라엘이 쇼아의 기억으로 항상 연결되어 있음을 확인하는 것으로 연설을 시작했다. 다시 문명 파괴에 대해 그리고 다시 역사적 임무에 대해 말했다. 그러나 그다음에는 독일과 이스라엘의 파트너십에 대한 생각을 하나하나 힘주어 밝혔다. 하루 전에 독일과 이스라엘의 첫 공동 내각회의가 있었다. 메르켈 정부는 특별히 깊은 관계를 강조하기 위해 여러 국가들과 이런 외교적 협정을 맺었다. 여러 장관들이 각각 해당 부처 동료들을 만났다. 이른바 쌍방 장관회의를 가졌다. 3년 전에 예루살렘 킹 데이비드 호텔에서 포도주를 마시며 메르켈에게 이스라엘과의 관계에 현대적 상징이 없는 것 같다고 지적한 사람이 바로 슈타인 대사였다. 그때 공동 내각회의 아이디어가 탄생했다.

이제 메르켈은 이스라엘 의회 연단에 섰고 관계에 관한 세부규정을 또박또박 낭독했다. "특별한 관계란 정확히 무엇을 뜻할까요? 연설이나 공식행사에서뿐 아니라 정말 필요할 때 독일에서도 이 단어를 인식하게 될까요?" 메르켈 총리가 질문을 던졌다. 그리고 앞으로 해야 할 일들을 나열했다. 망각의 위협에 있는 기억 보전하기, 해결되지 않은 중동지역 문제와 관련하여 이스라엘에 대한 반감 여론 바꾸기, 이스라엘이 받고 있는 외부 위협, 특히 마무드 아마디네자드Mahmud Ahmadinedschad 대통령과 핵개발계획을 통한 이란의 위협에 대처하기. 반 년 전의 유엔총회에서처럼, 메르켈이 항상 이스라엘과 연결 짓는 마지막 문장을 말할 순간이 왔다. "이전의 모든 독일 총리들은 이스라엘에 대한 독일의 특별한 역사적 책임을 의무로 여겼습니다. 이런 특별한 역사적 책임은 독일의 국가이성에 속합니다. 다시 말해, 독일 총리인 나에게 이스라엘의 안전은 결코 협상 대상이 아닙니다. 그리고 이것이 검증의 시간에 빈말로 남아서는 절대 안 됩니다."

다시 국가이성이 등장했고 그것 때문에 베를린이 분열했다. 메르켈의 의도는 정확히 무엇이었을까? 그것의 진짜 의미는 무엇일까? 이스라엘이 공격을 받으면 군을 파병하겠다는 말인가? 독일이 이란의 핵시설에 대한 군사적 개입에 동참하겠다는 뜻인가? 아니면 이스라엘이 공격을 받더라도 독일은 물러나 있으면서 외부공습을 막는 방어미사일을 보내겠다는 말인가? 이런 결정적인 질문에 명확한 대답을 내놓지 못하면 메르켈의 말은 신빙성을 잃게 되리라. 이스라엘에 대한 모든 원칙적 신의에서 메르켈은 의도적으로 모호함을 남겨 둠으로써 결정적인 순간을 위한 운신의 폭을 마련해 두었다. 그녀는 이스라엘 의회에서도 이란에 대한 모든 질문에 모호한 답을 주었다. "독일은 파트너와 함께 외교적 해결책을 찾습니다. 이란이 물러서지 않으면, 독일 정부는 제재조치 결정에 계속 동참할 것입니다." 어떤 제재조치를 말하는 것이었을까? 메르켈은 진짜 위험한 확산 시나리오를 결코 언급하지 않았다. 결국 그녀는 "빈말로 남아서는 안 된다"는 자신의 경고를 스스로 무시했다. 2011년 아랍지역에서 저항운동이 시작되었을 때 메르켈은 마지막으로 국가이성을 언급했다. "유대인 민주주의국가 이스라엘의 안전을 위한 동참은 독일의 국가이성에 속합니다." 끝. 더는 말이 없었다. 실행도 없었다.

메르켈의 이런 모호함이 자주 비판을 받았다. 당시 외무부 장관이었고 나중에 사민당 대표가 된 프랑크발터 슈타인마이어가, 이스라엘 의회 같은 중요한 자리에서 공표되고 기대감을 불러일으킨 말에는 '실행책임'이 따른다고 지적했다. 그러나 무엇을 기대했다는 말인가? 국가이성은 이스라엘에서도 큰 반향을 일으키지 않았다. 어떤 정치가도 메르켈에게 이 단어의 의미를 설명해 달라고 요구하지 않았다. 이스라엘은 스스로 안전을 책임졌고 독일과 북대서양조약기구의 협력보증을 기대하지 않았다. 만에 하나 기대가 있었다면 이라크전쟁 때처럼 패트리어트 지대공 미사일 같은 독일의 무기를 원했으리라. 이 단어는 이란에게도 위협효과가 없었다. 이것은 독일이 이란의 핵개발계획과 관련하여 혹은 여타 상황에서도 여러 번 발표했던 정치적 선언이었다. 이란은 핵개발계획을 공개하고 사찰을 받아야 한다! 그러나 실제로 독일의 무역통제와 제재조치들은 이란에 대한 더 단호한 고립정책을 요구했던 미국의 끊임없는 비판의 대상이었다.

메르켈은 변하지 않았다. 그녀는 계속해서 모호함을 유지했다. 최측근 보좌진들 사이에 해석적 뉘앙스가 있다. 상징적이고 정치적인 제스처라는 이야기다. 그러나 그게 아니다. 독일은 이스라엘에 관한 주제에서 결코 중립적이지 않을 것이며, 이란에 맞서는 전쟁과 관련된 여러 결정, 즉 재정 지원, 영공통과권리, 무기 조달 등의 결정에서 그것이 드러날 것이다. 비록 메르켈이 이스라엘과 팔레스타인 사이의 평화 해결책으로, 가령 요르단계곡에 완충부대를 보내는 방식으로 현장에 참여할 수 있음을 늘 명확히 밝혔더라도, 파병은 현실성 없는 상상이다. 이스라엘이 이것을 반길 수 없을 테고, 이스라엘의 이웃에 독일군을 파병하는 안이 연방의회에서 과반수를 얻기도 힘들 것이다. 하물며 전투에서 이스라엘에 맞서 무기를 겨누는 시나리오는 생각조차 할 수 없으리라.

그러니까 메르켈 역시 자신이 아무도 이행하려 하지 않을 이스라엘에 대한 군사적 보호라는 기대를 불러일으켰다는 것을 잘 알고 있었다. 메르켈이 총리직을 떠나면 국가이성이라는 개념도 사라질 것이다. 다른 한편으로, 그녀의 명확한 정치적 선언은 이스라엘과 팔레스타인 사이의 평화협정을 도모하는 그녀의 중동정책 논리에 기초한다. 메르켈은 총리 임기 초기부터 이스라엘 관련 정책의 이런 실질적인 핵심영역에서 좋은 기회를 가졌다. 선임자 슈뢰더 총리는 이스라엘과 팔레스타인 문제를 외무부 장관에게 일임했고 자신은 걸프 지역 국가와 사우디아라비아와의 경제적 관계에 집중했다. 미국은 이라크전쟁 후 부시 대통령과 더불어 힘이 많이 약화된 상태였다. 그이후 독일이 집중적으로 터를 닦아 놓은 다음, 콘돌리자 라이스 외무부 장관이 많은 정치적 자본을 투자하고 평화프로세스를 구축했지만 아나폴리스 평화협상의 마지막 순간에 실패하고 말았다.

메르켈은 이스라엘로부터 정치적 자본을 얻었는데, 그것이 가능했던 이유는 한편으로 독일의 책임과 잘못을 인정하고 다른 한편으로 이스라엘 정부의 핵심요구대로 '이스라엘의 유대교적 특징'을 인정했기 때문이다. 이 공식 뒤에는 더 많은 정치적 결과들이 숨어 있다. 첫째, 이스라엘이 지금의 특징을 유지하려면 계속해서 종교적 국가여야 한다는 생각이 들어 있다. 그러나 종교적 국가라는 고백은 이스라엘 내부의 아랍계 소수자들의 권리와 문제를 해결하지 못한다. 둘째, '두 국가 해결책'으로 갈 수밖에 없을 거라는 기대를 내포한다. 이스라엘과 팔레스타인 지역의 인구비율만 보아도 벌써 명확해진다. 유대인들이 확실히 소수자이기 때문에 전체 영토가 유대교적 특징의 국가일 수 없다. 이스라엘이 팔레스타인을 국가로 인정하지 않고 그것으로 국제법에 따라 단지 팔레스타인 지역 점령권력으로만 본다면, 유대인 소수자가 아랍계 주민 과반수를 지배하게 될 테고 그러면 이스라엘의 민주주의 성격과 그 지역의 유일한 민주주의 국가라는 상징이 파괴될 것이며 결국 기이한 국가가 되고 말 것이다.

메르켈은 총리가 되기 전에 벌써 '이스라엘의 유대교적 특징'이라는 표현을 기민연 정당정책 안에 넣은 바 있다. 의원의 과반수는 이것의 의미를 감지하지 못했지만 볼프강 쇼이블레 같은 외교정치 전문가들은 메르켈과 격렬한 결투를 벌였다. 이제 쇼이블레가 경고했던 일이 실제로 벌어지는 것 같다. 벤자민 네타냐후-Benjamin Netanjahu 정권이 들어서면서 '두 국가 해결책'은 더욱 멀어졌고, 정착정책 때문에 해결이 불가능해졌다고 믿는 사람들이 그사이 많아졌다. 그러므로 메르켈은 다시 그녀의 표현을 포기해야 할지도 모른다. 그러나 그녀는 '이스라엘의 유대교적 특징'을 기민연 정당정책뿐 아니라 사민당, 나중에는 자민당과의 연정협정에도 넣었다. 이스라엘에 대한 신의의 증거이자 친밀함의 표시가 아니고 무엇이랴.

메르켈은 이렇게 저축해 두었던 신뢰적금을 2006년 여름

레바논 전쟁 때 바로 사용했다. 양국의 요청에 따라 베를린은 베이루트 공항에 조사단을 파견했고 헤즈볼라로 불법무기가 조달된다는 레바논 해안에 해군함선을 보냈다. 독일군을 이스라엘의 이웃국가에 처음으로 파병하는 일이었으므로 연방의 회의 논쟁은 격렬했다. 결국 메르켈이 뜻을 관철시켰고 그 덕분에 그녀는 이 시기에 아랍세계에서도 믿을 만한 중재자라는 평판을 얻었다. 이스라엘의 올메르트 총리는 메르켈을 '진정한 친구'라 부르며 유럽의 행운이라고 언급했다.

몇 달 후 독일의 중재로 이스라엘과 헤즈볼라가 포로와 시신을 교환할 때 감정의 고조는 멈췄다. 이스라엘의 자기주장의지를 상징하는 길라드 샬리트Gilad Shalit가 가자지구에 5년간 억류되었다가 2011년에 팔레스타인 포로 1천 명 이상과 교환된 사건 역시 독일 비밀첩보기관의 접촉으로 성사되었다는 사실이 나중에 밝혀졌다. 유럽의 중동지역 중재의 절정기에 메르켈이 무대에 올라 지휘했다. 그녀는 전화를 하고 열심히 발로 뛰었으며 유럽연합의 변화무쌍한 분위기를 조절했고 미국의 아나폴리스 평화협정을 위한 중요한 준비를 했다. 학계와 정치계의 총평에 따르면, 총리는 적절히 균형을 맞추는 데 주력했다. 그래서 그녀는 이집트 대통령 호스니 무바라크Hosni Mubarak, 레바논 총리 푸아드 시니오라Fuad Siniora 그리고 팔레스타인 대통령 마흐무드 압바스Mahmud Abbas와 특별히 가까워졌다. 그러나 2009년 가자지구 전쟁 후에 명확히 이스라엘 편에 서자마자 메르켈은 영향력의 한계를 느꼈다. 2009년 봄 네타냐후 정권이 들어서면서 중재 네트워크는 붕괴되었다. 네타냐후는 평화협정의 부활에 대한 모든 희망을 하나씩 하나씩 깨뜨렸다. 가자지구 전쟁 동안의 인권침해와 전쟁범죄에 대한 유엔보고는 물론이고, 이스라엘의 가자지구 소함대와 정착정책에 대한 이스라엘의 지나친 반응도 관계를 어렵게 만들었다.

2011년 가을 네타냐후 정권은 돌이킬 수 없는 붕괴를 저질렀다. 팔레스타인은 여러 달 동안 노련하게 외교력을 발휘하여 유엔총회에서 팔레스타인의 지위를 높이고자 했다. 안전보장이사회에서 팔레스타인을 국가로 인정할 가능성은 없었다. 그러나 지위의 상승은 전 세계적으로 큰 공감을 얻었다. 메르켈과 유럽연합 외교정치담당 캐서린 애슈턴은 이것을 성사시키기 위해 최선을 다했다. 그들은 중동4강(미국, UN, EU, 러시아)에 공표를 압박했다. 그러나 격파 직전에 예루살렘으로부터 모욕적인 보고가 들어왔다. 네타냐후가 도시 동부의 새로운 정착촌 조성에 동의했다는 것이다.

메르켈은 분노를 터뜨렸다. 네타냐후에게 뒤통수를 맞은 기분이었다. 이스라엘 총리는 2012년 여름까지 여러 달 동안 수차례 그녀의 믿음을 저버렸고 무엇보다 신뢰를 바탕으로 한 전화통화를 이스라엘 언론에 공개했다. 메르켈은 단호하게 행동했고 두 나라의 관계는 외교정치에서 일컫듯이 '냉각'되었다. 팔레스타인은 유엔 진출 실패 후 1년 뒤인 2012년 11월에 결국 '비회원 옵서버 국가*'로 지위가 상승되었다. 이때 독일은 이스라엘 편에 서지 않았다. 다른 여러 유럽국가들처럼 기권을 했고 그것으로 팔레스타인의 정치를 국가차원에서 지원한다는 뜻을 명확히 했다. 메르켈은 독일과 이스라엘 사이의 어려운 정치임무의 순환과정 전체를 경험했다. 그러나 진짜 내구성 테스트는 아직 오지 않았다.

---

* non-member observer state. 유엔에서 옵서버 국가의 지위를 얻게 된 국가는 주권이 있는 국가로 간주되며, 비회원 옵서버 국가로 승인된 단체는 유엔의 활동에 국가의 지위를 가지고 참여할 수 있다.

9

영원한 푸틴

사랑스러운 러시아와 버거운 대통령

메르켈과 푸틴이 만나면 두 세계관이 충돌한다.
베를린 장벽의 붕괴는 메르켈에게 해방의 사건이고
KGB 중령 푸틴에게는 트라우마로 남은 사건이다.
푸틴은 소련의 붕괴를 역사적 패배로 여긴다.

블라디미르 푸틴은 개 사건을 매우 의식적으로 계획했을 것이다. 러시아 대통령은 개를 좋아한다. 앙겔라 메르켈은 개를 좋아하지 않는다. 좋아하기는커녕 개를 무서워한다. 1995년 8월 우커마르크에서 '베시'에게 공격을 당한 이후로 줄곧 그랬다. 당시 메르켈은 자전거를 타고 주말별장 근처를 달렸는데, 이웃집 사냥개가 그녀에게 달려들어 무릎을 물었다. 그 일이 있은 후 메르켈은 자전거를 다시는 타지 않았고 개도 싫어했다. 푸틴 같은 사람이 그걸 모를 리가 없다. 이 남자에게는 그런 것을 감지하는 직관이 있다.

앙겔라 메르켈이 총리 취임 얼마 후 2006년 1월에 모스크바로 취임방문을 갔을 때, 권력을 과시하는 블라디미르 푸틴이 대통령궁에서 그녀에게 개 인형을 전달했다. 인형은 한참을 의자등받이에 걸쳐져 있다가 외교정책보좌관 호이스겐의 품에 숨어서 크렘린궁 밖으로 몰래 나가야 했다. 이것이 푸틴의 악의적 행동 제1부였다. 제2부는 1년 뒤 2007년 1월에 크림반도에서 이어졌다. 이번에 그는 홍해의 대통령별장에서 메르켈을 맞았다. 갑자기 문이 열리더니 검은 래브라도가 방으로 뛰어 들어와 메르켈의 냄새를 맡고 발을 핥았다. 이 장면이 고스란히 카메라에 담겼다. 메르켈은 얇은 입술을 뾰로통하게 내밀고 잔뜩 경직되어 두 다리를 바짝 끌어당겼다. 푸틴은 새디스트 자세라 불러도 지나치지 않을 만큼 다리를 벌리고 느긋하게 뒤로 기댄 채 눈을 아래로 내리깔았다. 메르켈은 이런 자세를 좋아하지 않는다. 더욱이 그녀는 우연을 믿지 않고 기만당하는 것을 증오한다. 이 일이 있은 후 총리와 푸틴이 만나는 자리에서는 개를 멀리하기로 약속했다.

메르켈에게 미국이 두 나라인 것처럼 러시아도 두 나라다. 사적인 러시아와 공적인 러시아. 사적인 러시아는 앙겔라 카스너에게 러시아어 올림픽, 여행, 문학을 열어 주었다. 그녀는 톨스토이와 도스토예프스키를 좋아한다. 무성한 소문과는 달리 그녀는 러시아에서 공부한 적이 없지만 모스크바 여행 때 러시아 남부와 캅카스도 가 보았을 것이다. 이런 사적인 러시아는 여전히 러시아어를 사랑하는 총리의 마음에 좋은 감정으로 남아 있다. 반면 정치적 러시아는 블라디미르 푸틴과 강하게 연결되어 있다.

메르켈이 처음 총리가 되었을 때 푸틴은 이미 5년째 대통령이었고 나중에 총리로 역할을 바꾸었다가 2012년에 다시 대통령으로 돌아왔다. 메르켈이 기민연 당대표가 되었을 때 푸틴은 러시아 대통령이 되었다. 게다가 메르켈과 푸틴은 나이도 비슷하고(푸틴이 메르켈보다 두 살 많다) 비록 상반된 인생이지만 비슷한 여정을 걸었다. 푸틴은 드레스덴에서 5년을 보냈고 독일어를 유창하게 구사했으며 거기서 구동독과 바르샤바조약의 붕괴를 경험했다. 메르켈은 소련군 주둔지 템플린에서 자랐고 러시아어를 유창하게 구사했으며 푸틴이 경험한 것을 똑같이 경험했다. 통일전환기 1989년에 메르켈은 서방국가를 선망하고 자유에 대한 열망으로 서독 정치를 위해 시위를 했던 반면 푸틴은 민주주의자로 거듭나지 못했다. 메르켈과 푸틴이 만나면 두 세계관이 충돌한다. 베를린 장벽의 붕괴는 메르켈에게 해방의 사건이고 KGB 중령 푸틴에게는 트라우마로 남은 사건이다. 푸틴은 소련의 붕괴를 역사적 패배로 여긴다.

이런 면에서 볼 때, 두 사람의 사적인 관계가 독일과 러시아의 관계에 많은 영향을 미치는 것이 당연해 보인다. 독일과 러시아의 외교정치는 실제로 개인화되었다. 마찬가지로 두 사람의 만남이 오늘날까지도 서로를 물어뜯는 앙숙으로 묘사되는 것 역시 당연해 보인다. 오랜 관계 끝에 어느 정도의 존중이 생겼지만 경쟁은 여전하고 심지어 미세한 조롱까지 느껴진다. 다시 대통령이 된 푸틴이 베를린을 방문했을 때, 메르켈은 그에게 또 지각이냐고 어머니처럼 엄하게 꾸짖었다. 지각으로 유명한 미하일 고르바초프를 은근히 빗댄 것이리라. 그러자 푸틴은 러시아 사람들이 원래 그렇다는 걸 오래전부터 잘 알고 있지 않느냐고 대꾸했다.

둘 사이에 격렬한 논쟁도 있었다. 메르켈과 수행원들은 2007년 크림반도 방문을 잊을 수 없다. 검은 래브라도 때문만이 아니다. 메르켈이 모스크바 취임방문을 러시아 정부 반대파를 만나는 기회로도 이용했고, 그것으로 국내정치에서 호응을 얻었기 때문이다. 주변에 여성공직자가 많지 않은 푸틴은 메르켈이 나약한 소녀가 아님을 먼저 배웠어야 했다. 그랬다면 독일과 러시아의 공동 내각회의 기념으로 패션쇼를 하자고 진지하게 제안하진 않았으리라.

첫 번째 진짜 권력싸움은 크림반도에서 석유가스사업, 안보, 우크라이나 등 늘 있었던 주제들을 다루면서 시작되었다. 푸틴은 KGB 장교처럼 행동했다. 호통을 치거나 큰 소리를 내다가 다시 목소리를 깔고 조용히 강요하듯 말했고 저속한 태도로 서류들을 내밀며 수치들을 지적하고 거칠게 굴었다. 거만한 비밀첩보원이 되어 온갖 커뮤니케이션 방법을 동원하여 메르켈을 가르치려 들었다. 메르켈은 구동독의 비밀경찰에게서 익히 봤던 터라 이런 태도를 잘 안다. 메르켈은 옛날 생각을 일깨우는 이런 태도를 몹시 싫어했다. 회담에 참석했던 사람들은 메르켈의 한판승을 전한다. 침착한 메르켈이 대단한 관련지식으로 단번에 제압한 것이다. 그녀의 자료와 지식은 주목할 만하고 기억력 또한 혀를 내두를 만한데, 몇 년 전의 대화인데도 세부 내용들을 정확히 기억하고 있을 때가 많다.

메르켈과 푸틴의 결투 분위기는 오늘날에도 여전하다. 그 사이 푸틴도 메르켈을 학습했고 이제는 메르켈 방식으로 메르켈을 공격하려 시도한다. 만약 메르켈이 러시아 주재 외국정당재단에 대한 러시아 관청의 태도를 비판하면, 푸틴은 정치적 결사의 자유에 대한 독일헌법의 보장수준을 지적한다. 그의 메시지는 뻔하다. 독일이나 러시아나 뭐가 다르죠? 때때로 메르켈과 푸틴의 이런 다툼은 마치 상대방의 묘책과 요령을 이미 터득했고 모든 주장들이 이미 한 번씩은 다 들었던 내용인 노부부의 부부싸움을 연상케 한다. 메르켈은 아마 푸틴을 늘 경계해야 한다고 말할 테다. 조심해야 하기는 푸틴도 마찬가지다.

이런 기본적인 불신에도 불구하고, 만약 어떤 결정이 자신의 신념과 일치하면 설령 러시아에게 유리하더라도 메르켈은 주저하지 않는다. 예를 들어 메르켈은 2008년 4월에 그루지야와 우크라이나를 북대서양조약기구에 가입시키려는 미국의 위협적 압력에 맞섰다. 부카레스트에서 열린 동맹정상회담에서 두 불안정한 국가를 위한 소위 '멤버십 액션 플랜'을 거부한 사람은 바로 메르켈이었다. 반면 미국은 특히 그루지야를 강화하여 러시아 남쪽 국경의 보루로 이용하고자 했다. 또한 천연원료가 풍부한 중앙아시아로 가는 출입구로도 유용했다. 메르켈은 해소되지 않은 수많은 갈등들, 지속적인 전쟁위험, 불안정한 민주주의 그리고 지금까지 오로지 워싱턴의 신하로밖에 보이지 않았던 기이한 그루지야 대통령 미헤일 사카슈빌리Micheil Saakaschwili를 지적하며 반대했다. 부시 대통령은 분노했고 푸틴은 감사를 표했다. 메르켈은 순전히 객관적인 근거에 따라 결정했을 뿐이라고 대꾸했다. 그리고 지나가는 말처럼, 맘만 먹었으면 푸틴을 매몰차게 물리칠 모든 근거를 가지고 있었다고 덧붙였다. 푸틴 대통령은 1년 전에 뮌헨 안보회의에 참석해서 마치 다음날 전쟁이 일어날 것처럼 큰 소리로 서방국가를 반박하며 메르켈에게 모욕을 준 바 있다. 당시 메르켈은 굳은 표정으로 회의장에 앉아 있었고 러시아의 폭풍을 노려보며 그저 저절로 가라앉기를 기다리던 모든 서방안보기관과 비슷하게 아무 말도 하지 않았다.

메르켈은 푸틴의 대리자로 중간에 대통령을 맡았던 드미트리 메드베데프에게 큰 희망을 걸었다. 2008년 봄에 메드베데프가 대통령직에 오르고 권력이양은 제한적으로 이루어졌다. 새 대통령은 선임자의 꼭두각시에 불과했지만, 메르켈 총리는 독일과 러시아의 관계가 조금은 쉬워질 거라 기대했다. 메르켈은 오랫동안 푸틴과 메드베데프가 어쩌면 서로 다른 극에 있을지 모른다고 생각했고 그래서 어쩌면 어느 날 메드베데프가 푸틴에게서 벗어나 고유한 방식을 발전시킬지 모른다고 기대했다. 그녀는 푸틴이 권위적이고 관료적인 러시아의 대표자로서 과두정치 대리자인 메드베데프에게 고삐를 채워 끌고 다닐 거라는 진단을 믿지 않았다. 결국 메드베데프의 대통령 임기 말에 수수께끼가 풀렸다. 임기 말의 국가 지도자가 기자회견에서 권력전개의 진짜 계획을 발표한 것이다. 역할 교환이 몇 달 전부터 계획되어 있었다고. 메르켈은 크게 실망했다. 그동안 너무 긍정적인 쪽으로만 생각했던 것이다.

메드베데프의 대통령 임기 동안에 러시아의 최대 위기가 닥쳤다. 온갖 도발과 대응 후에 그루지야 대통령 사카슈빌리가 2008년 8월 초에 독립선언으로 배반한 남오세티야를 공격한 것이다. 전쟁의 발발, 원인, 과정에 대한 연구가 많았지만 오늘날 이것은 정치적으로 간략하게 정리된다. 사카슈빌리는 자신의 힘을 과대평가했고 외국의 지지를 기대하며 갈등을 일으켰다.

그는 도발하고 비꼬고 전쟁을 일으킴으로써 곧바로 러시아의 함정에 걸려들었다. 러시아는 기다렸다는 듯이 반격했고, 겨우 네 국가로부터 독립선언을 인정받은 남오세티야를 차지했다. 네 국가 중에는 당연히 러시아가 있었다.

메르켈은 사르코지의 그늘에서 위기를 다루었다. 막 유럽이사회 의장이 된 사르코지는 열성적인 탁발승처럼 종횡무진 참전국 사이를 오갔다. 메르켈은 특히 사카슈빌리와 정치적 연대 그 이상을 원하는 것 같은 미국이 걱정되었다. 그러나 그녀는 남오세티야에서 멀리 떨어진 그루지야 중심지에서 힘자랑하는 사춘기 아이처럼 권력을 과시하고 탱크부대 퍼레이드를 했던 러시아에 분노했다. 메르켈 총리는 사르코지의 중재를 옆에서 호위했고 미국으로부터 비난을 받아야 했다. 사카슈빌리가 석 달 전에 북대서양조약기구 가입을 허락받았더라면, 전쟁은 일어나지 않았을 거라는 비난이었다. 메르켈은 간접적으로 질책을 받은 것이다. 그녀가 그루지야의 가입을 반대함으로써, 캅카스 남부를 정리할 수 있는 마지막 기회를 지금 이용하라는 신호를 러시아에 보낸 셈이 되었다는 것이다.

물론 메르켈은 그게 아니라고 응수했다. 사카슈빌리는 전쟁을 시작했다. 그런데 만약 그가 회원국이었다면, 북대서양조약기구는 곤경에 처했을 터이다. 아무튼 전쟁 기간 동안 메르켈은 메드베데프를 만났고 또한 사카슈빌리를 만나러 트빌리시로 갔다. 돌아오는 길에 그녀는 결심을 굳혔다. 그녀는 사카슈빌리의 어리석음과 러시아의 과도한 반응을 비교 분석한 끝에 이렇게 발표했다. "그루지야는 독립된 자유국가다. 그리고 모든 독립된 자유국가는 언제 어떻게 북대서양조약기구에 가입할지 다른 회원국들과 함께 결정하게 된다. 12월에 첫 심사가 있을 것이고 북대서양조약기구의 회원국이 되는 길은 명확하다." 전형적인 메르켈 방식이다. '다른 회원국들과 함께'라는 말은 독일도 표결에 참여한다는 뜻이다. 그리고 4년 후에도 그루지야는 이런 명확한 길에서 한 걸음도 나가지 못했다. 그러나 메르켈은 냉전시대 같은 점령주둔을 허용하지 않겠다는 뜻을 러시아에 명확히 전달하고자 한 것이었다.

총리로서 7년간 러시아를 경험한 후에 메르켈은 할 말을 잃을 만큼 정신이 번쩍 들었다. 메르켈은 총리 임기 초기에 슈뢰더와 푸틴이 가까이 지냈던 덕을 보았다. 슈뢰더와 반대되는 주장으로 쉽게 러시아와 거리를 둘 수 있었고 그것으로 쉽게 인정을 받았다. 정부 반대파와의 만남, 포도주, 민주주의자, 보드카…. 그것만으로도 벌써 과두정치 체제와의 정치적 거리가 다시 생겼다. 오만한 〈괴상한 커플The odd couple〉•, 슈뢰더의 위협적이고 강력한 지배자적 태도, 헬무트 콜의 사우나 정치는

• 두 이혼남이 한 아파트에 살면서 생기는 좌충우돌 일화를 그린 미국 텔레비전 시트콤.

메르켈과 상관이 없었다. 그녀는 러시아를 소울메이트로 생각하는 많은 독일인의 러시아 로망과도 싸웠다. 메르켈은 그녀의 방식으로 러시아를 사랑했다. 또한, 고르바초프와 옐친 시대의 러시아를 경험했고 메르켈이 이런 유산에서 아무런 전략적 이득도 얻어 내지 못했다고 비난하는 당내의 '귀족 분파'와 어려움을 겪어야 했다. 그녀는 고르바초프 시대는 예전에 지나갔다고, 그 시절의 러시아는 더 이상 없다고 대응했다.

그녀의 첫 번째 외무부 장관 슈타인마이어의 러시아 주도권 인정, 현대적 파트너십 그리고 중앙아시아 전략은 이제 잠들었다. 어쩌면 세계가 그만큼 변했고 러시아가 방해작전을 폈기 때문일 것이다. 러시아의 방해는 이란이나 시리아 같은 세계정치적 문제에만 국한되지 않았다. 러시아는 독일이나 유럽연합의 외교정치 주도권을 거의 받아들이지 않았다. 러시아는 거리를 두고자 했고 가깝게 지내기를 거부했으며 유라시아 연합이라는 새로운 영향권에 손을 댔다. 메르켈은 더욱 러시아에 신경을 쓰게 되었다. 러시아는 모든 접근 시도를 거부했고 영원한 푸틴은 그 긴 공직생활 동안 부드러워지기는커녕 더욱 딱딱해졌으며 반대파는 더 강하고 새로워졌다. 메르켈은 러시아 정치에 손을 대야만 할 것이다. 유로위기 한복판에서 그녀는 일단 러시아를 뒤로 미뤄 두었지만 러시아는 유럽의 이웃으로서 사라지지 않을 것이다.

10

사업 혹은 신념

중국과의 체제 갈등

❈

메르켈의 체제경쟁에서 핵심동력은 서방국가와
서방국가 가치의 생존능력이다. 우리 아니면 그들,
서방국가의 자유체제 대 중국의 권위체제. 메르켈이 보기에 이것이
경제적 결산과 우정의 제스처 이면에 있는 진짜 미션이다.

자동차 창밖을 내다보는 것만으로도 세상이 얼마나 빨리 변
하는지 알 수 있다. 앙겔라 메르켈은 어쩔 수 없이 자주 자동
차 창밖을 내다보게 된다. 중국에 있을 때는 특히 더 그렇다.
메르켈 총리는 자주 중국에 간다. 거의 1년에 한 번씩. 그리고
중국 국무총리인 원자바오가 1년에 한 번씩 독일에 와서 공산
당 중앙위원회의 세력 교체와 자신의 입지를 드러낸다. 중국의
총리와 독일의 총리가 서로 오간다. 메르켈의 공직생활에서 원
자바오와의 관계는 변하지 않는 상수에 속한다. 러시아 대통
령 푸틴을 제외하면, 메르켈이 임기 동안 그보다 더 오래 동행

한 주요 외국정치가는 없다.

메르켈의 중국여행은 주로 자동차 창밖으로 보이는 장면들로 이루어진다. 메르켈은 여행 중에 자전거와 자동차 중 어떤 것이 더 많이 보이는지, 어떤 자동차가 도로를 채우고 있는지, 도시가 얼마나 빨리 변하는지 본다. 메르켈이 총리가 된 이후로 중국 도로에는 자전거가 현격히 줄어들었고 독일 자동차가 확연히 많아졌다. 베이징에서는 자전거를 타는 것이 벌써 위험하다. 대도시에는 똑같은 벌집 아파트들 이외에 최근에는 옛 호화주택단지와 역사적인 구역이 복원되고 있다. 중국의 디즈니랜드 같지만 또한 가치와 아름다움을 동반한 성장과 부의 징후기도 하다.

앙겔라 메르켈은 중국에서 맘대로 밖에 나가 길을 걸을 수 없다. 국빈이 관광객처럼 그냥 호텔을 나가 주변을 거닐며 산책을 하는 것은 초대한 나라에 큰 실례를 범하는 것이다. 그것은 안전, 공식의전, 정치적 예의에 어긋난다. 중화인민공화국을 방문할 때는 언제나 베이징에 먼저 간 다음 지방으로 가도록 철저하게 계획이 짜인다. 중국 지도부는 우연을 용납하지 않는다. 한번은 중국의 추적을 피하고 싶어, 장터를 방문하겠다고 전했다. 그것도 지금 당장. 그러나 소용없는 시도였다. 국가안전부에서 선별한 신사숙녀들이 장터에 나온 것이다. 다행히 상인들까지는 그렇게 빨리 교체하지 못했고 통역의 도움으로 그들과 짧은 대화를 나눌 수 있었다.

그나마 이런 경험들이 있어 메르켈은 중국여행을 견딜 수 있었다. 여느 관광객들처럼 그녀는 이국적인 것을 좋아한다. 가령 아침체조를 하는 한 무리의 노인들을 호텔 창밖으로 내다보는 걸 좋아한다. 중국방문에 대해 말할 때면 메르켈은 시안의 병마용 총墓에서 본 인상 깊은 점토무덤 병사들 이야기를 즐겨 한다. 그녀는 중국방문 중에 맞은 56번째 생일선물로 그곳을 여행하게 되었다. 베이징 주재 독일대사관에서 마련한 저녁만찬에 참석한 중국공직자들도 그녀에게 강한 인상을 남겼다. 그들은 모두 독일대사관과 독일문화원의 순회박람회에 도움을 주었던 지방정치가들이었다. 독일 대사 미하엘 셰퍼 Michael Schafer의 초대를 받고 대사관 만찬에 참석하기 위해 베이징 동즈먼외 거리로 온 것이다. 만찬 내내 동시통역이 이루어졌고 활기찬 대화가 오갈 수 있었다. 저녁에 자려고 누우면 무엇이 떠오르는지, 아침에 눈을 떴을 때 제일 먼저 드는 생각이 무엇인지 같은 간단한 질문으로 메르켈은 참석자들의 대화를 북돋았다. 걸러지지 않은 답변들이 나왔다. 매년 늘어나는 막대한 수의 일자리, 이주노동자의 압박, 지역의 사회적 갈등, 환경문제, 대학생 수… 메르켈은 호흡을 가다듬어야 했다. 다양한 문제들이 그렇게 흉하게 얽혀 있는 경우는 처음이었다. 그녀는 이날 저녁에 중국의 규모를 제대로 인식했다.

두 번의 총리 임기 동안 중국의 이미지가 완전히 바뀌었다. 이미지 변화의 중심에는 국무총리로서 메르켈의 첫 번째 대화 상대자였던 원자바오가 있다. 메르켈은 여러 해 동안 그와 신뢰도 높은 관계를 맺을 수 있었다. 메르켈이 베이징에서 믿을 만한 사람으로 평가되는 것과 똑같이 원자바오도 약속을 지켰다. 중국인들은 거리두기의 대가들이다. 아무도 정면에 가려진 진짜 뒷면을 보여 주지 않는다. 어쩌면 메르켈이 원자바오에게 깊이 실망하게 될지도 모른다. 그녀는 원자바오가 민중에게 친절하고 정직하다고 여겼고, 때로는 걱정이 가득한 표정으로 이 키 작은 남자를 봄으로써 그의 어려운 과제에 동정을 표하는 인상을 주기도 했다. 그러나 두 사람의 관계는 딱 거기까지였다. 그렇기 때문에 그녀는 또한 중국 국무총리의 충직과 얽히고설킨 불투명한 관계에 대한 어떤 이미지도 갖고 있지 않을 것이다. 원자바오 가문은 유명한 갑부로 국가권력과 가문의 이익이 서로 결합되었다는 소문이 베이징에 파다했다. 메르켈은 이것에 대해 한마디도 언급하지 않았다. 어쨌든 하나는 확실하다. 방문을 거듭할수록 메르켈은 성장폭발 단계에 있는 혼합민족의 나라를 이끄는 중국 정부를 더욱 존중하게 되었다.

원자바오와 메르켈의 친밀함은 물리적으로 확인되었다. 메르켈을 맞는 중국 국무총리의 태도가 점점 여유로워졌다. 2007년 두 번째 방문 때 벌써 그는 셔츠단추를 하나 풀었는데, 중국 관습으로 볼 때 이것은 개인적으로 친밀한 관계에서만 허용되는 복장 규칙이다. 이때 그는 중국공산당의 주요기관들이 소재한, 평소 엄격히 폐쇄되어 있는 중남해中南海에서 메르켈을 맞이했다. 높은 담과 대문 뒤의 넓은 정원에 관저, 게스트하우스, 회의실 그리고 호숫가에 멋지게 자리한 정자들이 있었다. 이곳에 들어와 본 외국인은 몇 안 된다. 2012년에는 말이 끝나면 통역사가 전달하던 기존 방식을 버리고 회담 시간을 아끼는 차원에서 동시통역을 하기로 했다. 동시통역을 하면 즉흥성이 생기고 대화하는 시간이 많아지며 올바른 반응을 숙고할 시간이 거의 없기 때문에, 신중한 중국 국무총리에게는 대단한 결정이었다. 이런 공식적인 회담의 기술은 무엇보다 다뤄지는 주제와 형식적인 말을 막힘없이 처리하는 데 있다. 말하자면 외교 독일어에서 부르듯이 '쪽지에 적힌 대화 수준'에서 빨리 벗어나는 것이 관건이다. 이는 결코 쉬운 일이 아닌데, 코르셋처럼 옥죄는 규칙들이 있기 때문이다. 이를테면 대화 상대자를 당황하게 만드는 사람은 마지막에 아무것도 이루지 못한다. 중국방문은 언제나 새로운 개방성에 대한 문화연구이기도 하다.

구동독 출신의 앙겔라 메르켈에게 중국은 막대한 모순의 경험이기도 했다. 그녀는 한편으로 일당제一黨制, 권위적인 통치, 자유사상가를 대하는 방식 그리고 압박과 강하게 충돌했다.

그러나 다른 한편으로 그녀는 중국의 단결력에 매혹되었다. 아주 통속적으로 보면 독일과 중국 관계의 중심에는 무역, 돈, 사업이 있었다. 이상주의 대 현실주의. 이것은 메르켈 이전에 이미 슈뢰더와 헬무트 콜이 경험한 것이다. 영리한 정치는 둘의 균형을 추구하고 아첨하지 않되 적당한 수준에서 자신의 가치와 권리를 주장한다. 그러나 적당한 수준이라는 게 정확히 무엇인가?

메르켈도 몸소 학습과정을 거쳤다. 흑적연정(기민연과 사민당의 연합정부) 2년째인 2007년 9월에 메르켈은 달라이 라마를 총리실에서 맞았고 그 일로 정부의 외교정치가 분열되고 베이징에서는 심히 언짢은 감정을 드러냈다. 중국 지도부가 가장 걱정하는 것은 언제나 인민공화국의 붕괴다. 냉전 이후 공산당 지도부는 러시아의 혼란과 바르샤바조약 파괴에 가장 크게 주목했다. 붕괴의 원인을 밝히기 위한 대대적인 연구가 진행되었다. 붕괴의 운명에서 스스로 벗어나기 위한 노력이었다.

중국은 혼합국가다. 공식적으로 인정되는 민족만 70개이고, 인정되지 않은 비공식 민족이 20개다. 그중 가장 강력한 자치권을 주장하는 곳이 티베트인데, 베이징에서 달라이 라마는 티베트 자유운동의 상징적 인물이다. 그를 받아들이는 사람은 인민공화국의 붕괴를 지지하는 사람이라고 공산당은 해석한다. 메르켈은 티베트의 자치권을 지지하는 걸까? 아니면 단순

히 소수민족의 권리를 강화하고 압박에 저항하려는 걸까? 그
녀는 정확히 밝히지 않았다. 하지만 9월 23일 메르켈은 달라
이 라마를 총리실에서 만났다. 외무부와 프랑크발터 슈타인마
이어 외무부 장관은 이를 크게 만류했다. 특히 두 가지가 문제
였는데, 첫째가 장소였다. 총리실은 정치적 의미가 매우 강하
고 공식적인 성격을 띤다. 두 번째 문제는 공지 상태였다. 메르
켈은 불과 몇 주 전에 원자바오를 만났지만 달라이 라마의 방
문에 대해서는 한마디도 언급하지 않았다. 중국은 기만당한
기분이 들었다. 외교가 시끄러워졌다.

중국은 냉정하고 빠르게 대응했다. 방문이 취소되고 국가
간의 대화가 중단되었다. 독일은 중국의 강도 높은 분노를 느
꼈다. 외무부 장관이 복잡한 접근과정을 통해 중국을 달래느
라 애써야 했고 독일은 중국의 영토 통합을 인정하는 일종의
사과문을 보내야 했다. 그것은 오늘날에도 총리실에서 너무
과하게 고개를 숙였다고 보는 '고두叩頭'였다. 총리실은 당시 중
국이 사건을 둘러싼 내부의 논쟁을 마음껏 이용했다고 보았
다. 물론 슈타인마이어 외무부 장관은 다르게 보았고 총리의
미숙함을 지적했다. 어느 쪽이든 이 문제는 도덕정치와 실질정
치 사이에 있었다. 이 일화는 오늘날까지도 중국을 상대하는
독일의 힘을 정확히 가늠해야 한다는 교훈을 준다. 어쩌면 그
것은 생각보다 더 약할지도 모른다. 총리는 이런 실질적인 인

식 속에서 중국과의 관계를 이어 갔다. 달라이 라마 일화는 지금까지 두 번 다시 일어나지 않았다. 한마디로 말해 달라이 라마가 더는 방문할 의사를 전하지 않았다. 물론 총리실은 티베트의 최고 종교 지도자의 대리인들과 여전히 대화를 한다.

메르켈은 외국여행을 갈 때마다 두 채널로 정보를 수집한다. 먼저 연방정보부 전문가들이 총리실 보좌진들에게 조사내용을 설명한다. 그런 다음 거의 모든 자료들이 총리에게 전달된다. 베를린의 외교정책연구소와 연방정부가 재정을 대는 학술정책재단 전문가들과도 똑같은 과정이 진행된다. 정보회의는 언제나 분리되어 진행되고 두 진영은 비밀보장을 요구한다. 비밀첩보기관은 카드를 쉽게 보여 주지 않는 법이다. 중국방문 전에는 항상 인권 상황이 토론되고, 수감되었거나 사형 위협을 받는 반체제 인사들의 사례 목록이 작성된다. 대화중에 항상 외교정책보좌관 호이스겐이 인권사례 목록을 메르켈에게 전달하고, 적당한 시간이 흐른 뒤 독일 정부의 인권담당관이 목록에 있는 인물의 운명에 대해 다시 묻게 된다.

여기에도 위험이 있다. 중국과 중국의 인권 문제에 대한 비판이 의례적으로 비칠 수 있다. 실제로 베이징은 비판을 의례적인 것으로 받아들인다. 그러나 다른 한편으로 작은 발전도 있다. 예를 들어, 임기가 거의 끝나 가는 원자바오는 자신의 임기 안에 독일과 중국 간의 대화를 재개하고자 했다. 확실히 그는 메르켈 정부 때 정착되었고 외교정치 수단으로 늘 애용되었던 장관회담이 맘에 들었던 것 같다. 원자바오는 후임자가 오기 전에 회담 형식을 확실히 정착시키고자 했다. 그래서 그는 2012년 여름으로 회담을 앞당기자고 청했다. 총리실은 동의했지만 한 가지 조건을 달았다. 중국의 저항으로 사라진 인권회담이 재개되어야 한다는 조건이었다.

인권과 자유를 주제로 하는 정식회담이 다시 논의대상이 되었다. 그러나 논의결과는 무엇인가? 다시 그저 의례적인 일일 뿐이었나? 중국공산당은 참가자를 선별했고 모든 만남을 세세히 통제했다. 독일에서 온 별로 중요하지 않은 정치모임조차 엄격한 통제를 받았다. 호이스겐은 외교정치 핵심인물들과의 개인적인 접촉을 유지하려 애썼지만 모두 실패했다. 대화중에 늘 핸드폰 번호를 주고받았고 더욱 긴밀하고 신속한 협력을 약속했지만, 그 후 다시 접촉하는 일은 없었다. 언어적 어려움과 문화적 차이가 만드는 장애도 컸고, 중국 지도자는 통제되지 않은 특별한 관계 혹은 더 나아가 신뢰관계가 생기는 걸 싫어했다. 아무튼 핸드폰으로 연락하면 아무도 받지 않았다.

놀라운 것은 시간이 흐를수록 메르켈이 점점 저항 대신 협의에 전념했다는 사실이다. 독일과 중국의 관계는 특히 경제 분야에서 두각을 나타냈다. 무역규모가 1440억 유로에 달하고 2011년에만 수출이 20퍼센트 올라 650억 유로를 달성했다.

5천 개 독일 기업이 중국에서 활동한다. 중국이 유럽 바깥에 있는 독일의 가장 중요한 무역 상대로 성장했다. 유럽연합에서 독일은 중국과 독보적인 경제관계를 맺고 있다. 유럽연합에서 중국으로 수출되는 전체 상품의 절반이 독일에서 나온다. 최상의 결산이다. 국제관계 유럽위원회(ECFR) 정책연구소는 경제적 구속이 정치적 강요를 낳는다면서 독일과 중국의 '특별한 관계'를 다음과 같이 경고한다. 베를린이 유럽과 서방국가 집단에서 이탈할 것이다. 중국이 대량생산을 위한 순수 조립장소에서 하이테크 국가로 변하는 데 독일이 가장 중요한 지지자가 될 것이다. 독일의 공학기술 없이는 중국의 빠른 성장도 불가능할 것이다. 그러나 언젠가는 이 진자가 전복될 것이다. 현재 중국시장에서 볼 때 벌써 유럽의 대부분은 완전히 매력을 잃었다.

메르켈은 느긋하게 이런 비판을 듣는다. 그녀는 독일 없이도 중국이 빠르게 발전할 거라고 확신한다. 지구화 압력에서 살아남고 싶으면 유럽은 중국을 고려해야만 한다고 생각한다.

메르켈은 중국에서 흥미로운 실험을 직접 목격했다. 부와 자유에 대한 욕구가 높아지는 중국에서 권위적인 통치가 얼마나 오래갈까? 메르켈은 2010년 베이징 공산당대학에서 연설할 때, 언젠가는 모든 민족이 다양성을 위험이 아닌 인간의 전형적인 특징으로 보게 될 것이라고 했다. 그리고 2년 뒤에 그녀는, "인간의 자유 추구가 중국에서도 이루어지는 것"을 목격했다. "자유롭게 살고자 하는 것이 인간의 본성입니다. 점점 더 많은 사람이 교육을 받을수록, 점점 더 많은 사람들이 넉넉히 먹고 자신을 발전시킬수록, 자유라는 주제는 더욱 강력하고 시급한 의제로 부상할 것입니다."

그러므로 메르켈의 체제 경쟁에서 핵심동력은 서방국가와 서방국가 가치의 생존능력이다. 우리 아니면 그들, 서방국가의 자유체제 대 중국의 권위체제. 메르켈이 보기에 이것이 모든 여행의 이면에 있는, 경제적 결산과 우정의 제스처 이면에 있는 진짜 미션이다.

반면 큰 위험이 남아 있다. 중국도 인접한 이웃을 대상으로 공격적인 외교정책을 펼치고 있는 것이다. 군사력을 확장하고 민족적이고 공격적인 톤으로 다른 아시아 국가들을 위협하는 동시에 투자한다. 독일은 지정학적 정치의 큰 경기에서 중국에 도전하기에는 너무 약하다. 이제 미국이 중국에 도전한다. 오바마 정부는 태평양 공격과 군사적 균형정책으로 중국의 이웃 국가, 특히 남중국해에 숨구멍을 만들어 주고 있다. 메르켈은 이를 환영하고 유럽을 경제적인 평형추로 강화할 의무가 독일에게 있다고 본다. 물론 언젠가는 중국에 대한 미국의 관심과 독일의 경제적 관심 사이에서 선택해야 할 날이 올 것이다. 아직까지 밝혀진 않았지만 그녀가 마지막에 어느 편에 서게 될지는 의심의 여지가 없다.

11

대위기
앙겔라 메르켈의 유럽전쟁

❖

메르켈의 신유럽은 구유럽의 실수를 영구히 극복해야 했다.
그러기 위해서는 몇몇 가혹한 구조개혁이 필요했다.
유럽은 특별한 방식의 개혁이 필요하다. 그것이 정치적 과제였고,
메르켈이 굳게 다짐하고 결심한 것도 바로 그것이었다.
그렇게 유럽 드라마의 세 번째 단계가 시작되었다.

벨기에의 동화마을 브뤼헤에 자리한 유럽칼리지는 이상주의
의 본거지라 할 만하다. 유럽을 믿고 유럽의 화합정신을 믿는
사람들이 이곳에서 공부한다. 유럽칼리지의 베르베르스디예크
신축건물은 거대한 산소호흡기처럼 생겼다. 벌집 모양의 콘크
리트 정육면체, 언제나 유럽에 신선한 공기를 불어넣어 줄 것
같은 풀무처럼 생긴 지붕. 유럽연합의 정신이 자유롭게 숨 쉬
는 곳이자 앙겔라 메르켈이 지혜의 말로 유럽 젊은이들에게
길을 안내하고자 했던 바로 그곳이다. 어쩌면 그녀는 스스로에
게 위로의 말을 건네고 싶었을지 모른다.

2010년 11월 2일 화요일. 며칠 전에 유럽연합 회원국의 정상회담이 있었고 위기에 처한 회원국을 위해 성급하게 마련했던 구제정책을 폐지하거나 개정하기로 결정했다. 기존 정책보다 더 장기적인 정책이 필요했다. 더불어 유럽조약도 바꿔야 했다. 지루한 과정과 여론의 저항을 기억하는 모두에게 악몽 같은 일이었다. 그러나 뭐든 해야 했다. 유럽은 비참한 상태에 있었다. 대략 1년 전부터 금융위기가 국가를 갉아먹었고 휘청거리는 여러 은행을 구제하면서 국가 재정이 어려워졌다. 그리스가 이미 위급한 지경에 이르렀고 11월에는 아일랜드, 그리고 포르투갈까지 유럽연합에 지원을 요청했다. 이런 비참한 상태를 탈출하는 방법에서 독일과 프랑스의 의견이 갈렸고, 생명의 위협이 느껴지지만 적합한 치료약이 없어 보이는 이 질환의 성질을 이해하느라 모두가 힘들어했다.

2010년 11월 2일 화요일. 앙겔라 메르켈은 이날 아침 우편물을 받았다. 소포 하나가 총리실에 배달되었고 경호원들을 이를 즉시 치웠다. 그리스에서 메르켈 총리 앞으로 온, 끈으로 묶인 폭탄 소포. 이런 일은 매우 드물 뿐 아니라, 만에 하나 생기더라도 대중에게 알려지지 않는다. 메르켈이 그리스 과격주의자들의 목표라고? 뜨거웠던 위기의 첫 몇 달이 지나면 이 역시 대수롭지 않은 일이 될 것이다. 총리는 이날 다른 뉴스를 준비했다. 대중은 메르켈이 브뤼헤 유럽칼리지 연설 서두에 재미있게 들려준 아인슈타인에 대한 일화를 뉴스로 접해야 했다. 메르켈 총리는 유럽칼리지의 61회 입학식을 축하하기 위해 벨기에로 갔다. 모든 입학생들은 학년마다 부여되는 수호자의 이름을 받게 된다. 이번 입학생들에게는 이론물리학의 대가인 알베르트 아인슈타인이 선택되었고, 이에 이론물리학자인 메르켈 총리는 특히 더 기뻐했다.

메르켈은 먼 19세기로 학생들을 데려갔다. 그녀는 자신의 롤 모델이기도 한 마리 퀴리에 대해 이야기하고 닐스 보어Niels Bohr, 그리고 당연히 아인슈타인에 대해서도 거론했다. 그런 다음 총리는 아인슈타인 같은 위대한 과학자조차 살아 있는 동안에는 매우 힘들었을 거라고 강조했다. "이를테면 양자역학 같은 다른 큰 세계를 이해하기 힘들었을 테고 많은 것들이 서로 밀접하게 연관된 것도 그를 힘들게 했을 것입니다." 학생들은 속으로 싱긋 웃었을 것이다. 물리학이 아니라 사회학을 공부한 그들로서는 어쩌면 양자역학의 관련성을 하나도 이해하지 못했을 것이기 때문이다. 메르켈은 양자역학에 대해 어느 정도 이해하고 있었지만, 학생들에게 뭔가 다른 것을 전달하고 싶었다. 아인슈타인의 사례에서 보듯이 익숙한 세계관에서 벗어나 학문적 발견으로 얻은 새로운 세계관을 받아들이기가 얼마나 어려운지를 말하고 싶었던 것이다. "그것이 이성의 한계이자 특정 시대의 한계입니다."

메르켈은 이성의 한계에 굴복하지 않는다. 그녀는 이해하려 노력하고 자신의 한계를 시험한다. 유로위기에서도 그녀는 자신의 한계까지 스스로를 몰아 갔다. 그렇기 때문에 메르켈은 11월 2일에도 시간을 끌었다. 계속 진행할 수 없을 때는 언제나 시간을 끄는 것이 도움이 된다. 메르켈이 확신에 차서 유럽 칼리지 학생들에게 말한 것처럼, 언젠가는 한계가 '위대한 인류'에 의해 깨질 것이기 때문이다. "새로운 공간에서 다루고 생각하고 연구하면, 갑자기 모든 것이 아주 간단해 보입니다. 이전 세대가 왜 고민만 하고 있었는지 의아해집니다."

자연과학자 메르켈은 궁극적으로 '학문적 발견'을 통해 내부의 문제를 밖에서 이해하게 될 지점에 도달하고자 했다. 그녀는 문제가 명확하고 간단하게 드러날 새로운 공간에 들어서고자 했다. 위기가 전혀 다르게 느껴졌다. 그녀가 다른 기회에 말했던 것처럼, 그것은 눈앞에 있는 손조차 보이지 않는 깜깜한 공간이었다. 더듬더듬 앞으로 나아가고 있다. 한걸음만 잘못 디뎌도 다시는 출구를 찾지 못할 것이다.

유럽으로 가는 길

더듬더듬 앞으로 나아가기. 정치 입문 초기 때부터 유럽으로 가는 메르켈의 길은 늘 그랬다. 구동독 말기에 그녀는 드 메지에르 정부의 대변인으로서 유럽경제공동체(EEC)가 얼마나 잔

인한지 경험했다. 서독의 마르크가 도입되고 동독화폐와 서독 화폐가 2:1의 비율로 교환되었을 때, 서독화폐는 멸망하는 국가의 망가진 농업을 구제하는 데 아무 소용이 없었다. 하루아침에 농산물이 팔리지 않았고 농부들은 수확물을 밭에서 불태웠으며 모든 직종이 갑자기 얼어붙었다. 높은 보조금을 받는 서독 식료품 폭탄이 동독 시장을 덮쳤다. 농업의 국가보조는 당시 유럽경제공동체의 전형적인 정책이었다.

메르켈은 태어날 때부터 유럽연합의 자식은 아니었다. 그녀는 35년 동안 바깥에서 지켜보았음을 기회가 있을 때마다 강조했다. 중유럽 사람들이 대개 그러하듯, 서방국가를 바라보는 그녀의 시선에는 영어 교사였던 어머니를 통해 들었을 영국의 영향과 당연히 미국에 느끼는 감탄이 포함되어 있었다. 그녀는 헬무트 콜이나 볼프강 쇼이블레 같은 남서독 기민연 정치가들의 전형적인 유럽 이미지를 거절했다. 그들은 독일과 프랑스의 화해를 중심에 두었고 그것을 유럽화합의 시작이라고 여겼던 아데나워의 제자들이었다. 헬무트 콜은 학생 시절 팔츠와 로트링겐 사이의 국경 바리케이트를 허물었던 일을 무용담처럼 자주 이야기했다. 그리고 볼프강 쇼이블레는 게겐바흐 언덕에 오르면 프랑스가 보이는 집에 살았다. 앙겔라 메르켈에게 이런 국경은 낯설다. 그녀는 유럽 레퍼토리에 어렵게 적응했다. 어떤 것들은 보좌진들의 긴 설명을 통해 서독이 갖고 있는 유럽 이미지를 배워야 했다.

그녀에겐 프랑스가 특히 낯설었다. 학창 시절에 프랑스어를 잠깐 배우긴 했지만, 그녀의 프랑스어 교사는 캐나다인과 결혼했고 외국여행을 허락받아 동독에서 나간 후 다시는 돌아오지 않았다. 메르켈은 통일 후 첫해에 프랑스로 여행을 갔고 그 나라를 탐험했다. 프로방스 지방을 여행했는데, 그곳에서 헬무트 콜의 중재로 독일 유대인 프랑스 역사학자이자 저널리스트이며 독일과 프랑스 간의 화해의 아버지라 불리는 요셉 로방 Joseph Rovan을 만났다. 그리고 그녀와 요아힘 자우어에게 노르망디를 보여 주었던 정치학자 앙리 메누디에Henri Mé nudier와 가까워졌다. 젊은 여성청소년부 장관으로서 그녀는 프랑스 엘리트 관료 양성기관인 국립행정대학원(ENA) 졸업생의 오만을 처음으로 경험했다. 그녀가 상대했던 프랑스 장관이 바로 ENA 졸업생이었다. 그는 메르켈을 앞에 두고도 보좌관을 통해 말을 전달했고 서류를 읽음으로써 독일 여성청소년부 장관에 대한 무관심을 표현했다. 그래서 메르켈도 서류를 읽었고 보좌관을 통해 말을 전달했다.

환경부 장관 시절 메르켈은 그동안 동거해 왔던 요아힘 자우어와 결혼식을 올렸다. 이때 각국 동료 장관들의 축하 속에 유럽에서 가장 멋진 곳에서 오늘날엔 상상하기 힘든 사치를 누렸다. 아일랜드 장관은 더블린에서 술집을 돌며 밴조를 연주했고 다음날 바닷가에서 바닷가재를 먹었다. 장관들은 스페인 카마르그에서 말을 탔고 유럽의 풍습대로 커다란 술통에서 방금 퍼 온 셰리주를 마셨다.

2005년 12월 19일에 독일을 대표하여 처음으로 유럽이사회 회의를 위해 브뤼셀에 갔을 때 그녀는 백지상태나 마찬가지였다. 비록 그녀가 기민연 당대표 시절에 포르투갈의 기독교민주당 출신 바호주Barroso를 유럽연합집행위원장으로 만드는 데 결정적 역할을 했지만, 그녀가 영국 예찬자이자 유럽 정치에 경험이 없는 정치가라는 평판이 지배적이었다. 그러나 2005년 12월 20일 새벽 3시에 이 평판은 깨졌다. 그녀의 첫 정상회담은 새로운 유럽연합 예산을 다루었다. 2013년까지의 유럽연합 재정을 미리 협상하는 자리였다. 메르켈은 참석자 중에서 가장 준비가 잘 된 사람이었다. 그녀는 모든 세부 내용을 꿰고 있었고 유일하게 협상의지가 높았다. 결국 메르켈이 블레어, 시라크, 카친스키를 이겼다. 그녀는 사실과 자료로 저항했고, 더 나은 주장으로 다른 사람의 주장을 물리쳤으며, 빠져나갈 구멍 없는 탄탄한 주장으로 동의를 강요했다. 이날 밤 그녀는 크게 인정을 받았다.

두 번째 성공은 2년 뒤 독일이 유럽이사회뿐 아니라 G8정상회담까지 개최하게 되었을 때 이루어졌다. 메르켈은 그때 이미 총리로서 칭송을 받고 있었다. 그녀는 독일을 위한 새로운 운신의 폭을 세계 속에 마련했고 중동지역의 가장 힘든 외교에 영향력을 보여 주었다. 그러나 유럽이사회는 특히나 높고 험한 산이었다. 이 시기에 유럽은 막다른 길에 있었다. 2004년 로마에서 각국 정상들이 다분히 감상적으로 축제 분위기에서 서명한 헌법조약이 완전히 실패로 돌아간 것이다. 프랑스와 네덜란드 국민들의 거부권 행사 이후 헌법조약은 정당성을 잃었다. 서둘러 새로운 것을 만들어 내야 했다. 이제 막 중유럽과 동유럽의 10개국으로 덩치를 키운 유럽연합은 행동불능상태가 되었다. 모든 희망이 2007년 1월 1일 유럽이사회 의장직을 맡은 메르켈에게 놓였다.

총리실은 몇 달 전부터 이미 열심을 내고 있었다. 토마스 드 메지에르 총리실 정무장관, 바우만 비서실장, 울리히 빌헬름 대변인, 우베 코르세피우스Uwe Corsepius 유럽정치국장 그리고 호이스겐 외교정책보좌관으로 구성된 메르켈 최측근 유럽팀은 조약, 헌법 내용 그리고 협상해야 하는 정치가들을 폭넓게 분석했다. 메르켈은 유럽이사회에서 같이 경기를 펼칠 사람들의 국내정치 상황을 알게 되어 기뻤다. 독일이 의장국으로 있는 동안 해결책이 나올 거란 보장은 없었지만 메르켈은 6개월 동안의 경기 계획을 준비해 두었다. 두꺼운 매듭은 늘 그렇듯 언제나 마지막 순간에 끊어진다.

메르켈은 1월부터 누구를 언제 방문하고 협상할지 구체적인 계획에 따라 활동을 시작했다. 보좌진 중 한 명이 나중에 말하기를, 메르켈 총리는 소설의 플롯을 짜듯 계획을 짰다고 한다. "단계별로 차근차근 처리할 17개 하위목록." 메르켈이 생각하는 정치과정은 바로 협상이다. 그녀는 주제를 확인하여 사고체계 안에 정돈한 뒤 하위주제들을 분류한다. 그런 후 문제가 해결된다. 그리하여 헌법 문제와 관련된 핵심 국가들과 정치가들의 목록이 만들어졌고 중요한 정책 자문단으로 구성된 좌표가 마련되었다. 메르켈은 프랑스 대통령의 보좌관 X가 특정 주제에서 물러나 있으면 그것이 무슨 의미일지, 제3국의 보좌관을 통해 그와 협상하는 것이 가능한지 알고 싶어 했다. 경기 계획 안에는 개별 회담이 이미 포함되어 있었고, 나중에는 소규모 회의 혹은 독일 영빈관 슐로스 메세베르크에서 여러 정치가들을 만나는 주말회의도 포함되었다. 그녀는 유스호스텔 운영자처럼 방방마다 순찰을 돌았다. 브뤼셀의 정상회담 기일이 끝나 갈 즈음 모든 유럽 국가와 국가 지도자들이 겪는 고충을 일일이 아는 사람은 메르켈 혼자뿐이었다.

메르켈은 개별 국가들의 의결권에 대해 계속 문제제기를 했던 폴란드 대통령 레흐 카친스키Lech Kaczynski와 그의 뒤에 버티고 선 폴란드 국무총리 야로스와프 카친스키Jarosław Kaczyński, 이 두 일란성 쌍둥이의 끈질긴 저항을 미리 계산하지 않았다. 폴란드는 '제곱근 공식'으로 의결권을 정하고자 했고 다른 국가 지도자들은 이에 짜증을 냈다. 레흐 카친스키는 바르샤바에 있는 쌍둥이 형의 지시를 받기 위해 계속해서 회의장을 나갔다. 쌍둥이 형제는 목숨을 건 담판을 선언했고 나머지 사람들은 이런 비장함에 신음했다. 메르켈은 중재하고 또 중재했고 마침내 그녀가 오래전에 미리 짜 놓았던 결과 쪽으로 대화의 방향을 잡았다. 폴란드가 계속 버티고 있자 그녀는 시위하듯 협상 테이블을 떠났다. 이는 당연히 위험을 무릅쓰고 한 행동은 아니었다. 그녀는 다른 국가 지도자들을 믿었다. 폴란드는 프랑스의 압력에 굴복했다. 나중에 서명 장소를 따서 '리스본조약'이라 불릴 이날의 결과가 발표되기 전에 앞서 이미 〈차이트〉는 메르켈의 협상 기술을 칭송했다. "총리는 포스트모던 정치의 메커니즘을 이해했고 당연히 유럽의 메커니즘도 알고 있었음에 틀림없다. 유럽연합의 진보는 오로지 지속적인 토론으로만 가능하기 때문이다." 메르켈과 유럽. 아무도 합쳐서 보지 않았던 둘이 이때 갑자기 함께 성장했다.

메르켈은 그녀의 유럽을 열심히 공부해야 했다. 종종 그랬듯이 그녀는 이성적 형상과 합리적 구조를 만들었다. 그리고 언제나처럼 열심히 사고한 결과물을 주로 의회에서, 때로 기념행사에서 밝혔다. 유럽이사회 의장국을 맡은 2007년, 그녀는 유럽연합에 대한 고백을 두 번 했는데, 한번은 로마조약 50주년 기념 연설에서였다. 50주년 기념해가 하필이면 독일이 의장국인 해와 겹쳤던 것이다. 메르켈은 2007년 3월에 베를린에서 로마조약 50주년 기념축제를 크게 열었다. 이 기회에 그녀는 삶의 동력인 자유의 힘을 다시 강조했다. "자유의 힘에 주목함으로써 우리는 인간에 주목합니다. 인간이 중심입니다." 그리고 거의 예언하듯이 덧붙였다. "멈춰 있는 것은 후퇴를 뜻합니다. 신뢰를 쌓는 데에는 수십 년이 걸립니다. 그러나 신뢰가 무너지는 데는 하룻밤입니다." 하룻밤이란 2-3년을 뜻하는 것이리라.

베를린에서 유럽세계는 아직 순조로웠다. 메르켈은 외교정치의 창공에 뜬 새로운 별이었다. 언론 매체들은 그녀를 세계에서 가장 영향력 있는 사람으로 축하했다. 그녀는 끝까지 버티어 유럽연합의 국가 지도자들에게서 의욕적인 기후정책을 이끌어 냈고 그런 직후 미국 대통령에게서도 약속을 받아 냈다. 그리고 이제 유럽경제공동체 50주년을 맞아 유럽의 기쁨과 고통을 연설하며 주요 주제를 다시 강조했다. "우리 유럽연합은 행복을 위해 단결할 수밖에 없습니다." 매우 강력한 표현이었다. 마치 유럽의 단결을 강요하는, 피할 수 없는 운명과도 같은 더 높은 힘이 있는 것처럼 들리기 때문이다. 게다가 '행복을 위해'에 담긴 이중의미가 강력한 표현에 한몫을 한다.* 메르

---

* zum Gluck은 '행복을 위해'라는 뜻이지만 또한 '다행히'라는 뜻으로도 쓰인다.

켈은 이 문장이 슬로건처럼 쓰일 것을 알고 있었다. 이 표현은 미국 독립선언서의 기본권에서 비롯되었다. 생명, 자유, 그리고 행복 추구.

또 다른 고백은 이처럼 주목받지는 못했다. 메르켈은 2007년 1월 17일에 스트라스부르에서 재앙의 징후인 듯 궂은 날씨의 어느 겨울날에 연설을 했다. 비가 내리쳤고 바람이 울부짖었으며 뉴스들은 백 년 만에 오는 강풍을 경고했다. 유럽은 공포를 자아내는 저기압지대 '키릴'의 영향권 안에 이미 들어가 있었다. 곧 독일을 덮칠 것이고 수많은 죽음과 붕괴가 예상되었다. 어쩌면 그렇기 때문에 그녀가 유럽의회에서 예정된 연설을 했을 때, 아무도 그녀에게 최소한의 관심조차 주지 않았으리라.

의장국을 맡은 국가의 행정부 수반이 의장국 취임을 위해 스트라스부르를 방문하는 것은 일반적인 일이다. 대부분의 국가나 행정부 수반들이 이것을 성가시게 생각하는 것도 일반적인 일이다. 유럽의 권력기관 중에서 가장 약한 곳이 유럽의회다. 사르코지는 아주 조금이긴 하지만 회의장을 개조시킴으로써 그의 오만함을 드러냈다. 일반적으로 현직 의장은 연단으로 안내되기 전에 회의장에 마련된 대기좌석에 앉아 기다린다. 회의장에 있는 다른 좌석들과 마찬가지로 이 대기좌석에도 번호가 붙어 있다. 2번이라고? 사르코지는 이 번호를 받아들일 수가 없었다. 프랑스 대통령은 결코 두 번째 자리에 앉을 수 없었다. 그래서 그는 방문하기 전에 대기좌석의 번호를 제거하게 했다.

앙겔라 메르켈에게 대기좌석의 번호는 아무 의미가 없다. 그녀는 의회를 중요하게 여긴다. 독일연방의회는 이미 그녀의 민주주의 질서에서 언제나 중앙에 놓여 있었다. 또한 스트라스부르의 유럽의회에서 연설을 할 때도 그녀는 이것을 의무로 여겼다. 그것은 유럽과 위기에 대한 연설 중에서 가장 중요하고 힘 있는 연설이었다. 총리실은 오랫동안 연설문을 작성하고 다듬었다. 기본적인 메시지를 무엇으로 할지 몇 주 전부터 토론했다. 메르켈은 정부청사 9층의 작은 총리실 스위트룸에 만찬을 마련하고 내부 측근들과 외부 자문위원 두 명을 불렀다. 빌헬름 대변인과 코르세피우스 유럽정치국장이 회의를 이끌었다. 어떻게 하면 유럽을 하나로 단결시킬 수 있을까? 총리실에서 '흑밀빵'이라 불리는, 정치적 의무에 속하는 긴 연설과 별개로 메시지가 필요했다. 그래서 다양성, 존중, 전쟁과 평화 그리고 관용까지 포함하는 고전적 가치들에 대해 토론했다. 오늘날에도 총리실에서는 그것을 '관용 연설'이라고만 부르는데, 그것이 무엇에 관한 이야기인지 이미 다들 알기 때문이다. 메르켈은 유럽의 의미, 유럽의 핵심을 묻는 질문에 답하려 애썼다. 무엇이 유럽을 지탱하는가? 왜 그것이 필요한가? 사람들은 유럽을 어떻게 느끼는가?

메르켈은 세 가지로 압축했다. 다양성, 자유, 관용. 그녀는
체코의 작가 카렐 차페크Karel Capek를 인용했다. "창조자는 유
럽을 작게 만들고 더 나아가 잘게 쪼갰다. 그래서 우리의 심장
은 크기가 아니라 다양성에 기뻐한다." 그러나 메르켈이 보기
에 다양성의 기쁨만으로는 부족했다. 다양성이 존재하려면 반
드시 필요한 기본 조건이 있기 때문이다. 메르켈은 계속 실을
자았다. 자유와 동행하지 않는 다양성은 오래 유지되지 못한
다. "모든 형태의 자유가 필요하다. 즉, 자신의 의견을 공공연히
말할 수 있는 표현의 자유, 믿거나 믿지 않을 종교의 자유, 기
업 간의 거래의 자유, 상상한 대로 작품을 만드는 예술가의 자
유."

말하자면 메르켈이 늘 강조하는 '자유'가 여기에서도 다시
등장한다. "자유는 유럽을 숨 쉬게 하는 공기와 같습니다. 자
유가 제한되면 우리는 쇠약해지기 때문입니다." 그러나 메르켈
은 짧은 철학 논문 수준을 벗어나 한 단계 발전된 중요한 질문
을 던진다. 다양성을 이롭게 보고 다양성 안에서 자유를 책임
있게 누리는 능력은 어디에서 오는가? 답은 관용이다. "유럽의
정신은 관용입니다. 유럽은 관용의 대륙입니다."

잠깐, 독일 총리가 이런 말을 해도 될까? 배타적으로 유럽
을 끈질기게 쫓아다니며 괴롭히고 망쳤던 독일이 과연 관용

에 대해 말해도 될까? 독일 총리로서 그녀에게는 다른 선택의 여지가 없었다. 이렇게 말할 수밖에 없었다. "그것을 배우는 데 수백 년이 걸렸습니다. 관용으로 가는 길목에서 우리는 재앙을 견뎌야만 했습니다. 우리는 서로를 추격했고 파멸시켰습니다. 우리의 고향을 황폐하게 만들었습니다. (…) 모두가 증오, 황폐, 파괴의 끔찍한 시간을 겪어야 했습니다. 그것은 내 민족의 이름으로 행해졌습니다." 그렇기 때문에 메르켈은 관용을 모르는 모두에게 오만을 경고했고, 관용의 연습과 지지를 유럽의 의무로 도출했다. 메르켈은 페터 프랑게Peter Prange를 인용했다. "지금의 유럽을 만든 모든 것에 우리는 감사해야 한다. 내적 모순, 끊임없는 분열, 주장과 반대 주장, 아이디어와 반대 아이디어, 명제와 반명제의 끊임없는 갈등에 감사해야 한다." 이 모든 갈등에도 불구하고 유럽은 어떻게 성공할 수 있었을까? 메르켈은 "관용의 가치를 알았기 때문"이라고 답했다. 그러나 연설이 끝난 뒤 곧바로 관용이 시험대에 올랐다.

위기시대의 정치가인 메르켈을 이해하려면, 기대에 부푼 기조연설을 하고 여러 연설에서 정치적 신념과 가치관을 밝혀야 했던 위기 이전 기간을 잠시 더 살펴보아야 한다. 유럽연합은 정치가들에게 이런 삶의 고백을 컨베이어벨트에 올려 놓기를 요구한다. 유럽연합은 바로 이런 근본적인 것을 갈망하는 것 같다. 브뤼셀에서는 싱크탱크들이 온갖 종류에 대해 깊이 숙고할 환경을 만든다. 베를린에서는 초대된 연설자에게 정치적 고백을 독려하는 훔볼트 연설이 훔볼트대학의 연속행사로 자리 잡았다. 또한 '유럽연합의 상황'에 대한 연설행사인 '베를린 유럽 연설'이 매년 빠지지 않고 있다. 이 연설에서는 당장의 주제가 아니라 원칙과 원리를 다룬다. 그뿐이 아니다. 적재한계선까지 물건을 가득 실은 유럽 화물선들 사이를 항해하는 벌크크루저* 같은 칼 대제 상**도 있다.

메르켈은 어디서나 연설을 했고 어디서나 기본이 되었다. 그녀는 칼 대제 상을 받았고 '베를린 유럽 연설'의 연단에 섰다. 그러나 그 자리에 앉아 있던 다른 유럽 정치가들과 마찬가지로 그녀 역시 2009년 가을에 유럽을 삼켜 버린 위기를 예견하지 못했다. 그녀는 어떤 연설에서도 공동경제정책 없는 통화연합이 야기할 수 있는 문제에 대해 언급하지 않았다. 유럽의 약한 부분을 고칠 방법과 계획을 제시하지 않았다. 아무리 빨리 잡아도 2009년 5월에, 그러니까 '그리스의 선언'이 있기 6개월 전에 훔볼트 연설에서 처음으로 위기에 대한 행동 방침으로 볼 만한 내용을 전달했다. 이때 그녀가 예언적으로 유럽정책을 국내정책으로 설명한 것은 주목할 만하다. 1년 뒤 독일연

● 전투도 할 수 있고 화물도 운송할 수 있는 주력함.
●● 유럽의 평화에 기여한 정치가에게 주는 상.

방의회는 오로지 이 주제만 다루었다.

이와 관련하여 메르켈이 "독일연방공화국은 동등한 권리를 가진 유럽연합의 회원국으로서 세계 평화에 공헌할 것을 표방한다"는 독일 헌법 전문을 제시한 것도 눈여겨볼 만하다. 3년 뒤 헌법재판소가 통치권의 전용轉用에 대해 판단해야 했을 때, 이것이 위기에서 결정적인 역할을 했다. 모든 유럽국가에게 독일 헌법 전문을 제시한 것은 헌법과 유럽의 단결이 서로 모순되지 않는다는 증거나 마찬가지다. 메르켈은 이것을 정치적 대전제로 명확히 했다. "독일은 유럽의 단결을 언제나 국가이성의 일부로 이해합니다." 메르켈이 평소 국제적 관계나 이스라엘과 관련해서만 언급했던 국가이성이 여기서 다시 등장한다. 유럽연합만큼 국가이성이 중요한 곳은 없다. 유럽연합이 없으면 독일은 아무것도 아니다.

메르켈에게 유럽연합은 독일이 가진 가장 중요한 이점 중 하나다. 그렇기 때문에, 독일이 국내시장에서도 아주 큰 이익을 올리면서 유럽의 단결로 생긴 막대한 정치적 이점을 유럽 공동체로 돌리지 않는다며 독일을 '물주'라 부르는 것을 메르켈은 좋아하지 않는다. 그녀는 또한 훔볼트 연설에서, 유럽연합이 더는 무제한으로 새 회원국을 받아들일 수 없음을 명확히 했다. 말하자면 공동체의 심화, 즉 확대보다 옛날 구조의 개선이 먼저다. 그리고 심화라는 것이 브뤼셀만 힘을 키운다는 뜻이어서는 안 된다. "개별 국가들이 조약의 주인입니다." 메르켈은 이 말을 유럽위기 동안 가장 자주 했다. "유럽연합을 공인된 척도로 보는 사람은", 그러니까 유럽의회에 입법발의권을 주거나 브뤼셀에 더 많은 힘을 주려는 사람은 "두려움에서 벗어나야 한다는 부담만 더 키우게 되는 것입니다."

그런 일은 없을 것이다. 메르켈은 '공인된 척도로서의 유럽'을 테스트해 보아야 할 때가 오기 전에 이미 그녀의 유럽을 규정해 두었다. 그녀는 권력 확장 욕구를 지닌 체제와 싸웠다. 그리고 다양한 속도의 유럽에서 앞서 나가길 바라는 개별 국가들의 조급증과 싸웠다. 메르켈은 이 시기에 아직은 그런 체제를 받아들이고 싶지 않았다. "협력하지 않는 국가의 의원들을 유럽연합에서 내보내야만 할까요? 그걸 누가 결정합니까? 그렇게 되면 결국 유럽연합의 모든 안정이 파괴될 것입니다." 그런 일이 있어서는 안 되었다. 메르켈 총리는 이 부분에서 분노를 드러냈다. "그러므로 계속해서 뭔가를 선언하는 사람들에게 청하건대, 생각을 좀 더 깊이 하십시오." 3년 뒤, 위기의 신음이 깊어졌을 때 이미 그녀의 이런 원칙들은 뒤로 물러난 듯했다. 메르켈은 계속 생각했고 '다양한 속도 방식'을 받아들인 것이다. 그녀는 만일을 대비하여 2009년에 일종의 비상탈출구를 만들어 두었다. "어쩌면 나 역시 무언가를 보지 못하고 지나쳤을지 모릅니다. 하지만 그럴 리는 없을 거라 믿습니다."

또한 그녀는 관중에게 예언하듯 명확히 밝혔다. 어떤 최종 설계도 제시하지 않을 것이라고, 적어도 공식적으로는 하지 않 겠다고⋯. 오래전에 요슈카 피셔가 훔볼트 연설에서 이미 확언 한 바 있다. 메르켈은 논쟁을 끝내는 데 어떤 공헌도 하지 않 을 것이며, 미래에 완공될 유럽연합이 어떤 모습일지 묻는 모 든 질문에 어떤 대답도 내놓지 않을 것이라고 말이다. "나는 여러분을 실망시킬 수밖에 없을 것입니다. 내 생각에 장기목표 는 (⋯) 때때로 당장 시급한 정치단계를 더 어렵게 만들 수 있 기 때문입니다." 메르켈은 이 말로 '최종을 말하는 사람은 모 든 유연성을 포기하는 것'이라는 메시지를 전달하고자 했으리 라. 전술가 메르켈은 유연성을 포기하고 싶지 않았다. 그녀는 숲 전체의 아름다움을 칭송하기보다 개별 나무들을 연구한다. 어느 날 갑자기 숲에서 길을 잃게 될지 모르기 때문이다.

그리스의 선언

위기는 2008년 9월 15일에 투자회사 리먼 브라더스가 파산하 면서 이미 시작되었다. 기민연-사민당은 연정 마지막 해를 전 설적인 경제 몰락과 싸워야 했고 몇 주 이내로 막대한 보증펀 드, 은행구제, 경기활성정책을 결정해야만 했다. 2009년 10월 까지 위기는 별다른 저항 없이 유로회원국의 국가재정 속으로 진입했다. 국가부채가 늘었고 정부들이 위기에 처한 은행을 돕다가 같이 위기에 빠졌다. 2009년 10월에 막 선출된 파판드레우 Papandreou 총리의 그리스 정부가 새로운 정부 출범의 이점을 이용하여 재정적자 수치를 속였을 때, 일단 비명소리가 멎었다. 확언컨대 적지 않은 사람들이 아테네에서 온 나쁜 소식, "재정적자가 국내총생산의 6퍼센트가 아니라 실은 12퍼센트였다"는 뉴스를 미리 예상하고 있었으리라.

이 뉴스의 의미를 수긍하는 데 몇 주가 걸렸다. 12퍼센트는 당연히 유럽연합의 부채 한계를 훌쩍 넘는 것으로, 개선을 기대하기도 버거운 수치였다. 게다가 총 부채액이 어마어마하게 높았다. 그리고 이것은 부채를 감당하는 데 직접적인 영향을 미쳤다. 국제금융시장의 채권자들은 그리스 국가채권에 막대한 리스크 프리미엄을 붙였다. 12월에 이미 국제신용평가기관인 피치 레이팅스가 처음으로 그리스의 신용평가를 낮췄다. 외화가격이 그리스가 감당할 수 없을 만큼 비싸졌다.

아무도 쉽게 정지시킬 수 없는 지옥 같은 악순환이 시작되었다. 높은 부채, 높은 신용기준, 높은 리스크 프리미엄, 그리고 그것 때문에 더욱 비싸진 차관. 이런 순환 고리는 국가가 부채를 줄일 때만 끊어질 수 있다. 그러나 부채 감소와 더불어 경제가 성장해야 하고 세금수입이 올라야 하며 단위노동비용이 낮아지고 사회복지나 연금 혹은 의료비 같은 비용이 줄어야 하고 공무원이 해고되고 많은 것이 양도되어야 한다. 이론상으로는 모든 경제학자들에게 그리스가 완수해야 할 과제가 명확해졌다. 그러나 현실로는 그리스에게 이 과제들이 괴물만큼이나 크고 그리스와 그리스 정치가 행동불능상태임이 밝혀졌다.

첫째, 전염성이 있음에도 그리스를 격리실로 보낼 수 없었다. 지옥 같은 악순환 끝에 결국 국가파산이 기다리고 있음을 모두가 알고 있었다. 그리스가 파산할지 모른다. 그리스가 부채를 상환하지 못할 수도 있다. 이런 상태에 빠지면 일반적인 국가는 시계를 0시에 맞춘다. 다시 말해 새로운 통화를 발행하거나 옛 통화를 그냥 폐기해 버린다. 그러나 그리스는 유럽연합의 다른 16개국과 마찬가지로 유로를 쓰기 때문에 그렇게 할 수가 없었다. 그리스가 어쩔 수 없이 파산하게 되면, 다른 유로회원국들도 피해를 입게 될 것이다.

둘째, 그리스의 은행들이 유럽의 다른 나라 은행들과 밀접하게 얽혀 있다. 외국 은행들이 넓은 의미에서 무가치한 그리스 국가채권을 갖고 있다. 급작스런 파산은 그리스의 은행만 해당하는 것이 아니라 국경 너머, 가령 독일의 도이체방크나 코메르츠방크에 도미노 효과를 야기하고 예측불가의 결과를 낳을 것이다. 파산은 그리스를 경제 영역에서 추방할 것이다. 그리스의 유로 보유액이 한계에 다다를 것이고 외국에서 들여와야 할 생필품 대금조차 지불하지 못할 것이다. 암울한 시나리오가 작성되었고 탈주폭풍이 예상되었으며 폭동이 예견되었다. 그렇게까지 되어선 안 되는 문제였다.

그렇다면 계획에 따른 퇴장이 하나의 선택일 수 있을까? 합의된 추방? 많은 돈을 투입하고 협정을 통해 충격을 완화시킬 수 있을까? 은행과 경제에 있을 모든 위험을 무릅쓰고라도 그리스는 유로와 작별해야 할 것이고 새로운 통화를 도입해야 하리라. 파판드레우 정부는 재빨리 이런 시나리오에 전혀 관심이 없다는 뜻을 명확히 밝혔다. 그리고 아무도 유로국가를 추방할 수 없다며 유로국가로 남을 권리를 주장했다. 유럽조약을 체결할 당시 이런 일이 벌어질지는 아무도 예상하지 못했다. 어떤 식으로든 작별이 올 거라면, 그것은 흉측한 모습일 테고, 유로존이 총체적으로 돌이킬 수 없는 손상을 입게 될 것이다. 그러나 이때 유럽에서 지불 능력이 있는 국가들은 그리스로부터 위협을 받지 않는다. 이것은 위기에 처한 국가들, 나중에는 부자나라들까지 떨게 했던 스페인과 이탈리아의 문제였다.

이러한 위기의 기본 논리는 달라지지 않았다. 다만, 아일랜드와 포르투갈이 유로존 구제정책에 도움을 청했을 때보다, 그리고 나중에 스페인과 이탈리아가 심각한 혼란에 빠졌을 때보다 더욱 선명하게 딜레마가 보였다. 마침내 깨달았다. 부채 문제뿐 아니라 유로존에는 많은 돈의 투입이나 그리스의 추방으로 해결할 수 없는 막대한 구조적 오류가 있었던 것이다. 유럽은 단순한 통화위기를 맞은 것이 아니었다. 유럽경제공동체와 특히 유로회원국들은 동시에 삼중 공격을 받았다. 부채가 과도하게 많은 국가들이 끼어 있었고 극단적으로 불공평한 경쟁 관계가 있었으며 그리스 같은 재앙을 다스릴 정치적 도구가 마련되어 있지 않았다. 다시 말해 첫째, 유럽연합에는 염산처럼 통화를 녹여 버리는 부채 문제가 있었다. 둘째, 유럽연합에는 역동적인 국가와 경직된 국가 사이의 불평등한 경쟁 문제가 있었다. 마지막으로 유럽연합에는 오류를 수정할 수 있는 정치적 도구가 없었다.

시장은 이런 삼중 위기를 무자비하게 드러냈다. 유럽 곳곳에서 이런 시장을 욕했다. 부채국가를 희생시켜 자신의 사업을 일으키고 이자율을 높이고 성장을 장담하며 제 주머니를 채운 익명의 헤지펀드 매니저나 투자 상어들을 욕했다. 이런 분노를 가라앉히고 약간의 자기반성을 시작하기까지는 몇 년이 더 걸렸다. 2012년에 비로소 시장의 처신이 완전히 합리적이었음을 깨닫게 되었다. 지멘스나 폭스바겐의 퇴직연금기금도 시장이었고 안전한 투자펀드를 선택한 개미투자자의 1천 유로 투자도, 저축펀드도 시장이었다. 유리한 몇몇 경제 주요 데이터를 제시했고, 현대적이고 생산적인 산업을 가진 경쟁력 있는 국가에 고객의 돈을 투자한 투자자들에게 눈을 흘겨야 할까?

아니다. 유로존이 먼저 기울었고 시장은 부채위기 과정에서 그것을 폭로했을 뿐이다. 유로존은 같은 통화를 쓰는 공간이지만, 또한 대단히 다양한 경쟁력이 공존하는 공간이다. 이런 혼합 공간이 같은 통화를 쓰면, 말하자면 국가별 다양한 능력에도 불구하고 같은 조건에서 돈을 보유하면, 문제가 발생할 수밖에 없다. 그런 상태로는 제 기능을 할 수가 없다.

2010년 이후의 위기 기간 동안 장점도 하나 있었다. 모든 독일연방의원들뿐 아니라 모든 의식 있는 독일 국민들도 경제학개론과 통화정책 수업을 무료로 듣게 되었다. 그럼에도 위기는 독일에서 오랫동안 추상적인 개념에 머물렀다. 스페인 청년 실업이 50퍼센트에 달하고 아일랜드 부동산 소유자가 통화위기의 영향력을 금세 몸소 느꼈던 반면, 독일 국민들은 총리의 말을 믿거나 혹은 매일 밤 그리스를 추방하자는 주장, 분노한 의원이 외치는 '이제 그만!' 그리고 제일 반가운 독일 마르크 재도입 의견들 사이에서 감정적 롤러코스터를 타야만 했다.

하나만은 명확했다. 간단한 해결책은 없을 거라는 것. 2010년 4월 23일 그리스 정부가 유럽연합과 국제통화기금에 구조요청을 냈을 때, 총리도 그것을 알았다. 이날부터 유럽의 모든 것이 예전과 달라졌다. 이 순간부터 유럽의 행복 수사학이 침묵했고 연합은 정치적 접전에 돌입했다. 여전히 유럽연합에서 산다고 생각하는 사람은 곧 새로운 것을 배우게 되었다. 개별 국가의 시각을 갖게 되었고 냉혹한 이익정치가 시작되었다. 그리고 개별 국가들이 제각각 이익의 정의를 내렸다. 유럽은 정치적 비상사태에 놓였고 유럽연합 지도자들은 때때로 존재론적 위기를 맞았고 대륙은 오래전에 죽었다고 믿었던 편견의 부활을 경험했으며 공동체를 지탱하던 얼음이 얼마나 얇았는지 확인했다. 그럼에도 정치가들은, 앙겔라 메르켈의 정치가들조차, 위기가 유럽연합을 파괴할 수 있다는 가혹한 진실을 입 밖에 낼 용기가 없었다. 단 한 국가라도 유로존에서 퇴장하면, 그것은 곧 지구화 시합에서 유럽이 단결하지 못하고 힘없는 다양한 통화를 가진 작은 국가로 돌아가리라는 징후일 테고 유럽이 노쇠하고 혁신 능력도 없다는 증거가 될 터였다. 평화를 모르기로 악명 높았던 유럽대륙이 시도했던 세기의 화해와 평화가 위험에 처했다. 역사적 과정을 감지할 줄 아는 사람은 이 위기에 위협을 느꼈으리라.

앙겔라 메르켈도 처음에는 위기의 규모를 제대로 이해하지 못했다. 아무도 이해하지 못했다. 2010년 11월에 브뤼헤에서 아인슈타인 학년 앞에서 연설할 때조차, 그녀는 여전히 이해의 순간을 희망했다. 2011년 중반에 비로소 그녀는 위기의 원인과 효력에 대해 확정적으로 이야기하기 시작했다. 그리고 당연히 이 위기가 언제나 충격을 주고 예측할 수 없는 문제를 야기한다는 것이 명확해졌다. 전방을 주시하며 주행하기. 그것은 총리실에서 자주 쓰는 은유였다. 체계적인 메르켈로서는 위기의 메커니즘이 밝혀지지 않은 것이 갑갑하게 느껴졌을 터다.

위기는 낡은 엔진을 단 자동차 같았다. 걸핏하면 시동이 꺼지고 울부짖는 엔진 소리를 내다가 갑자기 앞으로 돌진했다. 그리고 다시 조용해졌다. 유럽 정치는 문제와 함께 한 단계 한 단계 변해 갔다. 새로운 전환과 사건, 갓 등장한 공포의 수치들과 끝나지 않는 절망적인 토론에 계속해서 놀랐다. 대단히 복합적인 톱니바퀴에서 화폐 및 경제정책, 직접적 위기 반응, 장기 안정 계획, 국내정치 및 헌법 문제가 서로 맞물렸다. 선거 일정, 퇴진, 입법 기한, 자문 과정…. 모든 것이 시간을 잡아먹었다. 그러나 시간은 가장 소중한 것이었다. 메르켈은 확실성을 추구하다 바로 그런 소중한 시간을 아프게 잃어버렸다.

총리가 일찍부터 확실하게 여겼던 것이 있다면, 그것은 바로 여러 외부 자문위원들이 그녀에게 전달한 신속한 해결책을 불신했다는 점일 것이다. 그렇기 때문에 그녀는 점점 더 외부와 거리를 두었다. 메르켈은 2008년 은행 위기에 기습을 당했고 연방정부는 문제의 규모에 당황했다. 메르켈 주변에는 공매空賣, 파생상품, 부채담보부증권(CDO)에 대해 잘 아는 전문가들이 많이 있었을 것이다. 도이체방크 최고경영자 요제프 아커만Josef Ackermann이 메르켈에게 비싼 포도주 병을 예로 들어 자산가치 조정체계를 설명했던 그날 밤을 자문위원들은 잊을 수가 없다. 지하실에 1000유로짜리 포도주 병이 500개가 쌓여 있는데, 그중 한 병이 100유로에 팔렸으면, 나머지 499개

가격도 그것에 맞춰 감액조정해야 마땅하다는 것이다.

메르켈과 그녀의 자문위원들은 포도주 병 일화에서 배운 것이 있었다. 총리실 최고 경제자문, 엔스 바이드만Jens Weidmann은 은행구제를 위한 특별원칙을 마련하고 자본시장 전문가들을 고용했다. 유럽통화정책은 바이드만 자신이 최고의 전문가였다. 그의 박사학위 주제도 그것이었다. 메르켈의 위기정책을 이해하려면, 총리실 자문단의 기본 초안을 잡은 1968년생의 이 경제학자를 먼저 이해해야 한다. 그는 신중하고 똑똑하며 일에 몰두하는 사람이다. 토마스 드 메지에르 총리실 정무장관은 그를 '맑은 정신의 소유자'라고 평했다. 통화위기 초기에 베를린이 아직 준비가 덜 되었을 때를 제외하면, 위기정책에서 통화정책 분야는 처음부터 그의 업무였다.

메르켈과 바이드만은 사고방식이 매우 비슷하다. 둘 다 분석적이고 신중하며 의심을 많이 한다. 그렇기 때문에 2010년 5월 1일에, 그리스의 요청에 단지 빠른 신호를 주기 위해 유럽이사회가 이른바 '주말에 탄생한 구제기금'을 돈으로 가득 채우려 했을 때, 바이드만의 뒷골이 오싹해진 건 당연해 보인다. 재정부 장관이 5월 2일에 구제기금 1,100억 유로에 동의했지만 그 금액은 시장에 영향을 미치지 못했다. 그리스에 대한 추측들은 계속되었고 결국 유로그룹이 구제기금 EFSF, 즉 유럽재정 안정기금 설립을 고안해 냈다.

메르켈은 거부했다. 깊이 생각할 시간이 필요했다. 그녀는 5월 8일 종전 55주년을 기념하기 위해 모스크바로 갔다. 관중석에 앉아 베테랑 퍼레이드를 관람하는 중에도 러시아와 중국 동료들이 그녀를 귀찮게 했다. 주말을 보낸 후 결국 그녀는 동의했지만 두 가지 조건을 내걸었다. 첫째, 뭔가를 이행했을 때만 그 보상으로 돈을 준다. 둘째, 국제통화기금의 경기규칙은 정치적으로 유럽 부채국가들의 영향을 받지 않을 것이므로 일종의 보증보험으로 국제통화기금이 동참해야 한다. 독일은 국제통화기금에서 안정감을 느꼈다. 구제기금이 결정되자마자 곧바로 구제기금의 첫 번째이자 가장 중요한 효과가 드러났다. 구제기금이 숨 고를 시간을 준 것이다. 시간을 벌었다. 위기를 이해할 시간, 마음을 진정시킬 시간 그리고 대책을 마련할 시간.

메르켈은 이 첫 번째 기간에 여러 적대자들과 싸워야 했다. 프랑스 대통령은 충분한 돈만 준비되면 시장은 바로 안정될 거라고 확신했다. 그것은 메르켈의 긴축 조건 때문에 아무것도 시작할 수 없었던 여러 세계 경제학자들의 의견이기도 했다. 메르켈과 사르코지는 물리적으로 바로 확인되는 불편한 관계가 되었다. 사르코지는 메르켈보다 1년 반 늦게 선출되었고 그래서 의정서의 규칙에 따라 취임을 알리기 위해 독일로 예방을 와야 했다. 사르코지는 베를린 총리관저 입구에서 조금 떨어진 곳에 리무진을 세우고 내렸다. 메르켈은 카펫 끝에 서서 기다렸다. 그러나 사르코지는 메르켈을 향해 걸어가지 않았다. 메르켈이 먼저 자기 쪽으로 걸어와야 한다고 생각했던 것이다. 그러나 메르켈은 그렇게 하지 않았다. 당혹스러운 몇 초가 흘렀고 결국 사르코지가 먼저 발걸음을 떼었다.

메르켈과 사르코지는 서로에게 원한에 찬 악마가 되었다. 둘은 서로 맞지 않았다. 그런 두 사람이 5년 후에 어떤 관계로 발전했는지 확인하는 일은 정말 흥미롭다. 아마도 메르켈은 사르코지가 변했다고 주장할 것이다. 자신은 변하지 않았는데 사르코지가 갑자기 타협적이고 이해심 많고 신중한 사람으로 변했다고. 사르코지가 보여 준 몇몇 잊을 수 없는 돌발 행동들이 있다. 사르코지가 메르켈의 집무실에 처음 왔을 때, 그는 대화를 하다 말고 갑자기 벌떡 일어나 전화통화를 시작했다. 혹은 아내 카를라 브루니의 파리 저택에서 점심을 먹은 후, 금융위기의 민감한 시기였음에도 불구하고 그는 "프랑스가 이미 행동하는 동안 독일은 아직 생각 중"이라고 공공연히 설파했다. 메르켈과 사르코지는 해변을 산책했고, 집무실에서 다퉜고, 공공연히 겨루었다. 그러나 메르켈은 상대가 몇 년 사이에 점점 더 타협적으로 변했고 자신이 그에게 진정 영향을 미치는 것 같았다고 재미있게 회상했다. 첫 번째 위기 기간에 프랑스 장관을 통해 메르켈을 공격하고 독일 경제를 위기의 주요 원인으로 낙인찍었던 바로 그 사르코지가 2011년 10월에는 메르켈의 위기정책을 인정했고 더 나아가 프랑스 국민들에게 긴축 재정을 준비시키기 시작했다.

멸망과의 경주

위기의 유럽은 열병을 앓았다. 이 시기에 유럽은 아직 면역력이 없었고 앞으로 열이 얼마나 더 오를지 예상할 수 없었다. 그러나 병의 증상은 이해되었다. 지금까지 세 단계가 진행되었다. 2010년 4월 그리스 구제 동의와 함께 1단계가 시작되었다. 서둘러 합의한 구제기금으로 일단 국가 파산은 막았다. 이 기간에는 그리스가 중심에 있었다. 그리고 2010년 11월에 아일랜드가, 2011년 5월에 포르투갈이 중환자실에 입원해야만 했다. 그러나 지불 불능의 위기는 개별 국가의 문제, 지정학적으로 한정된 현상, 세 국가의 경제적 특수성 때문에 발생한 것처럼 비쳤다. 이 기간에 유럽은 카산드라처럼 늘 나쁜 소식을 전하거나, 직접 만들어 냈던 미국 신용평가기관들을 만났다. 유럽에서 이런 신용평가기관들에 대한 분노는 대단했고 막대한 기금을 만들어 문제를 단번에 해결하자는 요구가 높았다.

이 요구는 특히 메르켈을 겨냥했는데, 그녀는 유로존에서 가장 큰 경제국가의 총리로서 전망이 보이지 않는 국가들을 훈육하고 있었기 때문이다. 메르켈은 계속해서 같은 주장, 이를테면 소위 '모두를 위한 국가채권'이라는 유로본드가 재앙을 막는 데 도움이 될 거라는 주장에 직면했다. 독일에는 아주 조금 부담을 주겠지만 그리스에는 숨 쉴 구멍을 열어 줄 것이고 적어도 금융시장에 돈이 늘어날 것이라는 주장이다. 그들의 논리는 이렇다. 화폐가 같으면 재정 수단 또한 같아야 한다. 메르켈의 반대 논리는 이렇다. 화폐가 같더라도 경제정책은 달라야 한다. 유로본드는 모든 국가가 똑같이 비싸게 마련한 돈을 똑같이 분별 있게 그리고 통제하여 쓸 때에만 의미가 있다. 그러나 조약의 주장이 훨씬 더 중요했다. 국가부채에 대한 보증이나 본드는 불가능했다. 이것을 금지한다는 내용이 유럽조약에 명시되어 있다. 국가들은 상호간에 재정 지원을 해서는 안된다. 그리고 설령 서로가 원하더라도, 독일 국내정치가 가만있지 않을 것이다.

메르켈의 입장에서 볼 때 이 전투에는 중대한 두 부대가 미리 포진되어 있었다. 헌법재판소와 연방의회가 그것이다. 메르켈은 기민연의 유로반대파가 플래시몹처럼 순식간에 집결할 수 있음을 잘 알았다. 게다가 위기 대처법에 대한 자민당의 의견도 분열되어 연정 존속까지 위험에 처했다. 심지어 자민당은 구제 과정을 계속 진행하려면 당원 투표까지 해야 했다. 그리고 국가 주권에 매우 면밀하게 주의하는 헌법재판소가 있었다. 만에 하나 정부가 연방의회의 예산심의권을 박탈하면 헌법재판소가 그것을 좌시하지 않을 터였다.

메르켈은 일찍부터 두 가지를 전제조건으로 구제기금과 그리스 지원에 동의할 것을 명확히 했다. 첫째, 개혁에 대한 대가로만 돈을 준다. 둘째, 모두를 위한 새로운 조약이어야 한다. 왜냐하면 그녀는 두 가지를 깨달았기 때문이다. 첫째, 부채국가는 개혁을 하고 국민 경제를 활성화하며 경쟁력을 갖춰야만 한다. 그렇게 했을 때라야 부채의 덫에서 빠져나올 수 있다. 둘째, 조약의 구속력으로 악순환을 완전히 끊어야 구제기금이 정치적으로 정당화될 수 있다.

메르켈은 입장을 같이할 주요 동맹자가 필요했고 프랑스 대통령에게서 그런 가능성을 발견했다. 메르켈과 사르코지는 2010년 10월 노을 속의 도빌 해변을 산책하며 다음 행보를 합의했다. 당연히 구제기금만으로는 충분치 않다. 돈 많고 신뢰할 만한 장기적인 구조가 있어야 한다. 그리고 유로를 신중하게 다루기 위해 마련한 안정협약을 개정하여 유럽 헌법이나 다름없는 유럽조약에 명시해야 보호가 가능하다. 그러나 메르켈은 조약을 어긴 국가에 대한 제재 조치로, 가령 투표권 박탈 같은 몇몇 엄격한 벌칙을 두려 했지만 결국 실행하지 못했다. 사르코지는 도빌 해변에서 이 제안에 동의했다가 얼마 후에 다시 철회했다. 민주적 권리의 박탈이라니… 솔직히 그건 너무 심했다면서.

이 사건은 메르켈의 주저하는 태도와 짝패를 이루어, '유럽의 대처 메르켈', '새로운 비스마르크 메르켈', '유럽의 훈육사범 메르켈'과 같은 혹평을 낳았다. 이해에 〈포브스Forbes〉가 선정한 세계 주요 인물 순위에서 메르켈은 독일 출신 교황과 함께 공동 4위에 올랐다. 여성 순위에서도 미셸 오바마에게 밀려나 공동 4위에 올랐다.[•] 2011년 3월 결국 재정부 장관이 안정협약 개정에 동의하고 유럽안정화기구(ESM)가 순조롭게 진행되는 동안, 메르켈은 세계에서 가장 미움받고 가장 이해받지 못하는 정치가가 된 기분이었다. 그러나 그게 끝이 아니었다. 상황은 더 심각해졌다.

위기의 두 번째 단계는 2011년 여름, 해변을 산책할 시간이 많지 않을 때 시작되었다. 이제 집에 불이 났다. 그리스가 다시 지불 불능 벼랑 끝에 선 것이다. 사방에서 메르켈에게 요청이 쏟아졌다. 독일과 프랑스는 7월 21일 브뤼셀에서 열릴 특별정상회담을 준비했다. 먼저 보좌진들이 파리에서 만났고 그런 다음 회담 전날 밤에 사르코지 대통령이 베를린으로 날아왔다. 유럽중앙은행장도 급히 호출되었다. 정부전용기가 프랑크푸르트에서 장 클로드 트리셰Jean-Claude Trichet를 실어 왔다. 총리실에서 밤새 격렬한 토론이 있었다. 특히 민간투자자도 구제기

• 메르켈은 2010년을 제외하고, 2006년부터 2013년까지 〈포브스〉가 선정한 "세계에서 가장 영향력 있는 여성 100인" 중 1위로 선정되었다.

금 분담금을 내는 문제가 집중 토론되었다. 사르코지는 결단을 내리지 못하고 미적댔다.

다시 같은 결정이 내려졌다. 2010년 4월의 구제기금이 확대되어야 했다. 1090억 유로가 다시 투입되었다. 민간투자자들도 분담금을 내야 했고 그들의 국채증권을 저렴한 가격에 유로본드와 교환할 것을 강요받았다. 민간투자자들의 그리스 구제 개입과 이 시기의 극적인 사건들이 불신을 키웠다. 그리고 불신은 한계를 모르고 계속 증폭되었다. 7월에도 계속 스페인과 이탈리아 국가채권 이자가 올랐고 8월에 유럽중앙은행은 시장의 부담을 줄이기 위해 두 국가의 채권을 사들여야만 했다. 그러나 이 모든 개입이 며칠 안에 수포로 돌아갔다. 더 이상 개별 국가의 일이 아니었다. 이제 유로존 전체의 통화구조에 대한 토론이 벌어졌다. 전문가들의 메시지는 명확했다. 이런 식으로는 유로를 구할 수가 없다. 공동통화는 공동경제정책이 필요하다. 부채 위기가 통화체계의 위기로 발전했다.

석 달 후 위기는 절정을 향해 치달았다. 다시 그리스, 다시 눈앞에 닥친 핵 연료봉 용해 위험, 다시 개혁 요구와 부채 전환에 관한 끝없는 협상이 이어졌다. 메르켈은 냉혹한 비판 속에서도 기본 원칙을 고수했다. 개혁을 할 때에만 그 대가로 돈을 준다는 원칙. 아무리 돈을 쏟아부어도 그리스의 국가부채 탑을 지탱하기는 어려우리라는 통찰이 점점 더 명확해졌다. 그래서 세 번의 긴축 및 개혁회의 후에 메르켈은 그리스의 부채 일부를 탕감해 줄 결심을 했다. 국가총생산의 160퍼센트에서 120퍼센트로 부채를 축소할 수 있는 강력한 대책을 위해 며칠 사이에 브뤼셀에서 정상회담이 연달아 두 번이나 열렸다. 며칠 의 간격을 둔 것은 독일연방의회와도 연계해야 했기 때문이다. 사르코지 대통령은 딸의 탄생도 챙기지 못했다. 그의 아내가 분만실로 들어가는 동안 그는 프랑크푸르트 오페라하우스에 서 열린 중요한 회의에 참석해야 했다.

이때 메르켈은 전혀 다른 걱정에 잠겨 있었다. 독일연방의 회의 추적자들로부터 자신을 더는 안전하게 지킬 수가 없었다. 게다가 헌법재판소는 분노를 표하며 그리스 구제를 엄격한 조 건으로 심사했다. 메르켈은 외로워졌다. 점점 더 많은 사람들 이 메르켈을 그리스 부채 문제 해결의 유일한 걸림돌로 여겼 다. 메르켈은 인정하려 하지 않았지만 그녀의 긴축 요구가 오 히려 그리스를 억압한다고 여겼기 때문이다. 그러나 아무도 메 르켈보다 더 나은 해결책을 제시하지 못한다는 것이 문제였다. 아무도 그녀의 논리에 맞서 타당한 계획을 내놓지 못했다. 돈 을 선물하면 시간은 벌겠지만 경쟁력과 개혁의 근본적인 문제 는 해결되지 않는다는 것을 모두가 잘 알고 있었다.

독일은 마치 정신분열증 환자처럼 반응했다. 3분의 2는 긴 축 요구가 너무 가혹하다며 그리스를 동정했다. 그러나 한편에서는 그리스에게 문을 가리키며 나가라고 해도 동의했을 것이다. 메르켈은 국민들의 분노를 감수했다. 선거연구소의 조사결과를 보면, 그녀의 구제정책에 대한 지지율이 2011년 가을에 가장 낮았다. 10월 26일 연방의회에서 정부정책보고를 하던 중에 메르켈의 감정이 폭발했다. "유로가 실패하면 유럽이 실패합니다." 그녀가 소리쳤다. 이 일이 있은 후, 유럽이 현재 유럽연합 결성 이래 가장 어려운 시험을 치르고 있다는 사실을 지금까지 피부로 느끼지 못하던 독일 국민들이 갑자기 이 문제에 주목하기 시작했다. 유럽이 정말로 실패할 수 있을까, 총리가 과장해서 표현한 것일까, 유로가 없어도 괜찮지 않을까, 뜨거운 토론이 벌어졌다. 흥분에 빠진 나머지, 메르켈이 같은 문장을 같은 장소에서 예전에 이미 말한 바 있었다는 것을 아무도 기억하지 못했다. 이는 1년 반 전인 2010년 5월에 그리스 정책을 위한 첫 번째 표결에서 이미 한 말이었다.

메르켈은 유럽에 깊이 실망했다. 실망감은 2012년까지 지속되었다. 메르켈은 자신의 위기 논리에 대한 증오가 그렇게 크리라고는 예상하지 못했다. 메르켈은 다른 기회에 각국 정상들에게 왜 유로본드가 위기를 멈추기는커녕 오히려 더 악화시킬지 설명하며 분노를 삼켜야 했다. 유로본드 역시 평등한 경쟁력을 보장하지 못하고, 그러면 독일과 북유럽의 생산성으로 남유럽의 생활방식을 지원하게 될 터인데, 그것을 견딜 수 있는 조직은 없다. 메르켈은 주장을 뒷받침할 그래프들을 늘 가지고 다녔다. 유로회원국들의 단위노동비용이나 국가부채 현황을 보여 주는 색색의 꺾은선 그래프들이었다. 이 그래프들을 보면, 유로회원국들의 부채 현황과 경제 상황이 매우 다양함에도 불구하고 유로통화가 10년 동안 유럽에 어떤 획일주의를 가져왔는지 확연히 알 수 있다.

메르켈은 또한 동독의 눈으로 위기를 보았다. 체제 붕괴를 경험한 사람으로서 유럽이 그런 경험을 하도록 만들고 싶지 않았다. 그녀는 한 번쯤 추락해 본 적이 있었던, 폴란드의 비판대로 여전히 높은 생활수준에 있으면서 불평하는, 그리고 남유럽에 대해 점점 더 불쾌해하고 있는, 중유럽과 북유럽의 국가 지도자들 중에서 동맹자들을 찾았다. 아무리 늦게 잡아도 2011년에 유럽연합은 개별 국가를 대표하는 이익 투사들의 모임으로 퇴락했다. 이상주의자들만이 이 시기에 공동작품에 관심을 가졌다.

메르켈은 11월 초 칸에서 열린 G20정상회담에서 특히 외로웠다. 10월에 열린 유럽연합 정상회담에서는 그리스의 부채 삭감을 약속했고, 유럽재정안정기금(EFSF)이 새롭게 커졌으며 각국 정상들은 늦어도 12월에 끝내는 것을 목표로 재정협약을 토론했다. 중요한 정치적 신호였다. 마침내 철저한 채무제한조항이 모든 유로회원국의 헌법에 제대로 자리를 잡을 차례였다.

프랑스 대통령은 각국 의회의 통제를 피하는 전략으로 구제정책에 은행 면허를 덧붙이자는 무리한 요구를 했고 메르켈은 이를 거부했다. 그러자 냉혹한 긴축을 조건으로 하는 부채 삭감을 수용하고 싶지 않았던 그리스 총리가 각국 정상들을 기습 공격했다. 그리스 국민들의 의견을 들어 봐야 한다는 것이다. 국민투표결과는 거부일 것이 뻔했다.

메르켈이 거품을 물었다. 사르코지도 거품을 물었다. 파판드레우 총리가 모든 수고를 허사로 만들고 유로를 벼랑 끝으로 밀어 놓았다. 산업선진국 및 개발도상국 20개국이 모인 가운데, 위기국가들을 지원하기 위해 더 많은 돈을 투입할 계획이 협상 테이블에서 논의되고 있는 광경을 메르켈은 충격적으로 확인해야 했다. 조폐은행의 금 보유를 담보로 국제통화기금에 돈을 지불하는 방법이 논의되었다. 독일은 당혹스러웠다. 금은 고결한 것으로 손대지 않는 것이 최선일 터였다. 그것은 계획에 그쳐야 하리라. 메르켈은 회담에서 계속 저지사격을 받았다. 그러나 고집을 꺾을 수는 없었다. 연방은행을 이용한 특별인출은 있을 수 없는 일이었다. 정상회담이 그녀를 괴롭혔다. 공식서명서가 작성되고 점검되고 다시 버려졌다. 뒤늦게 오바마 대통령이 사태를 파악하고 메르켈 편을 들어 주었다. 메르켈은 칸에서 돌아오는 기내에서 기자들에게 간략하게 알렸다. 다른 사람을 통해 다시 한 번 이번 위기에 대한 고유한 관점을 갖게 되었다고.

불만 가득한 가을이었지만 그럼에도 두 가지에 성공했다. 첫째, 사르코지가 더욱 공공연하게 독일의 구제정책을 받아들였다. 독일과 프랑스의 협력이 워낙 탄탄했기 때문에 다른 유럽연합 회원국들도 동참할 수밖에 없었다. 둘째, 12월 유럽정상회담이 독일에서 가장 최근에 완성한 작품을 마침내 주문했다. 국가재정운영에서 지켜야 할 넓은 의미의 자기 약속인 재정협약이 이루어진 것이다.

메르켈은 조용한 성공을 두 가지 더 맛보았다. 첫째, 이탈리아에서 베를루스코니가 퇴진했다. 더는 버틸 수 없을 만큼 압박이 너무 컸을 것이다. 그는 개혁 없이 연정을 이끌 수 없었으리라. 베를루스코니는 그녀가 혐오하는 오만한 정치가에 속했으므로, 그녀는 그의 퇴진 소식을 틀림없이 반가워했으리라. 그는 메르켈의 구제논리를 늘 무시했고 그의 신문은 '메르켈의 제3제국'을 운운하며 공격을 멈추지 않았다. 게다가 입에 담기 어려운 상스러운 욕으로 독일 총리를 지칭한 전화통화 도청 기록이 공개된 적도 있었다. 마리오 몬티Mario Monti가 모든 정당의 동의 가운데 정부를 이어받았다. 그리고 4주 안에 이탈리아에 유리한 시장 분위기를 살리기 위해 애썼다. 둘째, 스페인이 선거를 했고 개혁을 반대하는 사파테로Zapatero 정부가 패배했다. 보수주의자 마리아노 라호이Mariano Rajoy가 새 총리로 선출되었다. 메르켈은 그에게 많은 희망을 걸었다. 총 일곱 정부가 위기의 압박에 굴복하고 말았다. 그러니까 유로존의 거의 절반이 위기 동안 행정부 수반을 바꾼 셈이다.

그러나 메르켈은 두 가지 중대한 실수를 확인해야 했다. 실수의 결과는 6개월 후에야 드러났다. 첫째, 그녀는 절망에 빠진 파판드레우 총리에게 유로존에서의 퇴장을 간접적으로 위협함으로써, 사르코지와 함께 그리스의 국민투표를 저지했다. 메르켈이 그토록 명확하게 그리스의 문제를 표현한 것은 그 전에도 그 후에도 결코 없었다. 파판드레우는 굴복할 수밖에 없었다. 그는 자신의 계획을 취소했다. 그리고 실각했다. 결국 메르켈은 그리스의 거대한 국내정치 문제까지 개입한 셈이 되었다. 과도정부와 두 번의 새로운 선거로 아테네가 6개월 동안 답보 상태에 있었다.

두 번째 실수는 더욱 크다. 그것이 유럽의 위기바이러스 감염을 가속시켰다. 메르켈은 민간투자자에게도 그리스 부채 탕감에 동참할 의무를 지웠다. 투자자들이 보기에 그녀의 메시지는 노골적이었다. 우리를 믿고 돈을 맡겨라. 하지만 그 돈을 갚게 될지는 확실치 않다. 시장에는 위험이 있지만 위험은 또한 늘 프리미엄 형식으로 가격에 반영되었다. 그러나 지금까지 국가채권은 위험이 거의 없었다. 유로존에서 국가채권은 안전했다. 그러므로 민간투자자들의 동참은 구매자 태도에 직접적인 영향을 미쳤다. 어느 누구도 이탈리아와 스페인 국가채권을 사려 들지 않았다.

결국 근심스러운 뉴스가 전해졌다. 영국과 체코가 재정협약에서 빠지고자 했다. 캐머런 영국 총리의 요구는 다른 방향으로 빠져들었다. 영국 하원의 보수당 다수가 유럽조약의 개정을 반대했다. 그래서 결과적으로 재정협약은 기존 유럽조약에 명시될 수 없었다. 모든 유로회원국들이 동의했을 때에만 그것은 가능했다. 국가별로 일일이 협상하고 국가 간에 직접적으로 결정을 내려야 했다. 그것은 국제법 개정보다 더 성가신 일이었다. 이 과정에서 유럽조약의 공동체 논리가 꺾였고 역사가 기록되었다. 그리고 많은 사람들이 이 사실을 전혀 몰랐다. 당연히 독일 총리실에서는 몇몇 사람들이 흡족해했다. 브뤼셀이 새로운 감독권을 얻지 못하고 그리하여 더 많은 힘을 갖지 않게 된 것은 메르켈 입장에서도 좋은 일이었다.

메르켈은 특유의 단계별 전략을 냉정하게 진행했다. 2012년 1월 31일 정상회담이 그녀의 두 번째 단계였고 여기서 최종적으로 재정협약이 만장일치를 이루었다. 이미 오래전에 계획되었던 두 번째 그리스 지원을 위해 3주 후에 공식적으로 1,300억 유로와 대대적인 부채 삭감이 결정되었다. 진작 이랬어야 했을까? 이제 마침내 그리스가 자력으로 다시 일어설 수 있는 충분한 돈과 숨 쉴 공기를 얻은 것일까? 늘 그렇듯이 이런 막대한 지원 후에 희망이 번졌다. 그러나 위기의 두 번째 단계는 아직 완전히 끝나지 않았다. 그리스의 불행한 투표결과가 끊임없는 문제를 만들어 냈다. 제 기능을 발휘하는 정부가 세워지지 않았다. 안정은 되지 않고 외려 심각한 악영향만 끼칠 뿐이었다. 불신의 유령이 호리병에서 나와 활보했고 스페인에서는 긴장이 누그러들 기미가 없었다. 비록 마드리드와 로마가 자발적으로 개혁에 힘썼지만 시장의 보상을 받지 못했다. 스페인은 부패한 신용대출이 600억 유로 이상인 비틀대는 은행들을 구제할 해결책이 필요했다. 이탈리아에서는 개혁가인 줄 알았던 몬티가 노동시장 개혁에서 좌절하여 우유부단한 사람으로 판명되었다.

그사이 메르켈은 문제의 원인이 되었다. 위기에 처한 국가의 대중은 그녀 때문에 지속적인 고통을 받는다고 생각했다. 깃발에 메르켈의 얼굴과 나치 상징이 함께 등장했다. 메르켈은 가죽옷에 채찍을 든 가학성애자, 마녀, 못된 시어머니로 묘사되었고, 제3제국이나 제4제국이 번갈아가며 등장했으며, 압제 전략 혹은 대륙 멸망의 비밀 계획 등으로 모략되었다. 메르켈은 거친 음모론 판타지의 대상이었고, 이런 시각 때문에 위기에 대한 각자의 책임은 간단히 무시되었다. 개별 국가에 대한 편견이 활기차게 부활했다. 원한을 없애는 데는 수십 년이 걸리지만 다시 부활시키는 데는 불과 하룻밤이면 된다는 말이 이제 진실이 되었다.

메르켈이 2012년 여름에 정상회담을 위해 로마로 간 것은 좋은 의미의 제스처요 몬티에 대한 지지였다. 그러나 대중은 이 막강한 방문자를 다르게 보았다. 어떤 기자는 메르켈을 '유럽의 여제'로 불렀지만, 메르켈은 크게 신경 쓰지 않았다. 같은 해에 그녀가 보란 듯이 위기국가 삼총사인 스페인, 그리스, 포르투갈을 방문했을 때, 아테네에서는 미국 대통령이 방문했을 때처럼 수많은 경찰의 호위를 받아야만 했다. 유럽이사회의 여러 토론을 함께했던 한 보좌관이 어느 날 체념조로 말했다. 그들은 지구화를 이해하지 못했다고.

이 두 번째 단계의 마지막에, 그러니까 6월 29일 새벽 5시에 위기의 가장 급박한 장면이 연출되었다. 다시 브뤼셀의 정상회담, 다시 벨기에 수도에서의 이틀이었다. 메르켈은 호텔 숙박을 좋아하지 않았다. 베를린 자택에서 묵는 것을 가장 좋아하기 때문에 여행 일정을 짤 때는 멀리서 밤을 보내야 하는 일을 가능한 한 적게 한다. 베를린 밖에서의 저녁약속은 종종 일찍 끝나는데, 밤늦게라도 테겔 집으로 돌아가기 위해서다. 그러나 정상회담 동안에는 그럴 수 없다. 정상회담은 야행성 인간들의 행사다. 밤샘 협상이 거의 관례처럼 되었다.

6월 28일 정상회담은 아주 특별한 의미를 지닌다. 스페인의 은행부채와 구제기금의 돈을 요구하면서 자발적인 철저한 개혁을 거부하는 이탈리아의 문제를 다루었다. 이탈리아 총리는 말만 앞세우는 사람으로 판명되었다. 그는 '정신적 바리케이드'를 없애겠다고 말했다. 그가 말한 '정신적 바리케이드'란 독일이 구제기금을 위탁하면서 아일랜드, 포르투갈, 그리스에 요구했던 엄격한 원칙을 뜻했다. 몬티는 구제기금의 접근을 더 용이하게 하겠다는 약속을 주지 않으면 회담을 그만두겠다고 위협했다. 그의 계획은 이랬다. "이탈리아가 성장협약에 동의하지 않는 것은, 비록 장기적으로는 무의미하겠지만, 당장 위기에 처한 국가들을 지원할 수 있는 상징적 결론이다." 정상회담이 아무 성과 없이 끝날 위험에 처했고 그렇게 되면 메르켈은 곤란해질 터였다. 정상회담 직후 독일에서는 초긴장상태의 연방의회가 기다리고 있었다. 첫째, 의원들은 여름휴가를 원했고, 둘째, 메르켈이 재앙전투를 위해 친히 발명한 장기적인 구제정책 ESM과 재정협약에 대한 역사적 법률을 표결해야 했다. 사민당은 기본적으로 동의를 표했지만 현재 몬티가 보이콧으로 위협하는 성장협약도 반드시 포함되어야 했다. 그것이 없으면 사민당은 다른 법률도 거부할 터였다. 그러니까 몬티는 메르켈의 일정에 생긴 함정을 이용했던 것이다.

협상은 29일 새벽 4시 20분까지 이어졌고 단 두 쪽짜리 공식서명서가 작성되었으며 새벽 5시에 몬티의 해석이 보도되었다. 메르켈은 몇 시간이라도 잠을 자기 위해 호텔로 떠났다. 그 순간에 몬티는 카메라 앞에 서서, 전날 밤 유로컵 4강전에서 독일을 이긴 이탈리아 축구의 승리와 메르켈을 이긴 자신의 승리를 기뻐했다. 독일이 무릎을 꿇었고 은행들은 이제 즉시 도움을 받을 것이며 이탈리아는 더 쉽게 구제냄비에 국자를 넣을 수 있게 되었다며 좋아했다.

철의 총리 메르켈이 패배한, 세간을 뒤흔들 만한 소식이었다. 통신원들이 서둘러 기사를 보냈다. 당연히 몬티의 해석은 공식서명서 전체를 포괄하지 않는다. 몇몇 다른 합의내용이 있기 때문이다. 우선 공통된 원칙에 따라 은행을 통제할 수 있는 단일한 은행감독이 필요했다. 매우 엄격한 조건 아래에서 감독을 받은 후라야 은행은 구제기금에서 돈을 받을 수 있을 터였다. 쉽게 말해, 은행감독이 하루아침에 땅에서 솟지 않기 때문에 이 모든 과정에는 시간이 많이 걸릴 것이다. 독일의 해석은 한발 더 나갔다. 설령 은행감독이 이루어지더라도 스페인 은행들은 그렇게 간단히 문제를 해결할 수 없을 것이다. 협의결과는 오로지 앞으로의 문제에만 적용된다. 소급되지 않는다. 그리고 구제냄비에서 얼른 돈을 퍼 내고 싶은 이탈리아에 대해서도 공식서명서는 애매하게 표현했다. 지원은 지금까지의 조건을 유지하고 세부 내용에 대한 정관이 협의되어야 한다고만 적혀 있었기 때문이다.

메르켈이 9시경 호텔에서 나왔을 때, 로이터통신의 한 사진기자가 총리를 기다리고 있었다. 그가 찍은 사진은 다음날 소위 메르켈의 패배에 대한 상징으로 쓰였다. 메르켈은 차 뒷좌석에 멍하니 앉아 잠 못 이룬 긴 밤에 눈이 쑥 들어간 우울하고 초췌한 모습으로 창밖을 내다보았다. 몬티가 말했던 것처럼 패배한 총리의 모습이었다. 메르켈은 자고 일어난 뒤 소통문제의 규모를 인지했다. 소통의 재앙이 정치 재앙으로 바뀔위험이 도사리고 있었다. 독일에서 곧 연방의회가 열릴 예정이었다. ESM과 재정협약이 과반수의 동의를 받지 못할 위험에 처했다. 메르켈은 화가 났다. 개인적인 해석을 확산시키지않기로 약속했음에도 불구하고 몬티가 규칙을 어기고 카메라 앞에 섰던 것이다. 베를린으로 돌아오는 기내 분위기는 긴장이 감돌았다. 총리실로부터 모험적인 의회 소식들을 보고받았다. 의원들은 정상회담의 해석을 인터넷에서 검색했고, 〈슈피겔 온라인Spiegel online〉은 '메르켈이 패배한 밤'에 대해 적었다.

메르켈은 회담 결과에 대한 그녀의 해석을 연방의회에 관철시키기 위해 애썼다. 그녀는 일일이 설명하며 필사적으로 정부정책보고를 했지만 어차피 연정만으로는 26표가 부족했다. 연정은 자력으로 과반에 성공할 수 없었다. 사민당과 녹색당의동의가 있어야만 했다. 며칠 후 몬티 역시 회담 결과에 대한그의 해석을 더는 지탱하지 못했다. 그는 한 인터뷰에서 한발물러섰다. 틀림없이 그도 깊은 충격을 받았을 터다. 여전히 모든 지원금을 내는 독일연방의회와 갈등을 빚는 것은 그에게도 도움이 되지 않았다. 게다가 몬티는 답보상태에 빠질 것을 걱정했다. 위기의 심리학이 자리를 바꾸었다. 소위 '메르켈의 패배'가 시장을 안정시켰다. 시장은 구원자의 돈 냄비가 이제 허술하게 지켜질 테니 쉽게 돈을 꺼낼 수 있을 거라 믿었고, 이것이 오히려 안도감을 주었다. 주목과 동의를 얻으려는 싸움에서는 '사실'이 아니라 '인식'이 중요하다. 몬티는 '사실 기술자' 메르켈을 '정치의 검'으로 찔렀다.

한 달 후 유럽중앙은행장이 인식과 해석을 둘러싼 경기에 전환점을 마련했다. 마리오 드라기Mario Draghi가 7월 26일 열린 런던 세계투자회의에서 그 자리에 모인 금융 조직에게 장담했다. "유럽중앙은행은 유로를 지키기 위해 모든 필요한 조치를 취할 것입니다." 그리고 덧붙였다. "나만 믿으십시오. 그러면 됩니다." 안도의 기운이 돌았다. "모든 필요한 조치를 취하겠다"는 약속이 과연 그동안 기다려 온, 크기만으로도 투기자들을 놀라게 할 기적의 무기 바주카포였을까? 아니었다. 바주카포는 곧 철수될 것이 확실했다. 9월 6일 유럽중앙은행의 금융통화정책회의에서 드라기의 선언과 달리 위기국가들의 국채를 무제한으로 매입하는 정책이 합의되었다. 단, 한 가지 조건이 있었다. 위기국가들이 긴축정책을 수용해야만 했다.

위기가 지나갔을까? 모든 것이 다시 좋아졌을까? 5월에 유로의 남은 수명이 석 달이라고 했던 국제통화기금 총재 크리스틴 라가르드Christine Lagarde의 진단은 빗나갔다. 9월 2일에 유로가 붕괴할 거라고 했던 투자자 조지 소로스George Soros의 예언 역시 빗나갔다. 일단 국가채권에 대한 높은 리스크 프리미엄이 떨어졌다. 긴축정책을 실행하기 위해 아테네와 싸우는 몇 달 동안은 적어도 그리스 수호자들이 사치를 누릴 수 있었다. 국가파산의 직접적 위험은 사라진 것처럼 보였다. 그리고 유럽의 은행감독이 시장을 안정시켜, 적어도 당분간은 시장이 스페인으로부터 벗어났다. 그러나 예나 지금이나 메르켈의 첫 번째 격언이 통한다. "유로본드도 없고 부채의 공동화도 없다. 조약에 어긋날 뿐만 아니라 자극과 효과의 논리에 반하기 때문이다." 해결책을 원하면 올바른 구조를 마련해야 했다. 메르켈의 신유럽은 구유럽의 실수를 영구히 극복해야 했다. 그러나 그러기 위해서는 몇몇 가혹한 구조개혁이 필요했다. 유럽은 특별한 방식의 개혁이 필요하다. 그것이 정치적 과제였고, 메르켈이 굳게 다짐하고 결심한 것도 바로 그것이었다. 그렇게 유럽 드라마의 세 번째 단계가 시작되었다.

유럽을 위한 계획

메르켈이 두 번째 총리직에 오른 2009년, 정부의 중앙인 총리실은 확고한 기대로 차 있었다. 리스본조약이 체결되었다. 유럽은 그사이 27개국으로 확장된 공동체를 위한 새로운 역학을 발견했다. 브뤼셀은 감출 수 없는 환희에 가득 찼다. 무한한 가능성과 함께 유럽의 시대가 활짝 열릴 터였다. 그리고 베를린 사람들은 지금까지 겪은 것만큼 유럽을 힘들게 할 시간이 다시는 오지 않으리라 생각했다. 하나 이 생각은 틀렸다. 그리스의 부채수치가 등장했고 브뤼셀 혼자서는 감당할 수 없음을 알게 되었다. 유럽연합의 기관들은 이 위기에 개입할 합법성도 돈도 없었다. 말하자면 이 병은 유럽공동체에 속하지 않는 국가의 기관들에 침투했고, 하여 브뤼셀이 통제할 수 없었다. 그렇게 유럽은 민족국가의 재탄생을 경험했다. 독일에서 여러 달 동안 유럽연합과 새로운 슈퍼유럽에 대해 토론하고 있을 때, 위기의 역학은 유럽을 반대 방향으로 이끌었다.

유럽연합집행위원장 바호주는 2009년 12월에 집행위원회의 행동능력을 증명하기 위해 아직까지 격려정책을 쓰고자 했다. 그러나 그렇게 많은 돈을 위탁하지는 않았다. 이듬해에 바호주 집행위원장의 입지가 극적으로 약해졌다. 메르켈의 도움으로 집행위원장이 된 그는 부채 드라마에서 조연으로 밀려났고 오직 부정적 의미에서만 중요하게 다뤄졌다.

2011년 여름에 각국 정상들이 그리스 구제기금 확대를 결정하고 시장이 약간 진정되었을 때, 바호주 집행위원장은 기금 총액이 충분치 않다고 밝혔다. 시장은 즉시 반응했다. 좋았던 분위기가 모두 깨졌다. 메르켈은 화가 났다. 1년 뒤에 4대 유럽 기관장들(집행위원장, 유럽이사회의장, 유로그룹 대표, 중앙은행장)은 유럽공동체를 위한 폭넓은 개혁계획을 제출하라는 주문을 받았다. 그것은 곧 자리를 내놓으라는 명령임을 모두가 알고 있었다. 결국 미움만 받게 될 과제였기 때문이다. 바호주는 2014년 봄에 결과를 제출하기로 약속했다. 이것은 속이 빤히 보이는 계산이었다. 석 달 후면 그의 임기가 끝난다. 명예를 중시하는 사람으로서 그는 어떤 손상도 입고 싶지 않았던 것이다. 무사히 임기를 마치고 고국 포르투갈로 돌아가면 대통령이 될 수도 있었다. 그러나 그런 일은 일어날 수 없었다. 메르켈은 이미 오래전부터 집행위원장이 맘에 들지 않았다.

반면 이것이 개별 국가와 각국 정상들에게는 기회였다. 그들은 약 2년 전 금융위기 때 독일이 보여 준 회복의 기적과 유럽 전역을 떨게 했던 폐차 프리미엄을 기억했다. 그것은 EFSF와 ESM의 모범이 되는 국가적 도구였다. 어차피 그들 국가의 재정이 달린 일이었다. 유럽공동체의 가장 강력한 회원국인 독일이 관심의 중심점으로 되돌아왔고 독일 총리가 핵심활동가가 되었다. 주요 경제 데이터와 낮은 실업률이 그녀를 여러 정상들 사이에서 유독 돋보이게 했고 힘을 갖게 했다. 갑자기 모든 국가들이 베를린에 집중했다. 총리실에서 이것을 몸소 체험한 사람은 이렇게 회상했다. "언젠가부터 우리는 브뤼셀로 가지 않았다. 모두가 베를린으로 왔다. 그들이 우리에게 왔다. 중심점의 변화를 물리적으로 느낄 수 있었다."

2010년 11월 메르켈이 브뤼헤에 있는 유럽칼리지를 방문하여 거대한 풀무 지붕 아래에서 아인슈타인 학년을 축하할 때, 그녀는 브뤼셀이 달가워하지 않을 메시지를 전한 바 있다. 슈퍼유럽의 시대가 끝났다. 바야흐로 민족국가의 시대다. 메르켈은 얼마나 힘들게 리스본조약을 체결했는지 상기했다. 그녀는 "우리들 중 어느 누구도 다시는 성급하게 조약을 체결하지 않을 것입니다"라고 아프게 요약했다. 그렇다면 조약 개정을 위해 다시 10년을 애써야 할까? "그런 유럽은 세계시장에서도 세계국가에서도 행동능력이 없을 것입니다."

메르켈은 조심스럽게 표현했지만 메시지는 명확했다. 그녀는 유럽집행위원회와 유럽의회가 유럽 질서의 진짜 수호자 행세를 하는 것이 싫었다. 더 나아가 브뤼셀의 엘리트들이 개별국가를 대하는 태도가 오만하다고 느꼈다. '공동체 방식'이라는 개념에서 이런 오만은 더욱 확고해졌다. 브뤼셀은 이 개념을 신성한 빛처럼 보호했다. '공동체 방식'이란, 유럽집행위원회가 모든 정책에 대한 발의권, 이른바 주제선정권을 갖는다는 뜻이다. 또한 '공동체 방식'은 유럽이사회, 그러니까 각국 정상들의 모임이 일종의 경선처럼 보이지만 브뤼셀이야말로 유럽정신의 진짜 수호자임을 암시한다.

메르켈은 이런 관점을 몹시 싫어했고, 하여 유럽칼리지 대학생들에게 알렸다. "유럽연합회원국들은 유럽연합의 반대자가 아니라 근본적인 구성요소입니다." 아직 이해하지 못한 이들을 위해 메르켈은 권력관계에 관한 최후의 메시지를 준비해 두었다. 사실 모든 것이 이미 명확히 규정되어 있었다. "리스본조약에 의하면, 회원국들이 조약의 주체입니다." 메르켈은 청중에게 상기시켰다. "공동체 능력이 없는 곳에서는 공동체 방식 또한 통하지 않습니다." 한마디로, 브뤼셀은 유로구제와 상관없는 곳이니 빠지라는 이야기다. 집행위원회의 한 회원으로서 이보다 더 솔직할 수는 없으리라. 말하자면 단지 집행위원회가 위기에서도 공동체 방식으로 경제정책과 재정협약에 영향을 미칠 수 있게 하기 위해 메르켈은 복잡하고 긴 조약 과정을 다시 시작하고 싶지 않았고 그것을 이미 일찍부터 명확히 밝혔던 것이다.

브뤼셀에 대한 명확한 거부는 2010년 11월 굉음을 내며 몰락했다. 그러나 메르켈은 여전히, 스스로 밝혔듯이, 몇 년이 걸리더라도 한번 뱉은 말과 의지를 반드시 관철시키고 마는 사람이었다. 브뤼헤 연설은 또한, 위기의 한복판에서 '슈퍼유럽'를 언급하기 시작한 노동부 장관 우르술라 폰 데어 라이엔 Ursula von der Leyen의 제안을 냉혹하게 거절한 까닭을 설명한다. 메르켈은 권한을 다투는 토론에 끼고 싶지 않았다. 그녀는 독일의 분위기를 살폈고 대중의 감정을 조심스럽게 다뤄야 한다는 것을 직감했다. 브뤼셀을 강화해선 안 되었다.

8천만 독일 국민은 유럽연합과 유럽연합의 문제에 놀라운 인내심을 발휘했다. 독일은 직접적인 위기를 맞지 않은 데다 반反유럽연합 포퓰리즘 역시 오래전부터 금기에 속했다. 그러나 상황은 언제든 바뀔 수 있었다. 금방이라도 고국 독일에서 위기를 체감할 수 있고, 불황이 연금생활자와 실업자들을 덮칠 수 있음을 메르켈은 잘 알았다. 그렇게 되는 날에는 그녀의 인기는 끝날 것이고 사람들이 보내 주었던 신뢰도 더는 존재하지 않을 것이었다. 하여 그녀는 측근들과의 회의에서 항상 신뢰의 확산을 중요한 과제로 강조했다. 비록 위기가 여전히 기세등등하고 불면증, 때로는 두려움까지 야기하더라도, 사람들은 메르켈에게서 긍정적 사고와 희망을 보고자 했다. 메르켈이 6월 정상회담을 마치고 아침에 연방의회에 참석하기 위해 베를린으로 돌아왔을 때, 그녀는 이날도 재앙으로 끝나지 않을까 불안해했다. 아주 작은 신호지만, 이날 금요일에 총리실 유럽정치부국장 니콜라우스 마이어란드루트Nikolaus Meyer-Landrut가 정부좌석 뒤편의 공무원 자리에 앉아 있었던 것에서 그녀의 불안감을 미루어 짐작할 수 있다. 그는 평소 그 자리에 거의 앉지 않았다. 천하의 메르켈이라도 이런 중요한 순간에 신뢰할 만한 사람을 곁에 두고 싶었으리라.

사실 그녀는 기본적으로 연방의회를 걱정하지 않아도 되었다. 그녀의 구제정책은 좌파당을 제외한 모든 정당의 지지를 받았다. 메르켈은 2005년부터 2009년까지 사민당과 연합하여 4년을 통치한 덕을 톡톡히 보았다. 첫 번째 금융위기를 함께 겪으면서 두 정당 사이에 신뢰가 자랐고, 유로까지 위협받을 만큼 위기가 커진 지금 두 당은 그 신뢰로 서로를 견디고 있었다. 메르켈은 야당에게 최신 협상 상황을 계속해서 알리는 것을 소홀히 하지 않았다. 그리고 바로 그 야당인 사민당이 국가에 대한 의무감을 보여 주었다. 사민당의 도움 없이는 그녀의 정책이 연방의회에서 과반수를 얻기 힘들었다. 2012년 6월 29일의 상황은 그랬다.

메르켈은 계속해서 비난을 받았다. 대국민연설을 왜 하지 않느냐, 텔레비전 연설을 통해 전 유럽에 상세하게 설명하는 것이 제일 좋을 것이다, 사건의 극적인 전말을 명확히 알려야 한다 등등. 그러나 총리는 모두 거절했다. 당시 사민당 대표였던 마티아스 플라제크Matthias Platzeck가 그녀에게 2006년에 시행한 연구에 대해 알려 주었다. 너무 많은 정보를 얻으면 인간이 어떻게 반응하는지에 대한 연구였다. 연구는, 부가가치세 인상, 병원진료비, 67세 연금수령 등 기민연-사민당 대연정의 개혁에 대해 의견을 묻는 것이었다. 과반수가 부정적으로 답했다. 동일한 사람들에게 개혁정책에 대한 주장과 사실 들을 집중적으로 가르친 후 다시 물었다. 결과는 더욱 부정적이었다. 사람들은 개혁정책의 복잡함을 보면서, 아무것도 성사될 수 없을 거라 느꼈던 것이다.

메르켈은 이 연구를 마음에 새겼고 그때부터는 오로지 무엇을 할지만 말했다. 어떻게 할지 같은 세부 내용은 차라리 침묵했다. 대국민연설은 그녀의 성격과도 맞지 않았다. 첫째, 메르켈은 자신이 위대한 연설가가 아니란 걸 안다. 그녀의 냉철하고 사실에 근거하는 연설은 감동을 불러 내지 못한다. 둘째, 총리실 보좌진들 역시 연설은 메르켈의 방식과 맞지 않다고 보았다. 메르켈의 방식은 신뢰할 만한 최측근들과의 조용한 전투요, 문제를 잘게 쪼갠 후 해결책을 하나씩 찾는 방법론적 접근이다. 한 단계 한 단계. 한 걸음 한 걸음. 메르켈은 끝이 좋으면 다 좋다고 보는 사람이다. 중간에 일부가 잘못되더라도 아무도 눈치채지 못한다. 혹여 메르켈이 큰 계획을 발표하더라도, 그녀는 너무 큰 소리로 선언하지 않도록 주의할 것이다. 또한 그녀는 큰 선언을 믿지 않는데, 큰 선언이 큰 행동으로 끝나는 경우가 아주 드물다는 것을 인생 경험을 통해 배웠기 때문이다. 연설이 해결책을 주지는 않을 것이다. 보좌진 중 한 사람이 이렇게 알렸다. "새로운 메르켈은 없습니다. 명품은 변하지 않습니다."

메르켈은 정치 이력 내내 젊고 열성적인 남자들에 둘러싸여 있었다는 조롱을 종종 받곤 했다. 메르켈 소년 팬클럽. 전혀 근거 없는 허황된 조롱은 아니다. 실제로 외교정치에 관심이 많은 일단의 젊은 의원들이 메르켈 당대표를 따랐고 그들중 다수가 훗날 장관이나 차관 자리에 올랐다. 총리실에는 다른 종류의 소년 팬클럽이 모였다. 젊고 충직하고 똑똑하고 일잘하고 공통적으로 자기과시욕이 없고 공공연히 나서는 걸 피하고 메르켈처럼 온전히 일에만 집중하는 소년들. 그들의 업무는 전략적인 큰 설계가 아니다. 메르켈 역시 그렇게 일하지 않는다. 그들은 총리처럼 작은 보폭, 합의, 타협의 팬들이다. 그리고 맡은 일을 완벽히 해 낸다.

강한 단결력으로 서로의 우수성을 드러내는 이 그룹에서, 울리히 빌헬름 대변인은 가장 두드러지는 역할을 맡았다. 빌헬름은 4년 반 동안 메르켈의 얼굴이 되어 대중 앞에 대신 섰고 그다음 총리의 궤도에서 벗어나 바이에른 방송국의 총감독이 되었다. 그러나 그는 공식적인 지위와 상관없이 모든 정치적 관점에서 메르켈의 가장 중요한 자문위원에 속했다. 특히 외교정책에 관심이 높았고 메르켈이 늘 곁에 두었기 때문에 그의 영향력은 대단했다. 그의 역할은 서방국가 및 서독 전후역사의 과외교사 못지않게 스파링 파트너로서도 중요했다. 전후역사 면에서 볼 때, 총리의 궤도에서 그보다 과거의 교훈을 완벽하게 통달한 사람은 없었다. 빌헬름은 조용한 사람이지만 또한 추진력이 있었고 타고난 일꾼이며 에드문트 슈토이버에게서 기술을 배워 전술이 뛰어났다. 사람들이 그를 로버트 레드포드Robert Redford와 비교하곤 했는데 빌헬름도 기분 나빠하지 않았다. 베를린 기자들에게 그는 정직한 중개자였고, 상사에게는 믿을 만한 부하였다.

빌헬름의 후임자인 슈테펜 자이베르트Steffen Seibert는 비록 똑같이 많은 시간을 총리와 보냈지만 빌헬름만큼 큰 영향력을 갖지는 못했다. 그사이 메르켈은 자립적인 총리로 성장하여 고속으로 달렸고, 보좌진의 울타리는 의미를 잃었으며 접근통로가 더욱 좁아졌다. 그렇더라도 자이베르트 대변인은 대부분의 시간을 메르켈과 보냈다. 2012년 6월 브뤼셀에서 열린 운명의 정상회담 때 몬티의 새벽 쿠데타 이후 자이베르트에 대한 메르켈의 신임이 드러났다. 베를린이 들끓으며 희생양을 원했지만, 메르켈은 자이베르트에게 소통 펑크의 책임을 묻지 않았다. 몬티가 규칙을 어긴 것이지 대변인이 잘못한 게 아니었다. 이 사건이 교훈이 되어 달라진 것이 하나 있다. 이제 독일도 새벽 5시 20분이면 항상 기자회견을 한다.

이런 태도를 통해 메르켈은 격의 없이 지내는 최측근 보좌진들 가운데 원탁정신을 강화하게 되었다. 총리실의 각 국장들은 모두 메르켈의 휴대폰 번호를 갖고 있다. 메르켈 역시 볼일이 생기면 주말이라도 전화를 하거나 문자를 보낸다. 메르켈은 복잡한 사람은 아니지만 까다로운 사람인 건 맞다. 또한 그녀는 전문가의 의견이 필요하면 하위직책의 팀장이나 담당사무관에게까지 설명을 부탁한다. 그녀는 이메일을 쓰지 않는다. 보안, 유출, 증거자료 등의 문제를 만들 수 있기 때문이다. 컴퓨터도 쓰지 않는다. 그 대신 아이패드를 쓰는데, 그것으로 신문과 주가변동을 확인하고 보도영상들을 본다. 일기도 쓰지 않는다. 메르켈의 총리생활을 복원할 수 있는 것은 그녀의 가장 중요한 통치 도구랄 수 있는 매우 상세하게 기록된 다이어리뿐이다.

최측근 보좌진들이 없었다면 메르켈은 총리로서의 힘든 과업들을 제대로 처리하지 못했을 것이다. 두 번의 총리 임기와 업무들을 완전히 통찰하고 조종했던 보좌진들은 손에 꼽힐 만큼 소수였다. 메르켈은 포위된 사람처럼 이들과 성 깊숙한 곳으로 물러나 숨었다. 외부의 자문을 더는 듣지 않았다. 오로지 자신의 직관과 통찰력을 믿었고, 신뢰할 만한 전사의 조언만 들었다. 총리실은 카스너의 목사관 같았다. 외부에 노출되지 않았고 내부적으로는 열성적이고 성실하며 야심찼다.

총리실 우주의 핵심인물은 바우만 비서실장과 더불어 메르켈의 '소녀 팬클럽'에 속하는 에파 크리스티안젠Eva Christiansen이다. 크리스티안젠, 바우만, 메르켈의 이 여성 트리오는 대중으로부터 안정성과 효율성을 인정받았다. 셋의 조합이 곧 총리였다. 1970년생인 크리스티안젠은 1998년부터 메르켈을 동행했다. 처음엔 대변인으로, 이제는 넓은 의미에서 언론 조종자로 메르켈을 보좌한다. 그녀는 첫 번째 총리 임기 초반에 육아휴직을 신청하고 2007년 다시 복직하여 당연하다는 듯 일을 계속함으로써 독일 정치계를 깜짝 놀라게 했다. 총리실에서 그것이 가능하다니! 이뿐 아니다. 크리스티안젠은 그녀의 전문 분야인 언론 이외에 바야흐로 정치적 계획과 기본적인 업무들도 담당한다. 말하자면 연설문 작성을 비롯하여 총리의 비공식적인 이미지까지 관리한다. 크리스티안젠은 메르켈의 신임을 받는 최측근 원탁모임의 일원으로서 모든 걸 알고 말을 아끼는 사람이다. 그녀에게 좋은 정치적 판단력이 없었다면, 특히 대중을 파악하는 예민한 감각이 없었다면, 중요한 순간에 적절히 물러날 줄 아는 센스가 없었다면, 그녀는 이 역할을 해내지 못했으리라. 그러나 그녀의 진가를 제대로 알고 있는 사람은 몇 안 된다. 크리스티안젠 역시 실질적 힘을 가진 다른 이들처럼 메르켈의 침묵 규칙을 철저히 지키기 때문이다.

경제 자문을 맡았던 옌스 바이드만은 유로위기의 첫 번째 단계 때 분석과 아이디어를 담당했다. 그 후 그는 연방은행장이 되었다. 바이드만이나 유럽 정치 자문위원들이 8층 총리 집무실로 호출되어 토론을 하면, 그것이 곧 유로위기의 중대한 이정표가 되었다. 2010년 늦여름 ESM에 대해 토론했고, 그다음엔 경쟁력 향상에 대해, 나중에는 재정협약에 대해 토론했다. 경제자문에서 외르크 아스무센Jorg Asmussen 재무부 차관을 빼놓을 수 없다. 아스무센과 바이드만은 대학 시절부터 아는 사이이고, 두 사람 모두 전 연방은행장 악셀 베버의 제자다. 메르켈은 백악관 국빈만찬에 아스무센을 연방정부 귀빈으로 데려감으로써 그에 대한 신임을 드러냈다. 사실, 볼프강 쇼이블레 장관이 동행했기 때문에 굳이 재무부 차관까지 함께 갈 필요는 없었다. 기내에서 아스무센은 토마스 고트샬크와 나란히 앉아 활발한 대화를 나눴다. 아스무센은 2012년 초에 베를린을 떠나 유럽중앙은행 이사가 되었다. 그 역시 바이드만과 마찬가지로 여전히 메르켈의 비공식 자문위원으로 통한다.

최측근 위기모임에는 당연히 외교정책보좌관 크리스토프 호이스겐과 유럽정치국장 우베 코르세피우스도 속한다. 코르세피우스는 2011년 여름까지 총리실 유럽정치국을 지휘하다 니콜라우스 마이어란드루트에게 지휘봉을 넘기고 유럽이사회 사무총장이 되었다. 코르세피우스는 2007년 독일이 유럽이사회 의장국이 되면서 유럽정치국장 첫 회기에 벌써 유럽연합을 담당했고 리스본조약 협정을 지휘했으며 베를린에서 열린 로마조약 50주년 기념식을 위한 '베를린 성명'을 준비했다. 그와 함께 총리실에서 오랫동안 유럽정치국을 이끌었던 니콜라우스 마이어란드루트가 2011년 여름에 그의 후임자가 되었다. 마이어란드루트는 대사관에서 외교 경력을 쌓았고 공직생활 대부분을 유럽연합의 조약들과 함께했다. 특히 헌법제정회의 때는 발레리 지스카르 데스탱Valerie Giscard d'Estaing을 수행했다. 그는 또한 2010년 유럽 가요대회인 유로비전 송 콘테스트에서 대상을 수상한 레나 마이어란드루트Lena Meyer-Landrut의 사촌이었던 탓에 대중의 관심을 불러일으키기도 했지만, 누가 뭐래도 그는 유럽연합의 구조 및 조직 전문가다. 그는 조약의 빈틈을 누구보다 잘 알았고, 메르켈의 모든 자문위원들처럼 특별히 프랑스에 애정이 있었다.

어쩌면 그렇기 때문에, 위기가 절정으로 치닫고 마침내 조종당하는 위치에서 조종하는 위치로 자리를 옮기려는 메르켈의 욕구가 강해진 2011년 여름에 마이어란드루트가 유럽정치국장이 된 것은 행복한 우연이었을 것이다. 2011년 여름까지 정치가들은 모두가 동의할 만한 위기의 원인을 찾는 데 몰두했다. 2011년 여름부터 비로소, 독일의 긴축정책을 혐오하면서 유로본드나 부채탕감기금을 해결책으로 제안했던 목소리들이 아주 서서히 수그러들기 시작했다. 구제기금만으로 해결될 문제가 아니었다. 유럽연합에는 부채문제, 경쟁문제 그리고 구조문제가 있었다. 전문가들 역시 거버넌스governance의 문제로 보았다. 이에 대해서는 모두가 같은 의견이었다.

세 가지 문제에 대해 세 가지 처방이 나왔다. 부채위기에 처한 국가들을 직접적으로 도와야 하므로 구제정책을 쓰고, 위기국가들의 경쟁력을 높이기 위해 개혁정책을 써야 하며 이런 드라마를 반복하지 않기 위해 유럽연합은 구조적 오류를 없애야 한다. 하지만 어떻게? 적기에 깨달음이 왔다. 2011년 여름, 위기에 처한 몇몇 국가의 문제가 유로존 전체의 문제로 변이했다. 시장은 그리스나 포르투갈이 문제가 아니라 유로존에 규율이 없기 때문이라고 이해했다.

메르켈은 이 시기에 최측근 보좌진들에게 위기를 보다 근본적으로 처리할 수 있는 방법을 찾아내라고 지시했다. 결국에는 정치적 문제였으므로 메르켈은 정치적 해답을 요구했다. 정치가 계속해서 시장의 수단으로 시장을 뒤쫓으면, 정치는 결코 시장을 따라잡을 수 없을 터였다. 방향은 이미 결정되었다. 재정협약. 더 나은 재정집행을 위해 조약으로 규정된 의무. 그러나 그것만으로는 부족했다. 메르켈은 바이러스의 근원을 잡고자 했다. 문제를 분석할수록 뭔가 근본적인 대책이 필요하다는 생각이 강해졌다. 뭔가 새로운 것이 나와야 했다. 상상할 수 있는 최대의 개혁만이 유럽연합 설립 이래 최대의 위기를 종식시킬 수 있기 때문이다.

마이어란드루트는 2011년 위기의 혼동에서 한발 물러나 프랑스에서 여름휴가를 보내며 몇몇 아이디어를 고안했다. 주로 문제 뒤에 있는 체계를 이해하는 데 중점을 두었다. 마침내 그는 유럽의 정치적 문제를 몇몇 원과 직선으로 축소했다. A4 용지에 다이어그램을 그렸다. 세로축과 가로축 좌표가 생겼다. 세로축의 왼쪽은 개별 회원국, 오른쪽은 유럽연합에 해당했고, 가로축의 상단은 문제없이 기능하는 모든 정치 분야가, 하단에는 걱정을 끼치는 분야가 기록되었다.

좌표를 완성하고 보니, 오른쪽 유럽연합에는 문제가 없었다. 법률, 국내시장, 경쟁, 환경 모두 X축 상단의 녹색 영역에 있었다. 공동화된 주제들은 모두 위기와 별개였다. 반면 왼쪽 개별 국가 영역은 절망적이었다. 화재의 근원이 여기에 있었다. 유로위기를 일으켰던 주제와 유럽의 경쟁불평등을 낳은 원인들이 있었다. 노동권, 통치권, 재정, 복지정책 모두 X축 하단에 있었다. 다이어그램의 메시지는 이렇다. 개별 국가 차원에서 위기의 근원을 통제하지 못하면 유로위기도 극복할 수 없을 것이다. 유럽은 경제정부, 공동재정정책, 조화로운 세금체계 그리고 복지정책에서 최소한 비교 가능한 표준이 필요하다. 큰 정치 주제들이 유럽에서 공통적으로 다뤄져야 한다.

다이어그램을 정확히 분석하면 두 가지 선택이 남는다. 둘중 하나를 고르는 것이 메르켈에게 주어진 진짜 메시지였다. 첫 번째 선택은, 왼쪽 하단의 위기 주제들을 오른쪽 상단, 즉 유럽연합 관할구역으로 옮기는 것이다. 개별 국가들은 세금, 경제, 재정 혹은 사회복지 권한을 포기하게 될 것이고 그러면 슈퍼유럽, 즉 유럽연합이 강해지는 것이다. 두 번째 선택은 주제들을 개별 국가에 일임하고 그들이 그 주제들을 X축의 하단에서 상단으로 옮길 수 있게 돕는 것이다. 메르켈은 둘 중 하나를 선택해야 했다. 공동화의 길을 선택하여 모든 힘을 브뤼셀에 실어 주든지 아니면 유럽연합 이외의 뭔가 새로운 연합, 개별 국가들의 새로운 집단을 발명해야 했다. 국제법은 정부간 해결책을 명시하고 있다. 문제를 어떻게 함께 해결할 것인지 국가들이 서로 조약을 체결하고 약속하게 되어 있다.

메르켈은 단순한 물음 하나를 기준으로 결정했다. 어떤 길이 더 나은 결과로 이끄는가? 대답은 명확했다. 개별 국가들이 서로 협력하고 통제하면 더 좋아질 것이다. 이것을 뒷받침할 중요한 주장들도 준비되어 있었다. 무엇보다 그녀는 시민들의 삶을 걱정했다. 유럽 국가들 간에 사회적 모델의 격차가 너무 커서 복지정책, 연금 혹은 세금체계에서 의견 일치를 이루기가 쉽지 않았다. 이 주제를 공동화하려다 자칫 사회적 평화를 깰 수도 있었다. 또한 법적·국내정치적 장애물들도 무시할 수 없었다. 이것은 독일만의 문제가 아니었다. 유럽조약을 다시 만들고 개정하고 다듬어야만 했다. 그래서 그녀의 결정은 확고했다. 개별 국가들이 유럽조약의 큰 변화 없이 위기 주제들을 하단에서 상단으로 옮겨야 했다. 메르켈이 이런 결정을 내릴 것임이 브뤼헤의 연설에 이미 담겨 있었다.

그렇다면 이것이 메르켈의 큰 설계일까? 이것이 그녀가 생각하는 유럽의 최종 모습일까? 만약 그녀가 A4 용지에 그려진 다이어그램을 복음처럼 내보이며 선언했다면 메르켈 스스로도 자신의 선언을 믿지 않았을 것이다. 메르켈은 그런 사람이 아니다. 그녀는 결코 '유럽연합을 구원하기 위한 마스터플랜'을 크게 선언하지 않을 것이다. 그녀는 그저 천천히 한 걸음 한 걸음 앞으로 내디딜 것이다. 그녀에게는 그것이 바로 큰 설계, 패러다임의 전환, 혁명이기 때문이다. 메르켈은 조용히 공동체 방식과 작별했다. 유럽집행위원회 한 곳이 유럽의 시급한 문제를 통제하는 일은 없을 것이다. 총리는 유럽집행위원회와 나란한 다른 조직, 개별 국가의 의지를 조정하는 기구, 그리고 경우에 따라 유럽이사회 의장직을 수행하면서 동시에 국가들이 상호 협의한 내용을 실제로 실행하는지 감독하는 최고 경제 감독관을 원했다. 또한 이 계획대로라면, 유럽의 개별 국가들은 앞으로 다양한 속도로 달리게 될 것이다. 어떤 국가들은 협상을 위해 회담을 할 것이고 어떤 국가들은 발을 뺄 것이다. 영국은 이미 첫걸음을 떼었다. 영국은 재정협약에 관심이 없었다.

메르켈은 결정적인 일격을 위해 힘을 모았다. 그녀는 새로운 질서 제안이 12월에 유럽이사회에서 가결되는 것을 보고 싶었다. 위기전투에서 쓸 당장의 기본적인 원칙들은 합의되었다. 개혁하면 도와주기, 획일주의 대신 경쟁 등의 원칙이었다. 이제 개혁의 벽돌들을 최대한 마찰 없이 하나씩 유럽연합의 결정 과정에 등록해야 했다. 이런 관점에서 보면 2012년 6월 정상회담은 성공적이라 말할 수 있다. 유럽연합의 기관장들이 개혁안 제출을 주문받았다. 그러니까 개혁 주제가 등록되었다. 첫 번째 개혁안들이 비록 10월 가을회담에서 거의 환영받지 못했지만 그것은 상관없었다. 정말 중요한 것은, 이제 국가 지도자들이 개혁을 주요 의제로 정했다는 점이다. 결국 그들 스스로 무엇을 해야 할지 결정해야 하리라.

메르켈은 새로운 질서 제안을 정확히 10월 가을회담 전에 발표했다. 그녀는 미래의 유럽연합 구조에 대한 비전을 발표하는 자리로 다시 연방의회 정부정책보고를 선택했다. 연설은 다시 의원들의 고함 속에 묻혔다. 그러나 메르켈은 두 번째 일격을 준비해 두었다. 그녀는 3주 후에 유럽의회에서 연설을 했고 다시 간략하게 그녀의 계획을 발표했다.

메르켈은 발명자로서 새로운 유럽공동체에 이름을 부여했다. 안정연합Stabilitatsunion. 안정연합은 네 기둥 위에 있다. 공동 금융시장정책, 공동재정협약, 공동경제정책 그리고 마지막으로 더 많은 민주적 법률과 통제. 메르켈이 명확히 밝히지 않은 것이 있는데, 이 네 기둥 뒤에는 새로운 힘의 분배가 들어 있다. 한쪽에는 브뤼셀의 유럽, 다른 쪽에는 개별 국가들의 유럽이 그것이다.

비록 은행감독을 두고 격렬한 싸움이 벌어지긴 했지만 각국 정상들은 첫 번째 기둥에 이미 합의했다. 공동금융시장정책에는 은행시장규제, 은행감독, 그리고 위기에 처한 은행을 구제할 때 적용될 일치된 규칙이 속했다. 두 번째 기둥인 공동재정협약 역시 이미 높이 솟았다. 재정협약은 이미 결정되었고, 그리하여 유로회원국들은 국가재정을 더 엄격히 통제할 의무를 갖는다. 그러나 강요할 수단은 없다. 말하자면 어떤 회원국이 재정협약을 어기고 모든 제제조치를 무시해 버리면 어찌할 방법이 없는 것이다. 메르켈은 기꺼이 유로수사국에 최고의 권력을 주고 싶으리라. 그러나 이 아이디어를 지지하는 사람은 아직 많지 않다.

세 번째 기둥인 공동경제정책은 혁명적인 발전을 가져올 것이다. 마이어란드루트 유럽정치국장은 프랑스 사회주의 정당 출신의 전 유럽연합집행위원장 자크 들로르Jacques Delors를 주요 증인으로 부각시켰다. 그는 1989년에 통화연합의 위험에 대한 보고서를 작성하면서 다음과 같이 간략하고 냉철하게 기록했다. "공동의 통화는 여러 정책 분야 중에서도 특히 국가재정정책과 경제정책에서 높은 수준의 일치를 요구한다." 메르켈은 같은 사회주의 정당 출신인 올랑드 대통령 역시 같은 생각이기를 바랐다. 메르켈은 경제정책 중에서도 국가주권이 특별히 닿아 있는 노동시장정책과 세금정책의 협력이 필요하다고 생각했다. 2011년 9월의 좌표 다이어그램에서 이미 드러났듯이, 그것이 X축 하단에 있는 문제 주제들이었기 때문이다.

메르켈은 연방의회에서 명확히 밝혔다. 그녀는 유럽연합집행위원회에 책임을 맡길 생각이 전혀 없었다. 유로회원국과 그들의 국회에 자기결정권과 운신의 폭을 허락해야 했다. 그러나 또한 더 많은 일치, 더 많은 통제, 유럽권력의 개입권이 보장되어야 했다. 메르켈은 유럽권력이 어떤 권력을 뜻하는지는 명확히 하지 않았다. 그것은 나중에 밝혀질 터였다. 아마도 회원국들이 유럽연합집행위원회와 유럽조약과 상관없이 자발적으로 마련하게 될 새로운 감독기관일 것이다. 그리고 메르켈은 동기부여를 위해 회원국들에게 지원금을 약속했다. '연대의 새로운 요소', 가령 금융거래과세 소득으로 마련할 수 있는 기금이 만들어져야 했다. 위기에 처한 국가들이 경쟁력 향상 프로그램의 재정을 이 기금에서 충당할 수 있을 것이다.

네 번째 기둥의 의미를 이해한 독일 의원들은 긴장했을 것이다. 유럽연합집행위원회가 강력한 의회의 통제 속에서 일종의 유럽정부로 발달해야 한다면, 민주적 법률과 통제를 책임질 강력한 의회는 어차피 유럽의회일 수밖에 없다. 그러나 메르켈은 유럽의회만으로 만족할 수 없었다. 그녀는 유럽의회 연설에서 밝혔다. "나는 유럽이사회가 제2의 의회 구실을 하는 것에 찬성합니다." 또한 그녀는 한 유럽신문사와의 인터뷰에서 거의 1년 전에 이미 밝힌 바 있다. "유럽이사회와 각국 정상들이 (유럽연합집행위원회와 더불어) 제2의 의회를 구성합니다."

그럼에도 12월 회담은 메르켈에게 실망스러웠다. 유럽이사회의장 헤르만 반 롬푀이Herman Van Rompuy가 완전히 다른 개혁 의제를 가져온 것이다. 목록에 유로본드가 다시 등장했고 무조건적인 지원이 거론되었다. 메르켈은 정상회담 이전 몇 주 동안 그리고 정상회담 기간 내내 방어전투를 했다. 그녀에게는 동맹자가 없었다. 개혁의 시급함이 더는 공감을 얻지 못했다. 그러나 메르켈은 적어도 시계를 0시로 돌리는 데 성공했다. 그녀는 아직 유럽을 손에 쥐고 있었고 반 롬푀이는 그의 계획과 함께 침몰했다. 그러나 6개월이라는 시간을 허비했다. 메르켈은 다시 바위를 위로 굴리기 시작했다.

찌는 던져졌다. 메르켈은 유럽의 경제질서에 대한 생각을 발표했고, 이제 유럽이 선택할 차례다. 거대한 지구화 파도에 곧 떠내려가게 될 그저 그런 고전적 타협이냐 아니면 유럽을 경쟁력 있게 만들어 줄 엄격한 개혁 프로그램이냐. 메르켈이 2012년 다른 기회에 밝혔듯이, 로마조약의 55년 세월은 긴 역사에서 보면 눈 깜짝할 사이다. 유럽이 안정된 질서를 유지하게 될지 아무도 보장할 수 없으리라. 혹은 그녀가 불가리아 총리 보이코 보리소프에게 진지하게 전달했던 것처럼, 선도하는 문화권력은 따로 정해져 있지 않다. 마야문명도 결국엔 멸망했다. 앙겔라 메르켈은 유럽이 멸망하는 것을 원치 않았다. 유럽이 위대한 일을 해 내길 바랐다. 그리고 그녀는 자신을 위한 소박한 목표를 세웠다. 유럽의 멸망에 일조했다는 비난을 받지 않는 것!

12

전부 메르켈?
탈정치적 총리

메르켈은 이따금 속으로 물었다.
어쩌다 이런 막대한 권력을 갖게 되었을까?
모든 위기에서 한없이 많은 압박을 받았던
사람은 바로 메르켈 자신이었다.

앙겔라 메르켈의 외교 및 유럽정책을 공정하게 판단하기에는 아직 이르다. 아마도 몇 년을 더 기다려야 결산을 낼 수 있으리라. 2013년 현재 독일연방정부의 총리로서 7년을 지냈지만 여전히 앞으로 해야 할 일과 이미 한 일의 무게를 바르게 저울질하기는 어렵다. 그것은 위기 때문이다. 총리가 축적해 놓은 모든 것을 뒤덮어 버릴 만큼 위기는 너무나 강력하다. 메르켈은 위기의 포로로 잡혔고 사건들이 연달아 터지고 있다. 그리스나 스페인은 한동안 계속 힘겨울 것이다. 시장은 긴장상태에 있다. 프랑스는 전후역사상 가장 힘든 자기발견의 시간 앞에 섰다. 그리고 독일에서도 유로문제가 2013년 선거를 지배할 것이다.

위기가 누그러지면 비로소 사람들은, 메르켈이 유로구제(혹은 멸망)에 얼만큼 영향을 미쳤는지 알게 되리라. 메르켈의 측근들은 이렇게 밝힌 바 있다. "잘못되면 즉시 욕을 먹고, 잘되면 20년 뒤에 칭찬을 들을 것이다." 이것은 고전적인 겸양이긴 하다. 어쨌든 메르켈은 쉬운 길을 마다하고 위험을 무릅썼다. 그녀는 독일조차도 견디기 힘들었을 거친 치료책을 유럽에 처방했다. 게다가 걸림돌까지 있었다. 위기가 유럽의 약한 국가를 가혹하게 무너뜨릴수록 독일은 낮은 이자율, 높은 경제력, 고급인력의 매력적인 일터로서 더 많은 이익을 얻게 되었다. 이런 사실 때문에 메르켈은 한편으로 더욱 강력해졌고 다른 한편으로 더욱 공격을 받았다. 그녀가 감수해야 할 리스크가 커졌다. 그녀의 실패는 곧 유럽의 붕괴를 의미했다.

언젠가 메르켈 총리는 자신이 경제적·정치적으로 늘 강경파인 것처럼 비치는 것이 속상하다고 하소연한 적이 있었다. 돈 문제에서 이렇게 냉혹한 사람이고 싶진 않았다면서…. 그녀가 포르투갈이나 그리스 혹은 스페인을 방문하면, 시위대들은 나치 깃발을 흔들고 그녀의 사진이 붙은 볏단인형을 불태웠다. 사진 속 얼굴에는 히틀러의 콧수염이 그려져 있었다. 메르켈은 위기를 그냥 보고만 있지 않았다. 위기에서 탈출할 올바른 길을 끊임없이 고심했고, 이 주장에서 저 주장으로 다시 또다시 분투했다. 결국 변하지 않는 결론 하나를 남겼다. 그녀 외에 어느 누구도 지금까지 더 나은 길을 제시하지 못했다는 것. 그리스 사태 초기에 돈을 쏟아부으려던 계획에 그녀가 그냥 동의했어야 할까? 무담보로 지폐를 나눠 주어야 한다는 유럽중앙은행의 의견에 동의했어야 할까? 모든 법적·국내정치적 어려움과는 상관없이 유로본드 도입이나 공동의 부채냄비에 동의했어야 할까? 메르켈은 그럴 수 없었다. 그렇게 되면 개혁에 대한 모든 동기가 사라질 터였다. 유로정부 없는 유로본드는 더욱 심각한 체계오류일 것이다. 유로회원국들의 거대한 부채의 짐을 독일 혼자 짊어질 수는 없을 것이다. "힘은 무한하지 않다"고 그녀는 2012년에 자주 강조했다. 유럽의 경제체계는 전 지구적 힘의 경쟁에서 더는 버티지 못할 것이므로 결국 붕괴하고 말 것이다. 그녀가 보기에 그것은 부정할 수 없는 사실이었다.

긴축과 개혁이냐 아니면 혹독함을 버리고 부채증가를 각오하느냐. 메르켈은 이런 양자택일을 수용하지 않았다. 그녀는 그런 식으로 일하지 않는다. 그녀는 오직 한 가지 계명을 따른다. 메르켈이 전제조건이라 부를, 바로 그 계명은 이렇다. "유로를 지켜야 한다!" 체계적인 사람으로서 그녀는 이 전제조건에서 하위전제들을 만들고 다시 그 아래에 여러 하위전제들을 만들었다. "유로를 지켜야 한다. 위기의 끝에 유로는 더 강해져 있어야 한다." 혹은 "유로를 지켜야 한다. 가능한 한 17개 유로 회원국 모두와 함께." 그녀는 늘 "나는 그리스가 유로존에 머물기를 희망합니다"라고 말했다. 결코 "그리스는 어떤 일이 있어도 유로존에 머물 것입니다"라고 말하지 않았다.

메르켈은 항상 가능성을 열어 두었다. 그리스가 유로존에서 방출될 수도 있는 것이다. 그런 날이 정말 온다면, 그녀는 적어도 그리스를 오랫동안 붙잡고 있었던 까닭을 설명하고, 그리스가 최대한 늦게 유로존에서 떠나는 것이 나머지 회원국들에게 최선이었다고 주장할 수 있길 바랐다. 그리스를 유로존에 지탱시키는 데 실패하더라도 그것이 유로에 미치는 영향을 적어도 통제할 수는 있어야 하기 때문이다. 이렇듯 메르켈은 자신을 규정할 때 항상 결정이라는 나무에 가능한 한 많은 근거라는 가지를 붙여 둔다. 그녀는 언제나 상대보다 아주 조금이라도 더 많은 근거를 갖고자 한다. 언제나 안전한 쪽에 있고자 하는 것이다.

밖으로 비치는 자기확신에도 불구하고 메르켈은 늘 의심하는 사람이었다. 2012년 봄 갑자기 그녀에게 빛나는 이미지가 만들어졌다. 〈빌트*Bild*〉가 그녀를 하늘로 띄워 올렸다. 위기가 통제될 거라는 기대가 생겨났다. 그리고 그해 여름, 조건만 맞으면 무제한으로 국가채권을 구매하겠다는 중앙은행의 선언이 있었다. 분위기가 과하게 좋아졌다. 메르켈은 위기국가들의 노력이 느슨해졌다는 걸 금세 감지했다. 6개월 사이에 그리스는 오래전에 결정되어 수용한 긴축정책의 세부 내용을 축소했다. 그러자 이 시기에 새로운 부채가 다시 쌓였다. 이때 메르켈은 재정협약이나 설계도만으로는 유로존을 구제할 수 없음을 알았다. 유로의 운명이 그리스 하나에 달려 있었다. 2012년 가을, 그녀가 진실을 거부한다는 비난이 쏟아졌다. 이를테면 그리스가 부채를 상환할 수 없다는 진실과 독일을 포함한 유럽의 부유한 나라들이 계산서를 넘겨받아야만 한다는 진실을 거부한다는 것이었다. 그럼에도 메르켈은 추가적인 부채삭감에 동의하지 않으려 했다. 아직은 아니었다. 추가적인 부채삭감이 그리스와 다른 위기국가들에게 어떤 동기를 주게 될지 회의적이었다. 또한 메르켈은 새로운 유럽이라는 그녀의 계획을 관철시키기 위해 위기가 필요했다. 압박이 느슨해지면 유럽의 경제정부역시 힘을 잃을 터였다.

메르켈은 이따금 속으로 물었다. 어쩌다 이런 막대한 권력을 갖게 되었을까? 모든 위기에서 한없이 많은 압박을 받았던 사람은 바로 메르켈 자신이었다. 독일 국내정치, 헌법재판소, 선거 일정, 연정파트너 교체, 금방이라도 깨질 것 같은 유럽의 동맹… 메르켈은 언제나 동맹자들로부터 자유롭지 못했다. 어쩌면 위기의 3단계에서 프랑스 대통령이 교체된 것이 가장 큰 문제였을 것이다. 메르켈이 유럽에서 그렇게 오랫동안 권력을 유지할 수 있었던 것은 어쩌면 사르코지와 동맹을 맺었기 때문일 것이다. 유럽에서 독일과 프랑스의 동맹에 맞설 정책은 없다.

그러나 갑자기 관계가 뒤집혔다. 올랑드가 프랑스 대통령이 되었다. 유럽에 정책의지를 강요할 수 있는 힘이 갑자기 사라진 것이다. 메르켈은 프랑스 대통령 선거전에서 친구 사르코지를 위해 나서는 실수를 저질렀다. 올랑드는 그것을 쉽게 잊지 않았다. 그러나 올랑드를 더욱 강하게 옥죄는 것은 오히려 선거공약과 지지자들의 기대라는 그물이었다. 올랑드의 위기 해결책은 메르켈의 정책과 정반대였다. 총리는 몇 달 후 최측근들과의 모임에서 올랑드 대통령을 계속 언급했다. 긴장이 손에 잡히는 듯했다.

메르켈은 그녀를 키워 준 헬무트 콜의 신념을 물려받지 못했다. 언제나 콜은 독일 총리로서 프랑스를 방문할 때는 삼색기 앞에서 두 번 허리를 숙이는 것이 좋다고 가르쳤다. 그러나 메르켈은 허리를 숙이고 싶지 않았다. 게다가 그녀는 위기분석에 관한 한 의지가 확고했다. 중국 및 동남아시아와의 경쟁에서 유럽을 유지시키려면, 유럽이 경제적으로 그리고 인구 면에서 겨울잠에 빠지지 않게 하려면, 올랑드를 반길 수 없었다. 그것이 그녀의 진짜 동기였다. 여기에 모든 동력의 근원이 있다.

세계인구의 9퍼센트가 세계총생산의 25퍼센트를 생산하고, 전세계 사회적 지출의 50퍼센트를 유럽이 감당한다. 이것이 얼마나 더 유지될까?

그럼에도 불구하고 메르켈은 올랑드를 더 정중히 존중해야 했을까? 메르켈은 확실히 콜처럼 많은 사람들과 떠들썩하게 어울리기 좋아하는 라인 지역 특유의 기질을 지니지 않았다. 그녀는 그사이 유명해진 그녀의 방식을 유지했다. 가늠하기, 장단점 계산하기, 요구하기, 압박하기, 그리고 뭔가 대가를 얻었으면 마지막으로 인정하기. 이때 그녀의 희망은 시간이었다. 시간이 메르켈의 동맹자가 되었다. 시장이 올랑드의 경제정책에 '전망 없음' 도장을 찍으면, 그도 역시 시간의 가치를 느끼리라.

메르켈 정책의 모든 합리성에도 불구하고 떨칠 수 없는 근심이 남아 있었다. 이 모든 논리가 어디로 향할까? 계산과 반대계산의 결과는 무엇일까? 위험이 확실한 상황에서 과감하게 구성했어야 할 중요한 순간, 혹은 더 나아가 뛰어내릴 수 있는 결정적인 순간을 놓친 건 아닐까? 위기는 사람들을 괴롭혔다. 전후역사에서 그렇게 오랫동안 대중의 인내심을 시험했던 주제는 없었다. 언젠가 끝은 오기 마련이지만 '금욕주의자' 메르켈은 끝을 약속하지 않는다. 오히려 더 많은 인내와 끈기를 각오케 한다. 언젠가는 대중이 보상이나 강력한 발언을 요구할 것이다. 사람들은 불안해하고 있다. 그러나 메르켈은 화통한 총리가 아니다. 그녀는 슈뢰더와 다르고, 그래서 그녀에게는 지금의 거대한 위기를 더 견딜 만하게 해줄 충동과 격정이 없다. 어쩌면 그녀는 이미 오래전에 그리스를 향해 엄지손가락을 아래로 내리는 냉혹한 결정을 내렸어야 했음에도 불구하고, 높게 잡은 목표 때문에 잠깐 더 기다려 보고 있는 것인지도 모른다.

메르켈의 최측근 중 한 사람의 증언에 따르면, 메르켈 총리는 완벽한 탈정치적 정치가다. 그것은 칭찬의 의미로 한 말이었다. 탈정치적 정치가들이 정치적 무대에 오르는 일이 결코 쉽지 않기 때문이다. 탈정치적 정치가는 한곳에 매이지 않고 자연스럽게 흘러가도록 내버려 둔다. 확신을 버리고 유연성을 유지하며 올바른 타이밍을 기다린다. 이념이 발붙일 곳 없는 과도하게 규정된 체제에서 이런 자세는 결코 나쁘지 않다.

메르켈은 비판적 주제에서 물러나 있으면서 다른 사람에게 그것을 맡겼다. 연방군 개혁은 구텐베르크에게, 리비아 패배는 베스터벨레에게, 연방정부의 공격적 무기수출정책은 비밀유지를 의무로 하는 연방안전보장이사회에게. 메르켈은 너무 끈끈한 관계를 좋아하지 않는다. 만에 하나 이스라엘과 같은 관계가 생기면 다시 조심스럽게 뒤로 물러난다. 벤자민 네타냐후 총리가 정착정책과 관련하여 메르켈과의 관계를 과장하기 시작했을 때, 메르켈은 그를 냉정하게 대했다. 2012년 11월, 팔레스타인의 지위가 유엔에서 향상되었을 때, 독일은 정치적으로 이스라엘에게 등을 돌렸고 이것이 네타냐후 총리를 아프게 했다. 이스라엘과의 관계에서 강조했던 국가이성이 과연 무슨 의미였는지 메르켈은 오늘날까지 설명하지 않았다.

위기 속에서 보낸 두 번의 총리 임기가 지칠 줄 모르는 일 욕심을 가진 강철 같은 기질의 한 여자를 먹어치웠다. 메르켈 총리는 헬무트 콜과 게르하르트 슈뢰더가 느꼈던 것보다 더 심한 외로움을 느꼈다. 그녀는 외부로부터의 자문을 거부했다. 나쁜 경험을 너무 많이 했기 때문이다. 당내서열과 상관없이 기저에 있는 사람들과 직접 소통했다. 기민연에서 중간다리 역할을 할 사람들이 필요 없게 되었다. 기민연의 차세대 지도자는 사라졌다. 강하고 완고한 기민연의 대표주자들이 그녀를 지지하지 않았다. 그 대신 그녀와 비슷한 유형의 여러 정치가들, 곧 합리적이고 분석적인 테크노크라트, 권력 전술가, 모든 탈 정치적 정치가들이 그녀를 추종했다. 언변이 뛰어난 큰 전략가들을 위한 자리는 총리의 세계에 없었다.

한 스위스 정치학자는 메르켈을 책망했다. 그녀가 전문가의 국가를 희망하고, 예측 가능한 정치를 추구한다는 것이다. 그녀가 갈등을 피하고 오직 조화롭기만을 바라는 합의지향적 독일 정치를 완성했다고 꼬집었다. 위기 때 메르켈에게 재량권을 보장했고 전쟁과 평화 같은 까다로운 주제에서 함께 정책을 설계하고 지지했던 야당을 생각하면, 이것은 전혀 근거 없는 지적이 아니다. 마치 어려운 시기에는 성 안의 평화를 위해 단결해야 할 국민적 의무가 있는 것처럼, 합의지향적 정치는 독일의 외교정책을 갑자기 쇄국정책으로 만들었다. 아니면 메르켈은 다른 선택의 여지가 없어서 모두를 아울러 함께 가는 것일까? 진실은 이렇다. 모두가 문밖에 와 있는 유로괴물을 무서워한다. 국민들에게 보증총액을 보고해야 하는 순간을 겁낸다. 합리적인 메르켈 역시 이 순간이 겁나지만, 적어도 그 순간에 총액수치가 가능한 한 적기를 바란다. 그리고 최선을 다했다고, 다른 선택을 했다면 독일에 더 나빴을 거라고 말할 수 있기를 바란다.

메르켈의 권력 또한 메르켈의 방식에서 나온다. 그렇다. 앙겔라 메르켈에게는 깊은 권력의식이 있다. 그녀는 누가 그녀의 체제에 순응하지 않는지 정확히 감지한다. 그녀는 이념적 신의를 요구하지 않는다. 탈정치적 정치가의 모범으로서 그녀는 이념을 권력의 척도로 삼지 않는다. 오히려 내용적인 추종을 요구한다. 합리적 가늠과 근거 있는 주장이 우선하는 세계, 즉 논리와 반대논리의 세계에 참여하기를 요구한다. 그녀는 강력한 주장에 직면하면, 이내 자신의 주장을 뒷받침할 수 있는 더욱 강력한, 혹은 받아들일 만한 주장을 찾으려 애쓴다. 블라디미르 푸틴도 이런 방식의 논쟁을 피할 수 없었다. 메르켈은 이런 방식의 권력 도전만을 받아들였다. 이념적으로, 혹은 그저 무례하게 그녀를 물리치려는 사람은 빙벽에 부딪쳐 튕겨져 나올 것이다. 메르켈은 이런 대결을 거부한다.

그녀의 권력 비결은, 최종적으로 승리가 확실한 논쟁만 허락하는 데 있다. 금융위기 때의 은행경영자들처럼, 국가권력을 무시하고 자신의 존엄성을 자랑하는 사람은 그녀를 분노케 한다. 그러면 그녀는 처절한 복수를 계획한다. 그것은 직접적으로 느껴지지 않을 것이고 어쩌면 여러 해가 지난 후에야 비로소 드러날 수도 있다. 그러나 한 가지는 확실하다. 메르켈은 과소평가를 허용하지 않는다. 마찬가지로 자기 영역, 특히 정당이나 내각에서 강요받는 것을 허용하지 않는다. 어떤 장관이 임무를 제대로 수행하지 못하고 큰 약속이 걸린 일을 금세 그녀에게 미루면, 그의 장관직은 그것으로 끝난다. 교통부 장관 볼프강 티펜제Wolfgang Tiefensee가 비용이 점점 늘어나는 유럽 위성프로젝트 '갈릴레오'를 유럽연합 각국 정상들의 발 앞에 던지려 했을 때, 그것을 경험했다.

메르켈은 권력을 큰 소리로 과시하지 않는다. 그녀는 소리치지 않고 조용히 말한다. 탁자를 내려치지 않고 오히려 몇 날을 밤새 일하여 상대를 피곤하게 만든다. 연방의회의 신임투표를 그녀는 약함의 증거로 본다. 만약 그것을 강요받으면, 정치계를 떠날 때가 되었다고 생각할 것이다. 2012년 여름, 유로에 관한 중요한 표결에서 장기적인 구제정책 ESM을 장관 대다수가 거부했음에도 그녀는 염려하지 않았다. 그녀는 야당의 도움으로 필요한 득표수 3분의 2 찬성에 성공할 것을 확신했다. 득표수가 부족했더라면, 기민연의 이탈자들이 이 문제를 다시 한 번 고심했을 것이다. 그녀에게는 모든 정당의 의견일치가 중요했다. 그 외 모든 것은 부차적이었다.

유로위기는 그녀의 가장 큰 도전과제다. 메르켈은 상대를 제대로 이해할 수 없다. 예측 불가능한 일들이 너무 많고, 영향을 미치는 정치가들이 너무 많다. 그녀도 잘 알고 있듯이 사건과 인물 들이 그녀의 운명을 결정할 것이다. 2013년 연방의회선거에서 자민당이 성공하도록 도울 방법은 극히 제한적이다. 그리스 내각, 스페인 총리, 프랑스 국가채권의 금융시장에도 영향을 미칠 수가 없다. 전혀 예상하지 못했던 순간에 운명의 날이 올 것이다. 메르켈은 이것을 잘 알고 있다. 그러나 운명의 그날에 그녀는 과연 무엇을 남길까?

메르켈은 엄격한 위기정책으로 독일에 새로운 역할을 부여했다. 중유럽의 중앙봉은 함께한 50년 유럽 역사상 유례없는 적대를 받았다. 그러나 또한 찬사도 받았다. 그러므로 메르켈은 유럽의 여러 분야에서 공감을 받는 인물은 아니다. 올랑드가 이끄는 프랑스는 전 지구적 트렌드를 무시한 개혁무능 때문에 메르켈의 곁에서 사라졌다. 이 모든 상황이 독일과 독일 총리에게는 유익하다. 그럼에도 불구하고 유럽의 무게가 불균등하게 분배되는 것은 항상 위험하다. 만약 메르켈이 강한 공동경제정부로, 은행감독으로, 더 나은 민주주의적 통제로 새로운 유럽을 건설하고 싶다면, 독일 국민들도 새로운 체제에 순응해야 하고 규칙을 어기면 똑같이 무자비하게 다뤄진다는 것을 명확히 해야 한다.

그러나 무엇보다 나머지 유럽 국가들이, 그들 중 어떤 새로운 권력도 균형에 반하여 독보적일 수 없음을 확신해야 한다. 독일이 새로운 유럽이 되어서는 안 된다. 그것은 성공할 수도 없을 것이다. 메르켈이 단지 생산성, 단위노동비용, 부지런함만 설파한다면, 그녀는 유럽에 그리고 독일에 아무런 도움도 되지 못할 것이다. 그러나 유럽 역시 공동경기규칙이 깨지면 유럽의 풍요, 자유, 안전이 위험하다는 것을 이해해야 한다.

메르켈은 신뢰할 만한 가까운 사람들과는 믿기지 않을 만큼 편하게 지낸다. 그녀는 자신을 속이지 않는다. 그녀는 스스로 예상했던 것보다 더 오래 통치했다. 2005년 선거일에는, 이렇게 오래 통치하게 될 줄 몰랐을 것이다. 그리고 그녀는 8년의 총리 임기가 온전히 존경받을 만한 업적으로 남으리라는 확신으로 산다. 그녀의 선임자 몇몇은 이 구간을 통과하지 못했다. 2013년 현재 메르켈은 세 번째 총리직을 꿈꾼다. 그것은 영광스러운 일일 것이다. 그러나 다시 총리로 선출되는 첫날에 이미 그녀의 시간이 이제 다 되어 간다는 부담을 갖게 되리라. 이 부분에서 메르켈은 철저히 현실주의자다. 위기로 점철된 세월이 그녀에게 공물을 요구했다. 총리 직무가 메르켈을 소비했다.

메르켈은 정치적 자본을 많이 모았다. 그녀는 그것을 잘 알고 있다. 언젠가 그녀는, 그것을 소비하고 모험을 단행하고 한 카드에 전부를 걸라는 유혹을 받을지도 모른다. 어쩌면 언젠가 그녀는 스스로 설계한 큰 계획에서 장애물을 만날지 모른다. 그러나 어쩌면 그것이 그저 유혹으로 끝날 수도 있다. 메르켈은 언제나 메르켈로 남아 있다. 전술적인 신중한 사람, 정말로 어쩔 수 없을 때에만 모험을 단행하는 사람 메르켈로….

그렇다면 무엇이 남을까? 염두에 둘 만한 사실 하나. 템플린에서 온 소녀가 외교정치에 뛰어난 국가 지도자가 되었다! 연방공화국 역사상 유례가 없던 가장 강력한 총리. 어릴 적 꿈을 이루었을 뿐 아니라 세계를 보았다는 것에 앙겔라 메르켈은 스스로 만족하며 살아 갈 수 있을 것이다. 아니다, 그녀는 세계를 보았을 뿐 아니라 이해했고 조종도 했다.

언젠가 대중이 그녀의 방식에 싫증을 느낄 수도 있을 것이다. 언젠가 기민연이 그녀를 거부할 수도 있을 것이다. 헬무트 콜도 그것을 겪었다. 그러면 앙겔라 메르켈 역시 총리로서의 시대가 끝났음을 알게 되리라. 시대정신이 바뀌면, 기한도 끝난다.

촌평

앙겔라 메르켈은 이미지의 중요성을 잘 안다. 또한 세간의 주목이 얼마나 덧없는 것인지도 안다. 늘 대중의 관찰을 받는 사람은 무엇이 여론에 긍정적인지 혹은 부정적인지 감지하는 예민한 감각을 발달시킨다. 메르켈은 그런 감각을 익히기 위해 오랫동안 수업료를 내야 했다. 그녀가 정식으로 정치에 입문하여 장관으로서 조명을 받았을 때, 조롱과 냉소가 쏟아졌다. 맙소사, 동독에서 온 여자, 그녀의 머리, 그녀의 옷…. 메르켈은 오랫동안 악평을 견뎌야 했다. 그리고 그녀는 외모를 꾸미지 않고도 직무를 훌륭히 해 낼 수 있음을 증명하고자 했고 할 수 있다는 의욕도 넘쳤다. 그러나 여러 해가 지나고 또한 그 주제에 대해 많은 인터뷰를 한 후, 그녀는 결심을 버리고 외모도 직무에 속한다는 것을 조용히 인정했다. 더욱이 여성정치가로서 그녀는 꽃무늬 넥타이나 한껏 멋을 낸 헤어스타일의 남성 정치가들보다 더 큰 압박을 받을 수밖에 없었다.

앙겔라 메르켈은 이성적으로 정치를 대했던 것처럼 사생활 또한 대중으로부터 차단했다. 그녀가 초기에 카메라를 낯설어하고 여러 사람 앞에 서는 것을 부끄러워했다면, 이제는 완전히 익숙해졌다. 다만, 수많은 사람들이 일제히 보내는 열광적인 박수갈채나 사람들이 많은 곳에서 수영하는 것은 여전히 불편하다. 추측컨대 그녀는 대대적인 환호인파를 꿈꾸지 않을 것이다. 메르켈은 개인주의자다. 정당동물이 아니다. 이것은 구동독 시절이 반영된 결과일 것이다. 특히 메르켈은 대중에게 비치는 그녀의 외모와 이미지에 주의한다. 그녀의 첫 번째 대변인 울리히 빌헬름이 그녀에게 카메라 앞에서 취해야 할 자세나 표정 등을 가르쳐 주었다. 총리실은, 통제되지 않은 카메라 각도에 대통령을 노출시키는 일이 결코 없는 백악관이 아니다. 그러나 연방공보처도 바야흐로 올바른 이미지에 신경을 쓰기 시작했다. 만약 카메라를 든 사람들이 기습하듯 밀고 들어와 앞을 가로막으면 메르켈은 이제 크게 호통을 친다.

사진뿐 아니라 연설에서도 마찬가지다. 선임 총리들과 마찬가지로 메르켈 역시 자유롭게 많은 연설을 한다. 메르켈은 부자연스럽고 경직되게 들리는 원고 낭독보다는 자유롭게 하는 연설을 더 잘한다. 인터뷰 기사들은 항상 최종 편집을 직접 점검하는데, 때로는 극단적으로 꼼꼼하게 수정한다. 그녀는 자유로운 토론, 토크쇼, 혹은 마이크 없는 소규모 회의에서 가장 빛난다. 반사회적으로 반응할 수 있고 오해받을 걱정 없이 농담이나 풍자를 할 수 있는 자리 같은 곳에서 말이다. 그래서 메르켈은 하루 첫 일과로, 신뢰할 만한 사람들과 아침회의를 할 때 모두를 열광시킨다. 기자로서 메르켈을 인터뷰할 때는 녹음기를 켜지 말고 가능한 한 머릿속으로 암기하는 것이 좋다. 메르켈은 안전하다고 느낄 때만 솔직하게 말하기 때문이다. 초기에는 의심이 많지 않았고 그래서 많은 것을 알려 주었다. 그러나 오늘날에는 스스로 정한 기준에 따라 접근 정도를 정확히 조절한다.

그녀의 정치적 내면과 과거에 대해서도 마찬가지다. 총리직 초기에 구동독 시절에 대해 물으면 그녀는 예민하게 반응했다. 나쁜 경험을 많이 했기 때문이다. 사생활을 배려하지 않는 언론들이 너무나 많았다. 얼마 전부터 비로소 그녀는 다시 열린 마음으로 답한다. 또한 어쩌면 외국에서 보내는 막대한 관심에 고무되어, 여전히 구동독을 낯설어하는 서방국가에 기꺼이 그 시절을 설명하기도 한다.

이 책은 오랜 기간 메르켈과 동행했던 사람들, 메르켈과 여러 번 인터뷰를 했던 사람들 그리고 그녀의 최측근 보좌진들의 경험과 관찰을 기초로 쓰인 책이다. 메르켈의 외교정책에서 중요한 사람들을 스무 명 넘게 인터뷰했다. 어떤 사람들과는 여러 번 집중적인 인터뷰를 진행했다. 대부분은 이미 몇 년 전부터 필자와 교류가 있었던 사람들이다. 모두가 익명을 요구했다. 현직 총리에 대한 솔직한 평가인 데다 몇 달 후면 연방의회선거가 있는 상황이므로 당연한 요구였다.

총리 임기 동안의 연설, 인터뷰, 기사분석을 통해 메르켈의 외교정치 세계를 엿볼 수 있었다. 증거와 증인은 충분했다. 그러나 최종적인 증인을 바라기엔 아직 너무 이르다. 유로위기의 해결책과 메르켈의 정치적 삶은 몇 년 뒤에야 비로소 제대로 평가할 수 있으리라. 그럼에도 오늘날 총리의 외교정치 세계는 이미 평가가 가능하고 또한 중요한 일이기도 하다. 바로 유로위기가 메르켈에게 막대한 권력을 선물했고 외국에서는 그녀의 확신, 신념, 동력에 대해 궁금해한다.

메르켈의 과거를 알고 싶다면, 그녀가 총리직에 오르기 전에 나온 책들과 자료들을 읽어야 한다. 오늘날 그녀가 딴 사람이 되었다는 뜻이 아니다. 오히려 그 반대다. 그녀의 선임자들은 총리직 7년째에 권력 손실을 경험했다. 그러나 메르켈은 변함없이 굳건한 권력을 유지했다. 메르켈이 예전에 헤를린데 쾰블과 인터뷰를 할 때는 매우 솔직하게 모든 걸 말했지만 오늘날에는 그렇게까지 솔직하게 말하진 않을 것이다. 퀼블은 1991년부터 1998년까지 1년에 한 번씩 공직에 있는 여러 사람들과 매우 사적인 인터뷰를 했고 그들의 변화를 사진으로도 남겨 두었다. 그리하여 퀼블은 메르켈과 관련된 일뿐 아니라 독일 정치계의 중요한 증인이 되었다.

퀼블의 인터뷰 이외에 특히 세 사람이 쓴 평전들을 빼놓을 수 없다. 그 안에 메르켈의 과거, 성격, 정치 입문 첫해의 이야기가 들어 있기 때문이다. 〈쥐드도이체 차이퉁Suddeutsche Zeitung〉의 여기자 에벨린 롤Evelyn Roll[•], 정치학자 게르트 랑구트Gerd Langguth[••], 저널리스트 자클린 보이젠Jacqueline Boysen[•••]이 그들이다.

후고 밀러포그는 첫 번째 총리선거 직전에 메르켈과의 대화록을 출판했는데[••••], 여기서 메르켈은 자신과 자신의 생각에 대해 폭넓은 정보를 제공한다. 마카레트 헤켈Margaret Heckel은 2008년 리먼 브라더스 파산 직후에 탐방보고서 《총리는 이렇게 통치한다So regiert die Kanzlerin》를 통해 정부의 일상을 소

[•] 《소녀와 권력Das Madchen und die Macht》, 《1등 Die Erste》, 《여성총리Die Kanzlerin》
[••] 《앙겔라 메르켈Angela Merkel》
[•••] 《앙겔라 메르켈: 커리어Angela Merkel: eine Karriere》
[••••] 《나의 길Mein Weg》

개했다. 그리고 하요 슈마허Hajo Schumacher*와 디르크 쿠르뷰바이트Dirk Kurbjuweit**는 메르켈 정부와 사고방식을 날카롭게 분석했다.

* 《권력의 12계명Die zwolf Gesetze der Macht》
** 《앙겔라 메르켈: 모두를 위한 총리?Angela Merkel: die Kanzlerin fur alle?》

드라마만큼 재미있는 정치를 발견하다

배명자

메르켈은 2005년에 총리가 되었다. 그리고 나는 2005년에 독일에 왔다. 메르켈은 2009년에 재선에 성공했다. 그리고 나는 2009년에 계획했던 공부를 마쳤다. 메르켈은 2013년에 큰 어려움 없이 다시 총리직에 올랐다. 그리고 나는 2013년에 독일 주민이 다 되어 큰 어려움 없이 지낸다. 게다가 메르켈을 주인공으로 하는 책도 번역했다. 이렇게 쓰고 나니, 메르켈과 나의 인연이 약간 과장해서 남달라 보인다. 그러나 딱 거기까지다. 내게 정치는 '가까이하기엔 너무 먼 당신'인 데다 하물며 한국도 아닌 독일 정치에 관심을 둘 까닭이 없었다. 그래서 메르켈은 내게 독일 보수주의 정당 대표 혹은 꽤 오래 집권하는 총리일 뿐이었다. 그런데 이 책을 읽으면서 인간 메르켈뿐 아니라 정치가 메르켈에 대한 매력을 느끼게 되었고 더 나아가 정치를 달리 보게 되었다.

무엇보다 남성중심의 유럽 정치판에서 특유의 꼼꼼함과 치밀함 그리고 지성으로 유럽을 이끌어 가는 모습이 인상적이다. 서독에서 태어나 동독에서 자라고 물리학을 공부한 후 학자로 살다 통일과 함께 정치계에 입문한 그녀의 인생여정이 독특하다. 아웃사이더에서 독일을 넘어 유럽의 중심인물이 된 것 역시 흥미롭다. 서독이 동독을 흡수했다고 해도 과언이 아닌 통일독일에서 그녀는 동독 출신이다. 가톨릭 전통이 강한 정당에서 그녀는 개신교 신자다. 남자들이 대부분을 차지하는 정치계에서 그녀는 여자다. 아웃사이더에서 독일의 중심을 넘어 유럽의 중심이 된 메르켈의 비결은 무엇일까? 거의 10년이 다 되어 가는 오랜 통치기간에도 불구하고 어째서 메르켈은 변함없는 지지를 받고 있는 것일까? 이 책에서 그 답을 얻게 되리라.

이 책은 오늘날의 메르켈이 있게 한 모든 사건들을 세밀하게 소개한다. 작가는 베테랑 기자답게 메르켈 집권 8년의 굵직한 사건들의 전후사정과 보도되지 않은 뒷이야기까지 상세하게 전한다. 나는 한 정치적 사건 뒤에 얼마나 많은 미세한 전략과 전술 그리고 수많은 요소들이 혼합되고 맞물려 있는지 알게 되면서 저절로 정치에 매력을 느끼게 되었고 "정치는 종합예술이다"라는 말을 실감하게 되었다. 아는 만큼 보인다고 했듯이 정치도 예외가 아닌 듯하다.

그러나 드라마만큼 재미있는 정치를 발견하기까지의 과정은 그리 간단하지 않았다. 우선 정치와 외교 용어를 적절한 한국어로 옮기는 과정이 쉽지 않았다. 독일에만 있는 개념 혹은 독일 특유의 정책들은 더욱 나를 괴롭혔다. 또한 정치적 사건들을 정확히 이해하기 위한 자료조사 기간이 어느 때보다 많이 들었다. 그러나 늘 그렇듯이 힘든 만큼 끝냈을 때의 보람도 크다. 여러 질문에 친절히 답해 준 원작자와 인터넷의 방대한 자료의 도움도 컸지만, 가장 가까이에서 오역을 잡아 주고 사건의 배경을 설명해 준 남편의 도움이 특히 컸다. 그리고 정치 신세계를 발견할 기회를 준 도서출판 책담에 감사한다.

찾아보기

옮긴이 배명자

서강대학교 영문학과를 졸업하고, 출판사에서 8년간 편집자로 근무하였다. 그러던 중 대안교육에 관심을 가지게 되어 독일로 유학을 갔다. 그곳에서 뉘른베르크 발도르프 사범학교를 졸업하였다. 현재 가족과 함께 독일에 거주하며 바른번역에서 활동한다. 《부자들의 생각법》《닥터스》《위키리크스》《독일인의 사랑》 등 다수를 번역했다.

위기의 시대 메르켈의 시대

초판 1쇄 펴낸날 2014년 6월 2일
초판 2쇄 펴낸날 2014년 7월 21일

지은이 슈테판 코르넬리우스
옮긴이 배명자
펴낸이 정구철
편집장 김진형 | 교열 이진경 김진형
디자인 신병근 박애영 | 제작 김용학 김성수
마케팅 김용재 박영준 | 영업 관리 김효순

펴낸곳 ㈜한솔수북 | 출판등록 제2013-000276호
주소 121-896 서울시 마포구 월드컵로 96 영훈빌딩 5층
전화 02-2001-5819(편집) 02-2001-5828(영업) | 전송 02-2060-0108
전자우편 isoobook@eduhansol.co.kr
책담 블로그 http://chaekdam.tistory.com
책담 페이스북 https://www.facebook.com/chaekdam

ISBN 979-11-85494-46-3

* 무단 전재와 복제를 금합니다.
* 책값은 뒤표지에 있습니다.
* 이 도서의 국립중앙도서관 출판시도서목록(CIP)은 서지정보유통지원시스템 홈페이지(http://seoji.nl.go.kr)와 국가자료공동목록시스템(http://www.nl.go.kr/kolisnet)에서 이용하실 수 있습니다.(CIP 제어번호: 2014015209)
* 책담은 ㈜한솔수북의 인문교양 임프린트입니다.

‖‖‖ 책담 그대를 위한 세상의 모든 이야기